KATZEN
PRAXIS

Der Text dieses Buches entspricht den Regeln der
neuen deutschen Rechtschreibung.

ISBN 3 8094 1225 2

© 2002 by Bassermann Verlag in der Verlagsgruppe
FALKEN/Mosaik, einem Unternehmen der Verlagsgruppe Random House GmbH, 81673 München
© der deutschen Ausgabe 2000 by RM Buch und
Medien Vertrieb GmbH und angeschlossene Buch-
gemeinschaften
© der englischen Ausgabe 1998 by Andromeda
Oxford Ltd
Originaltitel: The Cat Owner's Problem Solver

Übersetzung: Christiane Gsänger, München;
Andreas Stieber, München
Redaktion: Christina Freiberg, München
Umbruch: Christina Freiberg, München
Gesamtkoordination der deutschen Ausgabe:
InterConcept Medienagentur, München
Redaktion dieser Ausgabe: Silke Kirsch
Herstellung dieser Ausgabe: Eva Kumar

Druck: Tesinska Tiskarna,
Cesky Tesin
Printed in Czech Republic

817 2635 4453 6271

John und Caroline Bower

KATZEN
PRAXIS

Pflege und Haltung • Rassen • Gesundheit und Verhalten

Aus dem Englischen von
Christiane Gsänger und Andreas Stieber

Bassermann

Einführung

KATZEN ZÄHLEN HEUTE ZU DEN BELIEBTESTEN Begleitern des Menschen und es gibt viele Rassen, die sich ideal als Haustiere für eine Wohnung in der Stadt eignen. In aller Regel ist das Verhältnis Mensch–Tier ungetrübt, aber als Tierärzte und Katzenbesitzer wissen wir auch, dass es dennoch zu Problemen kommen kann. Aus den Fragen, die uns in unserer Praxis gestellt werden, wissen wir, welche Themen Katzenbesitzer am meisten beschäftigen, von der Auswahl eines jungen Kätzchens über die Fütterung und Pflege bis zum Umgang mit alternden Katzen.

Verhaltens- und Gesundheitsprobleme sollten natürlich am besten von vornherein vermieden werden. Eine wichtige Voraussetzung dafür ist es, Verständnis für das Sozialverhalten der Katze zu entwickeln, um auf unangenehme Gewohnheiten wie Kratzen oder Markieren in der Wohnung angemessen zu reagieren. Auch praktische Ratschläge zur Katzenhaltung mit Kleinkindern im Haushalt enthält dieses Buch.

Das Kapitel „Die Gesundheit der Katze" beschreibt die am häufigsten auftretenden Krankheiten, und wie man sie behandelt. Schließlich bekommen Sie einen Überblick über die populärsten Rassen, ihre besonderen Eigenarten und mögliche Probleme bei der Haltung.

Kollegen der Veterinärmedizin haben uns mit ihrem Fachwissen beim Schreiben dieses Buches unterstützt. An seiner Entstehung haben aber auch unsere Patienten und deren Besitzer mitgewirkt – ohne sie wären viele wichtige Fragen und Antworten nie zur Sprache gekommen.

Unser Ziel war es, einen verständlichen, praktischen und unterhaltsamen Wegweiser zu schaffen, der Ihnen hilft, viele Jahre ungetrübter Freude mit Ihrem vierbeinigen Hausgenossen zu verleben.

JOHN & CAROLINE BOWER

Inhalt

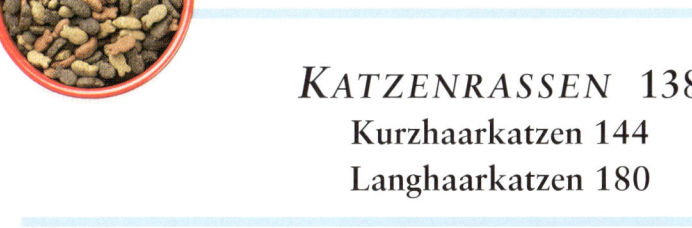

KATZENPFLEGE

ES GIBT DEN WEIT VERBREITETEN IRRGLAUBEN, DASS
Katzen ideale Gefährten für Menschen seien, die ihrem
Haustier nur wenig Zeit widmen können. Das ist ganz
sicher nicht der Fall. Auch wenn Katzen weniger Pflege als
andere Haustiere benötigen, brauchen sie doch genauso viel
Aufmerksamkeit. Dafür dürfen Sie Ihr Zuhause mit einem
der schönsten und anmutigsten Geschöpfe der Natur teilen,
einer gesunden und zufriedenen Katze.

Bevor Sie eine Katze bei sich aufnehmen, sollten Sie sich bewusst
machen, dass eine ausgewogene Ernährung und frisches, sauberes
Trinkwasser für ihre Gesundheit unentbehrlich sind. Auch die
Möglichkeit zum Freilauf oder Zugang zu einer Katzentoilette, die
regelmäßig entsorgt wird, sollte gegeben sein. Lassen Sie jährlich
Schutzimpfungen vornehmen und sorgen Sie für regelmäßige Vorsorge gegen Würmer und Flöhe. Im Krankheitsfall suchen Sie bitte
rechtzeitig den Tierarzt auf. Ausgiebiges Kämmen und Bürsten ist
immer zu empfehlen, besonders bei Langhaarkatzen.

Obwohl Katzen meist eigenwillige und selbstständige Tiere
sind, genießen sie sichtlich den Umgang mit Menschen und
brauchen viel Zuwendung. Wenn Sie länger als einen Tag
nicht zu Hause sind, sollten Sie deshalb dafür sorgen,
dass sich jemand zu Hause um Ihre Katze kümmert,
oder ihr vorübergehend eine Pflegestelle besorgen.

Katzen verstehen

WENN SIE SICH DAZU ENTSCHLOSSEN HABEN, eine Katze als Mitbewohnerin zu halten, sind Sie in guter Gesellschaft. Im Laufe dieses Jahrhunderts haben Katzen als bevorzugtes Haustier in vielen Industrieländern den Hund abgelöst.

In vielerlei Hinsicht stellt in unserer modernen Gesellschaft eine Katze das ideale Haustier dar. Sie ist sauber, relativ ruhig, benötigt wenig Platz, muss nicht ausgeführt werden und verursacht in der Regel nur geringe Kosten. Und selbst Menschen, die keine erklärten Katzenliebhaber sind, können sich ihrer Schönheit kaum entziehen.

Eine Hass-Liebe

Wie viele ihrer größeren Verwandten hat auch die Hauskatze lange Zeit sowohl Bewunderung als auch Furcht bei den Menschen geweckt. Ihre Anmut und Eleganz haben zahlreiche Kulturen fasziniert, auch wenn ihre große Beliebtheit im alten Ägypten und anderen Ländern der Antike ursprünglich auf ihre Fähigkeiten als Schädlingsjäger zurückzuführen war. Kultische Verehrung wurde Katzen zuerst in Ägypten zuteil, doch Jahrtausende später, nachdem sich die christliche

Das alles braucht Ihre Katze

- ✓ Eine ausgewogene Ernährung und stets erreichbares, frisches Wasser.
- ✓ Freilaufmöglichkeit oder Zugang zu einer täglich gereinigten Katzentoilette.
- ✓ Regelmäßige Wurmkuren und vorsorgliche Flohbehandlungen, vor allem im Sommer.
- ✓ Rechtzeitige Impfungen, Gesundheitsvorsorge und Krankheitsdiagnose beim Tierarzt.
- ✓ Kastration bei beiden Geschlechtern, wenn Sie keine Katzen züchten.
- ✓ Fellpflege – unentbehrlich bei Langhaarkatzen und empfehlenswert für alle Rassen.
- ✓ Tätowierung oder ein Mikrochip mit der Adresse, falls die Katze entläuft.
- ✓ Gesellschaft und Zuwendung sowie Spielzeug für Zeiten, wo sie allein ist.

Kirche bereits in Europa etabliert hatte, wurde die Katze mit heidnischen Glaubensvorstellungen in Verbindung gebracht. Obwohl Katzen mit frühchristlichen Heiligen assoziiert wurden, behandelte man sie oft schlecht. Später sah man sie sogar als Symbol der Hexerei; Katzen waren verdächtig und wurden verfolgt und gepeinigt.

Nachwirkungen dieser Haltung sind noch heute zu beobachten, wenn man Katzen beispielsweise Unnahbarkeit nachsagt und sie als Einzelgänger bezeichnet. Dabei sind sie nicht mehr auf sich bezogen als andere Tiere auch; schließlich kann man sie nicht nach menschlichen Maßstäben beurteilen (siehe S. 40-47).

Lebenslang verspielt

Hauskatzen werden nie wirklich erwachsen – gleichgültig wie alt sie sind. Ihre Katze wird vermutlich 14 oder 15 Jahre leben, vielleicht auch länger, doch auch im Alter wird sie immer ein Katzenkind bleiben, das sich zur Befriedigung seiner grundlegenden Bedürfnisse an Sie wenden wird, wie früher an seine Mutter. Dazu gehören

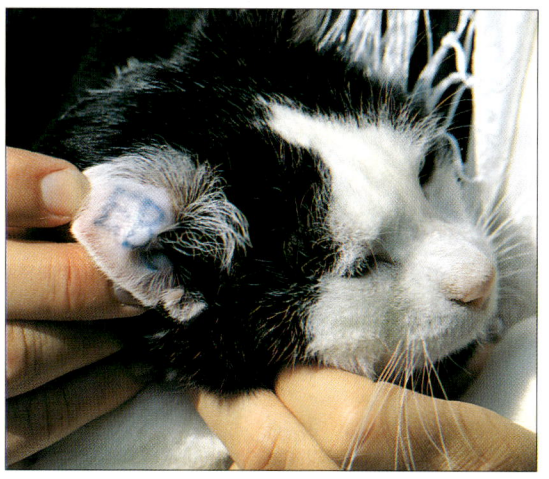

▲ *Ihre Katze sollte eine Identifizierung tragen. Eine Tätowierung oder ein Mikrochip mit Ihrer Adresse wären zum Beispiel dauerhafte Lösungen.*

● *Wir haben bereits einen Hund und hätten gerne auch noch eine Katze. Ist das eine gute Idee?*

Das ist bei gut erzogenen Hunden möglich und wenn Sie eine junge Katze wählen, die bereits Kontakt zu Hunden hatte, bevor sie sieben Wochen alt war. Bei älteren Katzen ist die Bekanntschaft mit Hunden noch wichtiger (s. Seite 48-49).

● *Mein Sohn ist allergisch gegen Katzen, aber er möchte trotzdem eine haben. Wird das zu größeren Problemen führen?*

Bei einer schwachen Allergie kann er durchaus gut mit einer wenig haarenden Kurzhaarkatze leben. Sie darf aber nicht in sein Zimmer und die Wohnung muss regelmäßig gesaugt werden. Wenn die Allergie stark ist, wäre ein anderes Tier sicher die bessere Wahl.

● *Soll ich meiner betagten Mutter eine junge oder eine ältere Katze schenken? Ich fürchte, eine junge Katze könnte sie überleben. Wenn ich ihr aber eine ältere besorge, könnte diese vielleicht sterben und meine Mutter wäre dann sicher sehr traurig.*

Wenn Ihre Mutter noch rüstig genug ist, um sich darum zu kümmern, käme eine ausgewachsene, aber noch junge Katze in Frage. Überlegen Sie sich vorab für alle Fälle noch eine andere Unterbringungsmöglichkeit.

auch regelmäßige Impfungen gegen Infektionskrankheiten und Parasiten und der Besuch beim Tierarzt bei Anzeichen für eine mögliche Erkrankung. Sofern Sie nicht Rassekatzen züchten wollen, sollten Sie die Katze kastrieren lassen (siehe S. 74-77).

Die Zeit, die Sie für Vorsorgemaßnahmen aufwenden müssen, ist vergleichsweise minimal. Wenn Sie sich verantwortungsvoll um Ihre Katze kümmern und Ihr viel Liebe und Aufmerksamkeit geben, wird sie vom Kopf bis zur Schwanzspitze so gesund, munter und anschmiegsam sein, wie Sie es sich wünschen.

▼ *Katzen sind wunderschöne Tiere und passen sich fast jeder Wohnsituation problemlos an. Kinder lieben sie, und wer alleine lebt, empfindet eine Katze oft als idealen Mitbewohner.*

Eine Katze aus dem Tierheim

JUNGE KÄTZCHEN KÖNNEN ZIEMLICH UNGESTÜM sein, was nicht unbedingt jedermanns Sache ist. In diesem Fall sollten Sie über die Aufnahme eines herrenlosen älteren Tieres nachdenken. Einer verlassenen Katze ein neues Heim zu bieten, kann besonders reizvoll sein – und die Auswahl ist groß. Manche Katzen haben aufgrund veränderter Familienverhältnisse ihr Zuhause verloren, andere, weil sie krank oder verhaltensgestört waren, und wiederum andere waren streunende oder verwilderte Hauskatzen. Selbst Rassekatzen findet man im Tierheim, wenn auch in etwas verwahrlostem Zustand.

Ein Haustier sollte man nie allein nach seinem Äußeren auswählen. Entwickeln Sie zuerst eine möglichst genaue Vorstellung von den Eigenschaften Ihrer Wunschkatze und suchen Sie dann gezielt danach. Überlegen Sie, ob die Katze zu Ihrer Familie und Ihrem Lebensstil passt. So verhindern Sie, dass das Tier nur aus Mitleid aus dem Tierheim geholt wird. Es macht keinen Sinn eine Katze vom Bauernhof, die es gewohnt ist zu jagen, in einer Stadtwohnung zu halten.

Besprechen Sie Ihre Wünsche dann mit einem Mitarbeiter des Tierheims. Wenn Sie bereits eine Katze haben, bräuchten Sie zum Beispiel eine verträgliche Katze, die mit anderen harmoniert. Wenn Sie die Katzen im Heim eine Weile beobachten, merken Sie schnell, welches Tier in Frage kommt. Holen Sie sich möglichst viele Informationen und bedenken Sie, dass kranke oder gestresste Tiere sich anders als sonst verhalten.

Eine gesunde Katze wählen

Eine gesunde Katze hat klare, leuchtende Augen und ein glänzendes Fell. Sie ist körperlich in gutem Zustand und zeigt keinerlei Krankheitssymptome wie Humpeln, Absonderungen aus Nase oder Augen, Erbrechen oder Durchfall, und sie hat keine Atemprobleme. Auch wenn das Tier nicht in bester Verfassung ist, sollten Sie

● **Wir haben uns in eine Katze im Tierheim verliebt, aber dort sagt man uns, sie sei verwildert. Was können wir tun?**

Wenn Sie ein kuschliges Heimtier suchen, wählen Sie besser eine andere Katze. Wilde Katzen haben sich nie an die Gesellschaft von Menschen gewöhnt, und einerlei wieviel Zeit und Aufmerksamkeit man ihnen widmet, sie werden nie richtig zutraulich. Wenn Sie das nicht stört und Sie keine kleinen Kinder haben, die mit ihr spielen möchten, können Sie die Katze nehmen.

● **Wir haben eine Katze übernommen, die in einer Wohnung aufgewachsen ist. Aber wir leben auf dem Land, und die Katze will nicht hinaus ins Freie gehen. Wie können wir sie dazu bringen?**

Geben Sie Ihrer Katze ein paar Wochen Zeit, um sich an ihre neue Umgebung zu gewöhnen. Tragen Sie sie dann jeden Tag für einige Minuten hinaus und geben Sie ihr Futter an der offenen Tür. Nach einiger Zeit wird sie vielleicht von alleine den Garten erforschen wollen, aber Sie dürfen sie nicht zwingen.

● **Wir haben uns für eine bestimmte Katze aus dem Tierheim entschieden, aber das Personal meint, dass sie beim Transport Angst bekommen könnte. Nun befürchten wir, dass sie dabei so verschreckt wird, dass sie uns bei der ersten Gelegenheit davonläuft. Gibt es eine Lösung?**

Versuchen Sie es mit einem Pheromonspray, das Sie beim Tierarzt bekommen können. Es hilft Stress bei Tieren abzubauen. Sprühen Sie mindestens zehn Minuten, bevor Sie die Katze hineinsetzen, etwas davon in die Transportbox, und besprühen Sie auch jeden Tag ihr Körbchen während der Eingewöhnungsphase. Aber nicht, wenn die Katze in der Nähe ist. Das Geräusch oder auch der frische Alkohol könnte sie irritieren.

● **Wie kann man das Alter einer Katze im Tierheim bestimmen?**

Das genaue Alter einer Katze lässt sich kaum schätzen. Pfleger und Tierärzte können bis zu einem Alter von etwa fünf Jahren recht zuverlässige Angaben machen. Danach lassen Zähne, allgemeine körperliche Merkmale und das Verhalten nur noch bedingt Aussagen zu.

◀ *Geduldig wartet eine Katze im Tierheim auf ein neues Zuhause. Nicht alle solche Tiere waren Streuner – viele wurden wegen häuslicher Schwierigkeiten oder Krankheit aufgegeben.*

Die Wahl einer Heimkatze

✓ Ist die Katze gesund? Ist sie geimpft und kastriert?

✓ Wie alt ist die Katze? Suchen Sie ein junges Tier, oder nehmen Sie auch ein älteres?

✓ War es eine streunende Katze? Wenn nicht: Warum wurde sie vom Vorbesitzer abgegeben?

✓ Ist sie zutraulich oder eher ängstlich?

✓ Zeigt sie Verhaltensstörungen? Dann braucht sie viel Zeit und Geduld.

✓ Ist die Katze stubenrein?

✓ Hat sie bisher im Freien gelebt oder Freilauf gehabt?

✓ Ist die Katze an Kinder oder andere Tiere gewöhnt?

✓ Wenn es eine Langhaarkatze ist: Lässt sie sich bürsten?

nicht zögern, wenn Sie es mögen und Zeit und die Möglichkeiten haben, es gesund zu pflegen. Ist es aber ernsthaft krank, sollten Sie besser eine andere Katze nehmen, besonders wenn Sie schon eine haben.

Verwilderte Katzen haben häufig Infektionskrankheiten wie Katzenschnupfen, Katzenseuche, Leukose oder das durch den FIV-Virus verursachte Katzen-AIDS (siehe S. 86-87). Katzenschnupfen und Darmentzündung sind in überfüllten Tierheimen weit verbreitet. Informieren Sie sich über die Impfungen, die Ihre Katze bekommen hat, und lassen Sie diese falls nötig vom Tierarzt ergänzen. Ein FIV-Test ist sinnvoll, da es keine Impfung dagegen gibt. Viele Heime geben nur Katzen ab, die vorher kastriert wurden oder verpflichten den neuen Besitzer, dies vom Tierarzt nachholen zu lassen.

Das neue Zuhause

Zunächst sollte die Katze etwa eine Woche lang im Haus bleiben, um sich an die unbekannte Umgebung zu gewöhnen. Wenn Sie bereits eine Katze oder einen Hund haben, sollten Sie wegen möglicher Rivalitätskämpfe die neue Katze im Transportbehälter belassen, bis die Tiere sich gegenseitig am Geruch erkennen (siehe S. 48-49). Streicheln Sie die Katze möglichst oft, auch während sie frisst. Oft ist sehr viel Geduld erforderlich, um ihr Vertrauen zu gewinnen.

Auswahl einer Jungkatze

WENN SIE SICH FÜR EIN JUNGES TIER ENTSCHIEDEN haben, stellt sich gleich die Frage, woher Sie es bekommen. Eine Zoohandlung ist nicht unbedingt die beste Wahl. Wegen der oft drangvollen Enge sind Tierhandlungen ideale Brutstätten für Krankheiten, und die Betreiber sind nicht immer so sorgfältig in der Auswahl ihrer Züchter, wie Sie es wären. Außerdem können Sie in einer Tierhandlung nicht das junge Kätzchen mit seiner Mutter in deren heimischer Umgebung sehen. Und das ist bei der Wahl eines Haustieres immer sehr wichtig.

Wenn Sie sich für eine Rassekatze entschieden haben, sollten Sie sich direkt an einen Züchter wenden. Hier können Sie das Umfeld beurteilen, und Sie können die Mutter (und vielleicht auch den Vater) der Katze sehen, sich ein Bild von ihrem Temperament machen und davon, wie das Kätzchen erzogen wird.

Es gibt verschiedene Möglichkeiten, an ein junges Kätzchen zu kommen. Vielleicht hat Ihr

▲ *Wenn Sie die jungen Kätzchen mit ihrer Mutter erleben, werden Sie kaum widerstehen können und instinktiv die richtige Wahl treffen.*

Darauf sollten Sie achten

✓ Hat das Kätzchen einen lebhaften Charakter?

✓ Sind seine Eltern freundlich, offen und vertrauensvoll gegenüber Menschen?

✓ Hat es ein glattes Fell ohne Flöhe?

✓ Sind seine Augen klar, ohne dass das „dritte Lid" (die Nickhaut) zu sehen ist?

✓ Ist die Nase feucht, ohne Absonderungen?

✓ Hat es weiße Zähne, süßlichen Atem und einen gesunden, rosafarbenen Gaumen?

✓ Sind die Ohren sauber und frei von Belag?

✓ Ist es unterhalb vom Schwanzansatz sauber?

✓ Fühlt sich der Bauch rundlich und weich und nicht hart und geschwollen an?

Tierarzt ein schwarzes Brett, auf dem Kätzchen angeboten werden, und auch in Kleinanzeigen können Sie fündig werden. Fragen Sie Bekannte und Nachbarn. Eventuell kennen Sie auch eine besonders hübsche und zutrauliche Katze aus der Umgebung, die bald Junge bekommen wird. Dann kennen Sie bereits die näheren Lebensumstände und können davon ausgehen, dass das Tier aus einer gesunden und ausgeglichenen Familie stammt. Kurz nach der Geburt können Sie bereits ein Kätzchen auswählen. Holen Sie es ab, wenn es alt genug ist, um von der Mutter getrennt zu werden.

Das richtige Kätzchen
Achten Sie bei der Wahl einer jungen Katze besonders darauf, dass sie gesund ist. Mitleid mit einem kranken Tier sollte dabei nicht ausschlaggebend sein. Die Pflege eines kranken Tieres kann extrem zeitaufwendig und teuer sein. Idealerweise lassen Sie nach Möglichkeit das Kätzchen vorher von einem Tierarzt untersuchen; dies gilt besonders bei Rassekatzen. Wenn der Besitzer oder Züchter einer eingehenden Untersuchung nicht zustimmen will, sollten Sie sich woanders umsehen.
Natürlich wird Ihre Entscheidung zu einem großen Teil vom Aussehen bestimmt werden. Doch mindestens ebenso wichtig ist der Charakter. Eine junge Katze, die zu temperamentvoll wäre, gibt es nicht – im Gegenteil: je frecher, desto besser. 10-20 Tage alte Kätzchen, die sich allein fortbewegen und in die Hand nehmen lassen, sollten neugierig und nicht ängstlich sein. Vermeiden Sie abrupte Bewegungen. Streicheln Sie es sanft und spielen Sie erst ein wenig mit ihm, bevor Sie es sich genauer ansehen. Ein Kätzchen, das zurückschreckt oder faucht und kratzt, sollte lieber sanft zurück zu seinen Geschwistern gelegt werden.

▶ *Durch sanftes Berühren und Streicheln lernt man ein Kätzchen am besten kennen. Wenn es zurückschreckt, ist es vielleicht ängstlich. Achten Sie auf Anzeichen einer Lähmung, während es spielt.*

● *Wann kann man ein Kätzchen von seiner Mutter trennen?*

Frühestens im Alter von 6 Wochen, besser aber erst nach 8 Wochen, wenn es nicht mehr gesäugt wird. Zu frühes Trennen kann Verhaltensstörungen auslösen. (siehe S. 44–45, 66–67 und 82–85).

● *Sollte man lieber einen Kater oder eine Kätzin wählen?*

Beide können liebevolle Haustiere oder erfolgreiche Schaukatzen sein. In jedem Fall sollte man sie kastrieren lassen, bevor sie geschlechtsreif werden (siehe S. 74-77). Kater neigen sonst zum Umherstreunen, zu Geschlechterkämpfen und dazu, überall Duftmarken zu hinterlassen, während Kätzinnen sehr laut werden können, wenn sie rollig sind.

● *Hat es einen Vorteil mehrere Katzen zu halten?*

Wenn Sie berufstätig sind und viel außer Haus, wird sich ein einzelnes Kätzchen langweilen und einsam fühlen. Zwei junge Katzen können sich Gesellschaft leisten und ein Leben lang Freunde bleiben. Bedenken Sie aber, dass zwei Katzen im Unterhalt teurer sind.

● *Meine Kinder haben sich ausgerechnet das kleinste Kätzchen aus dem Wurf ausgesucht. Soll ich sie umstimmen, ein anderes zu wählen?*

Nicht unbedingt. Lassen Sie es am besten vorher von einem Tierarzt untersuchen, um auszuschließen, dass es besonders anfällig ist.

Das Kätzchen im neuen Zuhause

Bereiten Sie die Ankunft Ihres neuen Schützlings vor, indem Sie alles Notwendige im Voraus besorgen. Im neuen Heim wird es sich mit der vertrauten Decke oder dem bekannten Spielzeug weniger verloren und verunsichert fühlen. Bevor Sie die Katze aus dem Transportbehälter lassen, verstellen Sie unzugängliche Schlupfwinkel und schließen Sie Türen und Fenster, damit sie nicht sofort wegläuft. Stellen Sie den Futternapf und die Katzentoilette in eine möglichst ruhige Ecke (aber nicht zu nah beisammen), so dass die Katze sie ungestört benutzen kann. Bis sie sich eingewöhnt hat, sollten Sie ihr zunächst nur kleine Mahlzeiten anbieten und sich dabei an ihren bisherigen Speiseplan halten (siehe S. 16-17). Ihr neuer Hausgenosse braucht auch ein eigenes Bett – eine Decke in einem Karton reicht dafür völlig aus.

Im Alter von acht Wochen wird das Kätzchen stubenrein sein und die Katzentoilette mit der ihm vertrauten Streusorte benutzen. Bis sämtliche Schutzimpfungen erfolgt sind, sollten Sie der jungen Katze noch keinen Freilauf geben.

Vertrauen aufbauen

Ein guter Züchter wird dafür gesorgt haben, dass Ihre Katze bereits gut sozialisiert ist (siehe S. 44-45), aber dennoch ist es wichtig sie behutsam mit ihrer neuen Umgebung vertraut zu machen. Wenn kleine Kinder oder andere Tiere im Haushalt wohnen, empfiehlt es sich, die Katze vorläufig in nur einem Zimmer zu belassen. Lassen Sie ihr genügend Zeit, um alle Familienmitglieder in ruhiger und entspannter Weise kennen zu lernen. Selbst eine selbstbewusste junge Katze kann bei kleinen, lebhaften Kindern nervös werden. Die ersten Begegnungen sollten Sie unbedingt beaufsichtigen. Verhindern Sie, dass die Katze gedrückt oder grob behandelt wird. Führen Sie sie dem Tierarzt noch vor den ersten Impfungen vor, um die Umgebung dort kennen zu lernen, und vermeiden Sie lange Autofahrten. Lassen Sie Ihrer Katze einige Tage Zeit, bevor sie mit anderen Tieren im Haushalt zusammenkommt (siehe S. 48-49), und erwarten Sie dann nicht automatisch eine große Freundschaft, auch wenn eine junge Katze von anderen schneller

▼ Ihr neues Kätzchen wird fast immer zum Spielen aufgelegt sein. Mit gemeinsamen Ballspielen können Sie schnell ein dauerhaftes, gutes Verhältnis zwischen Ihnen und Ihrem Haustier aufbauen (siehe S. 52-53).

Grundbedürfnisse junger Katzen

✓ **Umgebung sichern:** Entfernen Sie alles aus der Nähe, was potenziell gefährlich ist, wie hängende Elektrokabel und Gardinen. Schränke und Schubladen immer schließen.

✓ **Ruhiges Umfeld:** Stellen Sie der Katze eine tragbare Lattenkiste oder eine größere Box zur Verfügung, wo sie sicher vor anderen Haustieren und Kindern ist und gleichzeitig die Geschehnisse beobachten kann.

✓ **Ein eigener Platz:** Stellen Sie Schlafkorb, Futternapf, Wasserschale und Katzentoilette in eine ruhige Ecke.

✓ **Vertrauen schaffen:** Erlauben Sie auch Anderen den behutsamen Umgang mit dem Kätzchen und gewöhnen Sie es an die Geräusche von z. B. Waschmaschine und Staubsauger.

akzeptiert wird als eine ausgewachsene. Eine gute Möglichkeit ist es, das neue Kätzchen in einem Transportbehälter in eine Zimmerecke zu stellen und den anderen Haustieren freien Zugang zu dem Raum zu gestatten. So werden alle Beteiligten geschützt und sie können sich in Ruhe und allmählich kennen lernen. Gleichzeitig kann sich das neue Kätzchen auch an die übliche, in einem großen Haushalt durchaus beträchtliche Geräuschkulisse gewöhnen.

▼ *Zu einer guten Ausstattung gehört: ein eigener Schlafkorb, eine Katzentoilette mit Plastikschaufel, Kämme, eine weiche Bürste, Futternapf, Wasserschale, Spielzeug und ein Halsband mit Identifikationsmarke.*

● *Sollte ich meine Katze gleich nach der Ankunft zu Hause füttern oder lieber etwas warten?*

Wenn die Katze nervös und ängstlich ist und vielleicht die Kontrolle über Blase und Darm verloren hat, geben Sie ihr besser einige Stunden lang nur Wasser. Ist sie dagegen relativ entspannt, können Sie ihr nach einer Stunde eine kleine Mahlzeit mit dem gewohnten Futter anbieten.

Wie viel Schlaf braucht meine junge Katze?

Viel! Sogar ausgewachsene Katzen schlafen bis zu 16 Stunden am Tag, und junge Katzen legen zusätzlich noch gern ein Nickerchen ein.

Braucht unsere neue Katze wirklich eine eigene Schlafstelle, wo sie doch auch bei uns im Bett schlafen kann?

Es ist besser, wenn Sie Ihre Katze frühzeitig an ihr eigenes Schlafkörbchen gewöhnen. Wenn sie krank ist oder nach einem Unfall muss sie vielleicht isoliert werden. Und was passiert, wenn Sie Urlaub machen? Die Katze wird unglücklich sein, wenn sie dann das gewohnte Bett missen muss. Achten Sie auf die richtige Größe, damit sie auch dann noch hineinpasst, wenn sie ausgewachsen ist.

Ernährung der Jungkatze

Für den bestmöglichen Start ins Leben ist eine ausgewogene Ernährung wichtig, die eine gesunde Muskel- und Knochenentwicklung garantiert.

Ernährungstipps

Was Sie tun sollten

✓ Folgen Sie einem von Ihrem Tierarzt empfohlenen Ernährungsplan.

✓ Stellen Sie immer eine Schale mit frischem Trinkwasser neben den Futternapf.

✓ Geben Sie Ihrer Katze nur Dosenfutter mit Zimmertemperatur.

✓ Schneiden Sie Zugaben immer in kleine Stücke.

✓ Übrig gebliebenes Dosenfutter müssen Sie wegwerfen, Trockenfutter kann stehen bleiben.

✓ Waschen Sie täglich Futternapf, Wasserschale und Futterbesteck.

✓ Gehen Sie zum Tierarzt, wenn das Kätzchen 24 Stunden lang nichts frisst.

Was Sie nicht tun sollten

✗ Füttern Sie Fleisch oder Fisch nie in rohem Zustand, sondern nur gut durchgekocht.

✗ Geben Sie jungen Katzen nie Dosenfutter für Hunde oder andere Tiere.

IHRE JUNGKATZE SOLLTE MINDESTENS ACHT Wochen alt sein, bevor sie zu Ihnen nach Hause kommt, und bereits von Muttermilch entwöhnt. Im Alter von drei bis vier Wochen wird die Ernährung meist auf Trocken- oder Nassfutter aus der Dose umgestellt (siehe S. 82-85). Füttern Sie zunächst weiterhin die gewohnte Nahrung – plötzliche Veränderungen könnten zu Magenverstimmungen führen. Das Kätzchen wird bis zum Alter von drei Monaten vier kleine Mahlzeiten am Tag brauchen, und bis zum Alter von etwa sechs Monaten sollte es sich allmählich an zwei Fütterungen mit jeweils größeren Mengen täglich gewöhnt haben. Der Kalorienbedarf heranwachsender Katzen steigt schnell an; von 250-400 Kalorien täglich in den ersten vier Monaten auf 425-500 Kalorien mit fünf Monaten. Im Alter von sechs Monaten pendelt sich der Bedarf bei etwa 600 Kalorien pro Tag ein.

Bei einer Ernährungsumstellung gewöhnen Sie das Tier allmählich an das neue Futter, indem Sie es in zunehmender Menge dem gewohnten beimischen. Milch brauchen Sie Ihrer Katze nicht zu geben – speziell für Jungkatzen zusammengestelltes Markenfutter enthält die für ein gesundes Wachstum notwendigen Mengen von Kalzium und anderen Mineralien.

Ausgewogene Ernährung

Junge Katzen haben den gleichen Bedarf an dem für eine gesunde Entwicklung notwendigen tierischen Eiweiß wie ausgewachsene. Oft wird in der Annahme, je mehr Eiweiß desto besser, der Fehler gemacht, junge Katzen mit sehr viel frischem Fleisch zu füttern. Das ist nicht ungefährlich: Eine fast ausschließliche Ernährung mit magerem Frischfleisch oder Fisch führt zu Kalzium- und Vitaminmangel. Zu viel Leber in der Nahrung kann außerdem Darmbeschwerden verursachen.

Am ausgewogensten ernähren Sie Ihre Jungkatze durch eine übliche Vollnahrung, die alle notwendigen Nährstoffe enthält. Diese wird in Dosen sowie auch als Trockenfutter angeboten. Dabei sollten Sie sich streng an die Herstellerempfehlungen halten, besonders wenn Sie Markenfutter verwenden. Es gibt spezielle Nahrung für junge Katzen verschiedenen Alters, die bei Tierärzten und in guten Tierhandlungen zu haben ist. Man kann das Futter ab und zu auch durch ein selbst zubereitetes Mahl ergänzen; dies sollte aber nicht mehr als ein Viertel der gesamten Ernährung ausmachen. Geeignet wären zum Beispiel kleine Portionen Fisch, Huhn oder Ei, vermischt mit gekochtem Reis oder Nudeln. Fleisch und Fisch aller Art darf man jedoch niemals roh verfüttern.

F & A

● *Meine kleine Katze hat immer Hunger. Darf sie so viel fressen, wie sie will?*

Nein. Richten Sie sich immer nach der auf der Futterverpackung dem Alter der Katze entsprechenden Mengenangabe. Oft sind Würmer der Grund für übermäßigen Appetit junger Katzen. Versuchen Sie es mit einer Wurmkur oder konsultieren Sie den Tierarzt, wenn es hieran nicht liegen sollte.

● *Ich bin tagsüber die meiste Zeit in der Arbeit. Kann ich einen automatischen Futterspender für meine Katze verwenden?*

Ja – solange Sie geprüft haben, dass er funktioniert und dass Ihre Katze weiß, wie sie an ihr Futter kommt. Wenn Sie ihr aber Trockenfutter hinstellen, kann die Katze auch fressen, wann sie will. Es sollte jedoch täglich gewechselt werden und frisches Trinkwasser muss jederzeit zur Verfügung stehen.

● *Ist Spezialfutter für Jungkatzen selbst zubereitetem vorzuziehen?*

In der Regel ja. Spezialfutter bietet genau die richtige wachstumsfördernde Nährstoffzusammensetzung und gewährleistet eine ausgewogene Ernährung junger Katzen. Selbst zubereitetes Fressen oder Futter für ausgewachsene Katzen lässt sich zwar mit Vitaminen und anderen Nährstoffen ergänzen, aber das ist kompliziert und man kann dabei einiges falsch machen.

● *Unsere kleine Siamkatze frisst so gern das Hundefutter, das wir unserem Labrador geben. Kann es ihr schaden, wenn wir sie nur damit füttern?*

Leider ja! Hundefutter enthält sehr wenig Taurin, eine für Katzen wichtige Aminosäure, deren Mangel zu Augen- und Herzproblemen führt. Die Schäden würden sich allerdings erst langfristig zeigen – es kann sechs bis zwölf Monate dauern, bis die Katze ihre körpereigenen Reserven aufgebraucht hat. Katzen haben auch einen wesentlich höheren Eiweißbedarf als Hunde, so dass ihre Gesamtentwicklung durch Hundefutter sicher ebenfalls beeinträchtigt würde.

◀ *Kätzchen lieben Milch, aber selbst wenn sie noch vor kurzem gesäugt wurden, ist modernes Markenfutter wegen seines höheren Nährwerts besser. Zum Trinken bekommen junge Katzen Wasser.*

Die Gesundheit der Jungkatze

Das neue Kätzchen sollten Sie schon nach wenigen Tagen zur allgemeinen Untersuchung dem Tierarzt vorstellen. Dabei können Sie auch über Impfungen und die Wurmbehandlung sprechen. Neugeborene Kätzchen bekommen durch die Muttermilch Antikörper und mit diesen Schutz vor Krankheiten. Eine Impfung ist daher in den ersten Lebenswochen nicht notwendig. Mit etwa sieben Wochen lässt der natürliche Schutz nach, und im Alter von neun Wochen sollten Sie mit den Impfungen beginnen. Die Nachimpfung erfolgt in der zwölften Woche. Eine Immunisierung ist z. B. gegen ansteckende Infektionen wie Katzenschnupfen, Leukose, Katzenseuche, Tollwut und Chlamydiose (siehe S. 86-87) sinnvoll. Um einen Kontakt mit ungeimpften Katzen auszuschließen, sollten Sie Ihr junges Kätzchen im Haus lassen, bis alle Impfungen durchgeführt sind. Mit anderen geimpften Katzen darf es nur zusammentreffen, wenn es bereits auf Katzenleukose und Katzen-AIDS (Felines Immunschwäche-Virus, FIV) untersucht wurde. Im Alter von vier Wochen, bei der Umstellung auf feste Nahrung, sollte man mit der Wurmbehandlung beginnen. Bis Ihre Katze drei Monate

Gesundheits-Vorsorge

✓ Gehen Sie mit Ihrer Katze möglichst bald zum Tierarzt zu einer Vorsorgeuntersuchung.

✓ Mit 9 und 12 Wochen sollte sie geimpft werden.

✓ Entwurmen Sie sie alle zwei Wochen bis zum Alter von zwölf Wochen; danach monatlich.

✓ Wenn Ihr Kätzchen 4 bis 5 Monate alt ist, lassen Sie sich vom Tierarzt wegen einer Kastration beraten. Die meisten Katzen werden mit etwa 6 Monaten geschlechtsreif.

✓ Kämmen Sie das Fell mindestens einmal wöchentlich und suchen Sie es auf Flöhe ab.

alt ist, wird sie zwei- bis dreiwöchentlich entwurmt und anschließend alle vier Wochen, bis sie sechs Monate alt ist. Freilaufende Katzen sollten mindestens zweimal pro Jahr entwurmt werden; bei reinen Wohnungskatzen ist eine Wurmbehandlung einmal im Jahr ausreichend.

An Fellpflege gewöhnen

Für die Gesundheit ist die regelmäßige Fellpflege unerlässlich. Junge Katzen sollte man bereits früh daran gewöhnen, an empfindlichen Stellen wie den Pfoten oder am Unterbauch berührt zu werden. Damit gewinnt man auch Vertrauen und Zuneigung. Mit einem Stück feuchter Watte kann man sanft Ohren und Augen auswischen. Das Fell sollte zumindest einmal wöchentlich mit einem feinen Kamm gekämmt werden. Das Haar von Langhaarkatzen verfilzt leicht am inneren Beinansatz, hinter den Ohren und am Bauch. Kleine Krümel im Fell weisen auf Flohaus-

◀ *Vergessen Sie nicht bei Ihrem neuen Kätzchen sorgfältig Zähne und Zahnfleisch zu prüfen. Das Tier sollte auch einen guten, gesunden Atem haben.*

● *Wann sollte ich meine Katze frühestens kastrieren lassen?*

Die meisten Kurzhaarkatzen werden etwa mit sechs Monaten geschlechtsreif. Eine Kastration empfiehlt sich kurz davor. Bei Langhaarkatzen dauert die Entwicklung etwas länger.

● *Mit meiner Rassekatze musste ich nur eine Woche nach dem Kauf wegen einer Blaseninfektion zum Tierarzt gehen. Kann ich den Züchter um Rückerstattung bitten?*

Wenn innerhalb von zwei Wochen nach dem Kauf eine Krankheit ausbricht, von der der Tierarzt annimmt, dass sie bereits vor dem Kauf bestand, sollten Sie sich an den früheren Besitzer wenden. Bei einer größeren Kaufsumme können Sie mit einer Teilerstattung rechnen.

● *Ab wann kann ich mein Kätzchen ins Freie lassen?*

Ihre Katze wird erst sieben bis zehn Tage nach der zweiten Impfung den vollen Schutz vor Infektionskrankheiten haben. Gehen Sie am besten anfangs mit ihr hinaus und locken Sie sie mit kleinen Leckerbissen zurück, wenn sie sich zu weit entfernt.

scheidungen hin (siehe S. 88-89). Sollten Sie Flöhe finden, benutzen Sie nur ein spezielles Mittel für Jungkatzen und behandeln Sie auch Teppiche und das Körbchen der Katze.

Die Katze wächst heran

Ehe Sie sich versehen, ist Ihr Kätzchen ausgewachsen. Kätzinnen werden früher geschlechtsreif als Kater und orientalische Rassen früher als Langhaarkatzen – manchmal schon mit fünf Monaten. Wer Katzen züchten möchte, sollte bedenken, dass junge Katzen ohne Stammbaum kein Geld einbringen und dass sowohl Kater als auch Kätzin in einem Zuchtbuch registriert sein müssen, wenn ihre Jungen einen Stammbaum bekommen sollen. Lassen Sie ihre Katze andernfalls möglichst frühzeitig kastrieren.

▼ *Bis zum Abschluss aller Schutzimpfungen darf Ihre Katze nicht ins Freie. Der Freilauf hat Vor- und Nachteile, die Sie vorher abwägen sollten (siehe S. 30-31).*

Das Kätzchen wird stubenrein

KATZEN GENIESSEN DEN RUF, BESONDERS SAUBERE Tiere zu sein, und das völlig zu Recht. Junge Katzen sind in der Regel schneller und leichter stubenrein als junge Hunde; schon instinktiv verscharren sie ihre Ausscheidungen und nehmen daher auch rasch die Katzentoilette an. Mutterkatzen zeigen ihren Jungen, wo sie ihr Geschäft verrichten sollen, wenn diese zwischen drei und vier Wochen alt sind und die Ernährung auf feste Nahrung umgestellt wird. Wenn Sie Ihr Kätzchen abholen, werden Sie sich also kaum noch um diese Dinge kümmern müssen.

Die Katzentoilette sollte in einiger Entfernung von Futternapf und Wasserschale stehen, am besten leicht zugänglich in einer möglichst ruhigen Ecke und nicht im Flur, wo viele Menschen vorbeigehen, oder in der Nähe lauter Haushaltsgeräte. Aus hygienischen Gründen auch nicht dort, wo Sie Essen zubereiten und zu sich nehmen. Selbst wenn die Katze viel draußen ist, empfiehlt sich eine Katzentoilette in der Wohnung, damit sie weiß, wie sie sich verhalten soll, wenn sie einmal bei Krankheit oder aus anderen Gründen in der Wohnung bleiben muss.

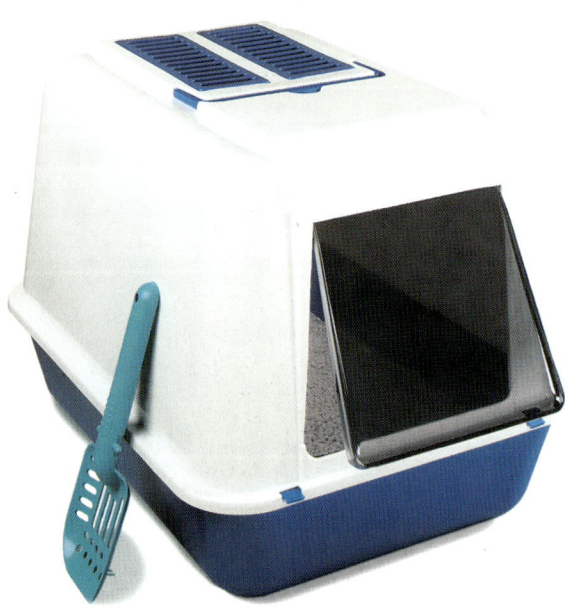

Welche Art von Katzentoilette?

Aus hygienischen Gründen sollten Katzentoiletten aus leicht desinfizierbarem, nicht-porösem Material wie Metall, Plastik oder Fiberglas bestehen. Neben einfachen Schalen gibt es auch geschlossene Toilettenhäuschen, die unangenehme Gerüche zurückhalten. Auch diese müssen aber täglich geleert werden.

Als Streu für die Katzentoilette sind verschiedene Materialien geeignet. Katzen haben oft besondere Vorlieben; entscheidend ist aber die Saugfähigkeit. Erde oder Sand sind etwas unhandlich und Sägemehl ist nicht sonderlich saugfähig. Parfümierte Streu ist bei Katzen weniger beliebt als bei deren Besitzern. Manche Tiere benutzen eine Toilette mit parfümierter Streu nicht, weil sie den Duft nicht mögen. Wechseln Sie die Streu mindestens einmal täglich und öfters, falls mehrere Katzen die Toilette benutzen.

◀ *Eine geschlossene Katzentoilette hält unangenehme Gerüche zurück und Ihrer Katze gefällt es, wenn sie vor Blicken geschützt ist. Denken Sie aber daran, eine geschlossene Toilette genauso oft zu reinigen wie eine offene.*

Die Exkremente kann man im WC entsorgen. Einmal pro Woche sollte die Katzentoilette gründlich gereinigt und desinfiziert werden. Um sich nicht der Gefahr einer Toxoplasmoseinfektion auszusetzen, sollten Schwangere nie mit der Katzentoilette hantieren (siehe S. 86-87).

Sauberkeitsprobleme

Wenn Ihrer Katze plötzlich öfter ein „Missgeschick" passiert, bitten Sie Ihren Tierarzt um Rat. Die Ursache dafür können verschiedene krankheitsbedingte und auch psychische Gründe sein – zum Beispiel Stress (siehe S. 64-65). Reinigen Sie die entsprechende Stelle unbedingt gründlich, um jeden Geruch zu entfernen. Sonst könnte die Katze dazu verleitet werden, dort regelmäßig ihre Notdurft zu verrichten. Das Reinigungsmittel darf aber kein Ammoniak enthalten, denn dies riecht ähnlich wie Urin. Auch dadurch würde die Katze irritiert werden und die Stelle weiterhin markieren. Lassen Sie sich ein geeignetes biologisches Mittel vom Tierarzt oder der Tierhandlung empfehlen.

▼ *Eine Katzentoilette entspricht dem natürlichen Trieb der Katze, die eigenen Ausscheidungen zu verscharren. Mit vier Wochen lernen die Kätzchen von ihrer Mutter, ihr Geschäft auf loser Erde zu verrichten.*

● *Vor kurzem habe ich eine herrenlose dreijährige Kätzin adoptiert. Sie weigert sich, die Katzentoilette zu benutzen, obwohl sie das im Tierheim immer getan hat.*

Benutzen Sie die gleiche Art von Toilette und Streu, die sie gewohnt ist? Manche Katzen mögen keine parfümierte Streu und auch nicht, wenn man sie auf der Toilette beobachten kann. Versuchen Sie es mal mit einer geschlossenen Katzentoilette, oder stellen Sie die Schale unter einen Tisch oder in einen großen Karton mit einer Eingangsöffnung. Es könnte sie auch einschüchtern, wenn noch andere Katzen die Toilette benutzen.

● *Mein Kater benimmt sich sehr merkwürdig im Bereich seiner Toilette. Er miaut und kratzt und uriniert dann neben oder an den Rand der Schale. Wo könnte das Problem liegen?*

Vielleicht ist Ihr Kater mal auf der Toilette durch ein lautes Geräusch erschreckt worden oder hat plötzlich Durchfall bekommen. Eine Infektion (auch eine kranke Katze als Mitbenutzerin der Toilette) kann durchaus als Ursache in Frage kommen. Denken Sie daran, die Streu häufig zu wechseln. Er könnte auch wunde Pfoten haben, die von zu grober Streu herrühren.

● *Seit kurzem sucht sich mein Kater meistens verschiedene Stellen im Haus, wo er geringe Mengen von Exkrementen hinterlässt, und benutzt nur noch selten seine Katzentoilette. Warum hat sich sein Verhalten geändert?*

Sie sollten so schnell wie möglich mit Ihrem Kater zum Tierarzt gehen. Diese Art von Problem weist oft auf eine Darmerkrankung hin, die dem Tier nicht genug Zeit lässt, um rechtzeitig die Toilette zu erreichen.

Die Ernährung ausgewachsener Katzen

IM ALTER VON SECHS BIS ZWÖLF MONATEN braucht Ihre Katze für ein gesundes Wachstum zwischen 600 und 700 Kalorien pro Tag. Später reichen für ein durchschnittlich großes Tier schon 450 Kalorien, verteilt auf zwei Mahlzeiten, was in etwa einer großen Dose (500 g) Katzenfutter entspricht. Dosenfutter ist zwar in vielen Geschmacksrichtungen erhältlich, doch dessen Geruch wird von Katzenbesitzern oft als unangenehm empfunden.

Es gibt auch zahlreiche Sorten Trockenfutter, die sich als Vollnahrung eignen und nur einmal am Tag angeboten werden, aber ob sich das bewährt, hängt sehr von der Fähigkeit der Katze ab, ihren Appetit zu zügeln. Meist reichen geringere Mengen als bei Dosenfutter. Am besten richtet man sich nach den Herstellerangaben.

Trockenfutter wird von zahlreichen Herstellern in verschiedenen Varianten entweder für junge, ausgewachsene, übergewichtige oder auch für alte Katzen angeboten. Seine Konsistenz verhindert darüber hinaus die Bildung von hartnäckigem, bräunlichem Zahnbelag.

Die verschiedenen Katzenrassen sind alle in etwa gleich groß, und das Gewicht eines durchschnittlichen ausgewachsenen Tieres beträgt zwischen 3,5 und 5,5 kg. Wenn Ihre Katze richtig gefüttert wird und aktiv ist, wird dieses Gewicht problemlos gehalten. Übergewicht kann sich nachteilig auf Herz und Gelenke auswirken. Wenn Ihre Katze mehr als 7 kg wiegt, kann Ihnen der Tierarzt eine Diät empfehlen. Eine Gewichtsabnahme, vor allem wenn die Katze sonst gut frisst, kann dagegen auf eine Erkrankung hindeuten. In jedem Fall sollten Sie den Tierarzt konsultieren.

Katzen sind wählerisch

Im Allgemeinen sind Katzen beim Fressen recht anspruchsvoll. Ohne viel Umschweife lassen sie alles stehen, dessen Geruch nicht ihren Vorstellungen entspricht. Als Raubtiere hegen sie auch eine deutliche Vorliebe für körperwarme Nahrung. Bieten Sie Ihrer Katze daher kein Futter direkt aus dem Kühlschrank an.

Handelsübliches Katzenfutter bietet eine ausgewogene Zusammenstellung und ist in den meisten Fällen die beste Alternative. Sie können es auch durch andere Speisen wie Fisch, Leber,

▼ Katzen sind dafür bekannt, beim Fressen anspruchsvoll zu sein. Wer zu oft den Speiseplan der Katze ändert, verstärkt diese Neigung ungewollt noch.

gekochtes Fleisch oder gekochte Eier ergänzen. Insgesamt sollten aber solche Zusätze nicht mehr als 25 Prozent der Gesamtmenge ausmachen. Ihre Katze gewöhnt sich sonst zu sehr daran – industrielle Katzennahrung ist aber viel genauer auf ihre Bedürfnisse abgestimmt. Bedenken Sie auch, dass eine abrupte Nahrungsumstellung schnell zu Durchfall führt. Milchprodukte mit hohem Fettgehalt ziehen zudem nicht selten Magenverstimmungen nach sich. Versorgen Sie Ihre Katze lieber mit reichlich frischem Wasser, besonders wenn Sie ihr Trockenfutter geben.

Katzen sind grundsätzlich Fleischfresser. In der freien Natur ist ihre Nahrung aber differenzierter und umfasst bei Bedarf auch pflanzliche Kost – entweder Gras, das die Katze direkt zu sich nimmt, oder den Mageninhalt ihrer pflanzenfressenden Beute. Wenn sie Freilauf hat, wird sie also auch Jagd auf kleinere Beutetiere machen und Gras fressen.

Katzen zeigen auch großes Interesse an dem Essen, das Sie für sich selbst zubereiten. Betteln gilt oft als Zeichen schlechter Erziehung. Wenn Sie nicht möchten, dass Ihre Katze um Futter am Tisch bettelt, geben Sie ihr von vorn herein nie etwas vom Esstisch.

F & A

● *Ich habe zwei sehr große Hauskatzen. Jetzt, da sie 12 Jahre alt und auch etwas träge geworden sind, haben sie inzwischen ein Gewicht von 7 kg erreicht. Sollte ich sie besser auf Diät setzen?*

Ja, unbedingt! Mit 12 Jahren und bei diesem Gewicht besteht Gefahr für eine Überbeanspruchung der Gelenke. Das hat zur Folge, dass sie nicht mehr so gut laufen und springen können und noch träger werden. In diesem Alter spielt zusätzlich die hohe Belastung von Herz und Kreislauf durch das Übergewicht eine Rolle. Fragen Sie Ihren Tierarzt um Rat.

● *Ich habe gehört, dass man für Katzengeschirr kein normales Spülmittel verwenden soll. Gibt es dabei ein Gesundheitsrisiko?*

Spülmittel wird sicher nicht schaden, aber Katzen haben einen feinen Geruchssinn und werden unter Umständen die Nahrung verweigern, wenn der Fressnapf stark danach riecht. Waschen Sie Spülmittelreste unter reichlich fließendem Wasser gründlich ab und lassen Sie das Geschirr gut auslüften, bevor Sie es wieder verwenden. Spülen Sie aber aus hygienischen Gründen die Katzenschüsseln immer separat von Ihrem Haushaltsgeschirr – auch in der Spülmaschine.

1

▶ *1. Dosenfutter bietet eine ausgewogene Ernährung, aber der Geruch ist oft unangenehm.*

2. Trockenfutter kann man den ganzen Tag über stehen lassen.

3. Selbst zubereitetes Futter gibt man am besten nur gelegentlich.

Speisen aus der eigenen Küche

Was Sie tun sollten

✓ Gekochtes, gebackenes oder gegrilltes Fleisch kann man anbieten, aber nicht in der Pfanne gebratenes.

✓ Entfernen Sie alle Knochen und schneiden Sie das Fleisch klein.

✓ Geben Sie nur kleine Mengen mit geringen Anteilen von Gemüse und Teigwaren.

✓ Servieren Sie als gelegentliche Leckerbissen Sardinen, Thunfisch, Hering oder Makrele.

✓ Katzen, die zu wenig essen, kann man mit gekochtem Fisch locken.

Was Sie nicht tun sollten

✗ Würzen Sie die Speisen nicht. Viele Katzen lehnen Gewürze ab, und an Zucker sollte man sie nicht gewöhnen.

✗ Geben Sie ihr kein rohes Fleisch. Es könnte Krankheiten übertragen.

3

2

Vom Umgang mit ausgewachsenen Katzen

KATZEN WERDEN ETWA MIT SECHS MONATEN geschlechtsreif, und bis sie „erwachsen" sind, können zwischen einem und drei Jahre vergehen (bei großen Tieren und langhaarigen Rassen eventuell noch länger, siehe S. 74-77). Obwohl Ihre Katze in diesem Alter kein „Kind" mehr ist, bleibt die tägliche Routine beim Füttern, bei der Fellpflege und beim Spielen die gleiche. Auf Veränderungen im Verhalten sollten Sie unbedingt den Tierarzt hinweisen.

Von ihrer Fähigkeit zur Fortpflanzung wird eine ausgewachsene Katze natürlich Gebrauch machen. Es empfiehlt es sich daher, sie noch vor dem Erreichen der Geschlechtsreife kastrieren zu lassen (siehe S. 74-77), es sei denn Sie haben eine Rassekatze, die Sie in der Zucht einsetzen wollen. Nicht kastrierte Tiere, vor allem männliche, schweifen mehr umher und lassen sich öfter auf Kämpfe ein. Kater verteidigen ihr Territorium – im Freien wie in der Wohnung – mit stechend riechendem Urin (siehe S. 56-57 und 64-65).

Die katzengerechte Wohnung

Damit möglichst wenig zu Bruch geht und Ihr Hausgenosse sich nicht verletzen kann, sollte Ihre Wohnung „katzensicher" sein. Zwar sind Katzen sehr geschickt, aber auch neugierig und untersuchen alles, was sie finden. Zerbrechliche

F & A

● *Sollten Katzen nachts Auslauf bekommen oder im Haus bleiben?*

Katzen nachts im Haus zu lassen, gewährt eine gewisse Sicherheit, zum Beispiel wenn Sie in der Nähe einer verkehrsreichen Straße wohnen. Wenn Sie eine ruhige Wohnlage haben, ist eine Katzentür gut; aber dann bringt sie vielleicht „Trophäen" von nächtlichen Jagdausflügen mit.

● *Meine zehn Monate alte Katze klettert liebend gerne auf Bäume. Einsperren will ich sie nicht, aber was passiert, wenn sie nicht mehr herabkommt?*

Machen Sie sich deswegen keine Gedanken. Normalerweise schaffen es Katzen immer wieder von Bäumen herunterzukommen, sofern sie nicht von besorgten Besitzern unter Druck gesetzt werden. Wenn es Ihnen zu lange dauert, können Sie es auch mit einem Happen vom Lieblingsfressen des Tieres anlocken.

● *Welche Pflanzen sind für Katzen giftig?*

Häufige Arten sind: Efeu, Philodendron, Wolfsmilch, Rhododendron, Stechpalme, Waldrebe, Edelwicke, Glockenblume, Eibe, Maiglöckchen, Azaleen, Rittersporn, Lupinen und Oleander. Eine vollständige Liste bekommen Sie sicher bei Ihrem Tierarzt. Denken Sie auch daran, dass Chemikalien, mit denen Sie Pflanzen behandeln, von der Katze mitgefressen werden.

Regelmäßige Für- und Vorsorge

✓ Sorgen Sie für eine ausgewogene Ernährung (siehe S. 22-23) und immer frisches Wasser.

✓ Wiegen Sie Ihre Katze regelmäßig alle 6 Monate, notieren Sie das Gewicht und achten Sie bei größeren Gewichtsschwankungen auf Krankheiten.

✓ Lassen Sie jährliche Auffrisch-Impfungen vornehmen (siehe S. 86-87).

✓ Lassen Sie die Katze 2-mal oder, wenn sie häufig jagt, 4-mal im Jahr entwurmen.

✓ Betreiben Sie wöchentlich Fellpflege, bei Langhaarkatzen täglich. Wischen Sie Ohren und Augen sanft mit feuchter Watte aus.

✓ Achten Sie auf Flöhe.

✓ Erwägen Sie den Einbau einer Katzentür.

✓ Versuchen Sie potenzielle Gefahren in Haus und Garten auf ein Minimum zu reduzieren.

▲ *Die Katzentür muss groß genug für die Katze sein. Es gibt Türen, die sich innen selbsttätig abschließen oder durch einen Magneten am Halsband aktiviert werden.*

◄ *Katzen schlafen bis zu 16 Stunden am Tag, allerdings meist mit Unterbrechungen. Dieses Nickerchen in der Sonne dauert vielleicht nur eine halbe Stunde.*

Gegenstände sollten daher vorsichtshalber außer Reichweite stehen. Katzen können auf den Herd springen, Kabel durchbeißen oder das heiße Eisen vom Bügelbrett herunterstoßen. Sie können auch an einer für sie giftigen Pflanze kauen oder in die Waschmaschine kriechen. Halten Sie die Katze mit einem scharfen „Nein!" von potenziell gefährlichen Gegenständen fern und fordern Sie das Schicksal nicht allzu sehr heraus: Türen und Fenster sollten geschlossen, Elektrogeräte nach Gebrauch ausgeschaltet und die Zimmer aufgeräumt sein. Katzen brauchen Abwechslung, damit sie nicht aus lauter Langeweile Unsinn machen (siehe S. 52-53). Wenn Ihre Katze oft alleine ist, könnte die Anschaffung einer zweiten Katze zur Gesellschaft sinnvoll sein.

Wer Zugang zu einem Garten hat und der Katze Freilauf geben möchte, kann eine oder mehrere Katzentüren einbauen, durch die sie nach Belieben hinein- und hinausgehen kann. Eine Tür könnte auf einen geschlossenen Auslauf, etwa eine überdachte Veranda, führen und eine zweite, abschließbare direkt ins Haus. Mit dem Schloss verhindern Sie die Einlieferung von „Geschenken" wie Mäusen oder Vögeln, während Sie nicht zu Hause sind. Auch ungebetenen Besuch von anderen Katzen kann man damit fernhalten.

Die richtige Fellpflege

NORMALERWEISE REINIGEN KATZEN IHR FELL selbst, außer wenn sie krank oder sehr alt sind. Ein ungepflegtes Fell ist oft ein erstes Anzeichen von gesundheitlichen Problemen. Bei der Fellpflege wird das Fell nicht nur gesäubert, sondern auch die Haut massiert, loses Haar entfernt und dessen Wachstum angeregt.

Durch das Verschlucken einzelner Haare bilden sich kleine Haarballen im Magen. Das kann man verhindern, indem man regelmäßig loses Haar mit einem Kamm entfernt. Eine junge Katze sollte man möglichst früh an diese Prozedur gewöhnen, indem man das Fell zunächst behutsam mit einer weichen Bürste kämmt, wenn sie entspannt auf dem Schoß liegt. Wenn dies ohne Murren toleriert wird, kann man auch einen Kamm benutzen. Kontrollieren Sie regelmäßig Augen, Ohren, Zähne und Krallen. Loben und streicheln Sie die Katze während des gesamten Bürstens und Kämmens und belohnen Sie sie anschließend.

Vernachlässigte Katzen und solche, die das Kämmen nicht zulassen, bekommen mit der Zeit ein mattes, glanzloses Fell, besonders wenn es sich um eine Langhaarkatze handelt. Schneiden Sie Verfilzungen wegen der Verletzungsgefahr nicht mit einer Schere ab. Wenn auch die im Handel erhältlichen Mittel gegen Verfilzungen nichts nützen, kann der Tierarzt die Katze ruhig stellen, um die betroffenen Stellen herauszuschneiden. Damit die Katze nach großflächiger Behandlung ohne das wärmende Fell nicht friert, sollten Sie sie zunächst im Haus halten und Zugluft vermeiden. Das nachwachsende, noch kurze Fell kann man mit einer weichen Bürste oder einem Gummihandschuh massieren. So müsste die Katze lernen, die Fellpflege zu akzeptieren.

Kurzhaarkatzen

Viele Katzen genießen es, täglich gebürstet und massiert zu werden. Bei gesunden Kurzhaarkatzen aber reicht eine wöchentliche Fellpflege völlig aus. Dabei werden abgestorbene Haare entfernt, Verfilzungen verhindert und die Katze verliert weniger Haare. Kämmen Sie das Fell von Kopf bis Fuß durch und wiederholen Sie dies anschließend mit einer Naturborsten- oder Gummibürste. Auf einer hellen Unterlage erkennt man herabfallende Flohausscheidungen als kleine, schwarze Krümel. Um es zum Glänzen zu bringen, können Sie das Fell zum Schluss noch mit einem Ledertuch abreiben. Bei Devon-Rex-Katzen sollten Sie dafür eine weiche Bürste verwenden (siehe S. 154-155).

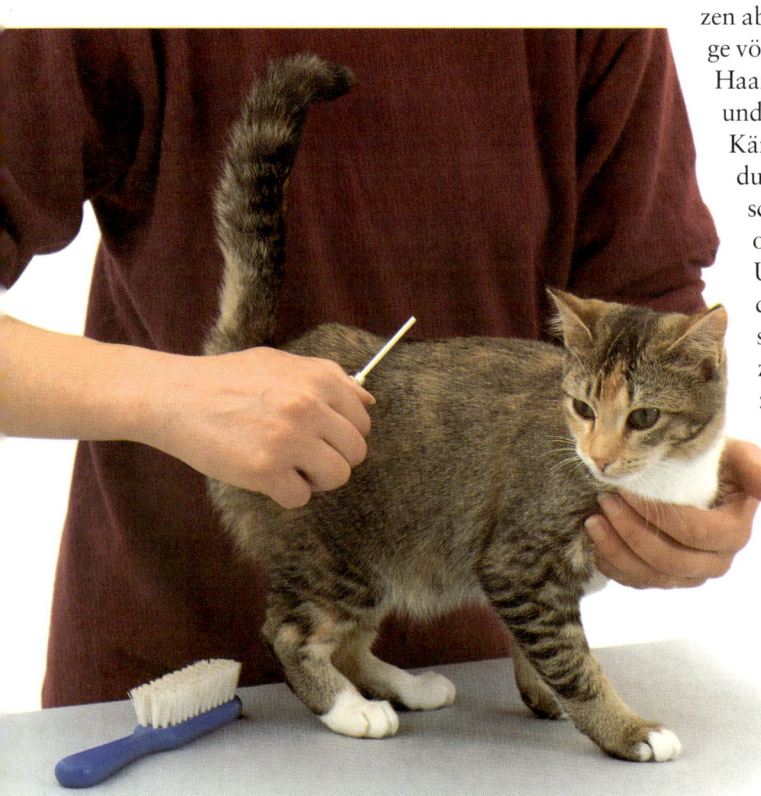

◀ Beginnen Sie die Haarpflege immer mit dem Kämmen, damit Sie auf jeden Fall das gesamte Fell lockern. Bei Kurzhaarkatzen ist ein feiner Kamm am besten.

▲ *Mit einer Zupfbürste lässt sich das Fell einer Lang-haarkatze gut glätten. Man beginnt am Kopf und arbeitet sich nach hinten bis zum Schwanz.*

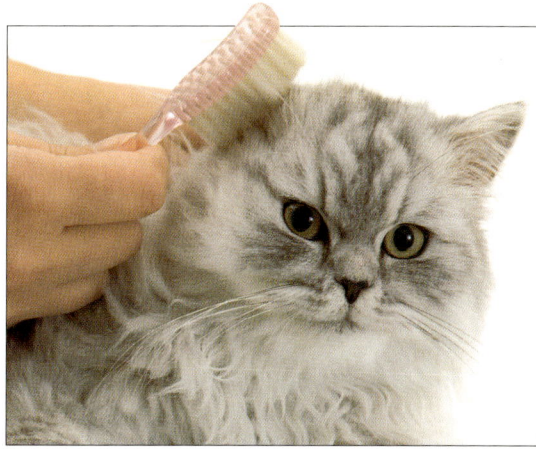

▲ *Nehmen Sie eine Babybürste für die langen Haare an den Ohren. Diese sind für die Katze selbst nur schwer zu erreichen und verfilzen besonders schnell.*

Langhaarkatzen

Das feine, weiche Fell von Langhaarkatzen kann leicht verfilzen und ein unentwirrbares Geflecht bilden. Das kann man nur durch tägliches Bürsten verhindern, vor allem bei Perserkatzen und Mischungen mit Persern. Andere Rassen wie Maine Coon oder Balinese haben dagegen ein glänzendes, fließendes Fell mit nur wenig Unterwolle. Es ist nicht so weich und dicht wie das von Perserkatzen und muss eventuell nur einmal pro Woche besonders gepflegt werden.

Fahren Sie vorsichtig mit einem groben Kamm oder einer so genannten Zupfbürste durch das gesamte Körperfell. Vermeiden Sie starkes Ziehen, vor allem an den empfindlichen Bauch- und Beininnenseiten. Haarknäuel kann man vorsichtig mit den Fingern auseinander zupfen. Der Schwanz wird mit einer Zupfbürste zu den Seiten hin gebürstet, und wenn Sie es etwas lockerer mögen, können Sie damit auch den Halsbereich kämmen. Bei besonders hartnäckigen Verfilzungen helfen auch spezielle Sprays.

● *Kann eine Katze zu viel Fellpflege betreiben?*

Ja. Unter Stress, wenn sie Flöhe haben oder bei Problemen mit der Haut (siehe S. 94-95) reinigen sich Katzen manchmal fast zwanghaft. Gehen Sie mit Ihrer Katze zum Tierarzt, wenn Sie übermäßiges Putzen feststellen.

● *Meine Chinchilla hat immer wieder Haarknäuel im Stuhl, egal wie oft ich sie bürste. Kann ich noch etwas anderes dagegen tun?*

Lassen Sie den Tierarzt prüfen, ob Ihre Katze nicht vielleicht ein Hautproblem hat, aufgrund dessen sie zu viel Haare verliert. Wenn sie gesund ist, gibt Ihnen der Arzt möglicherweise ein spezielles Abführmittel mit, das die Katze ein- oder zweimal die Woche nehmen muss. Benutzen Sie auch wirklich geeignetes Werkzeug für die Fellpflege?

▶ *Für die Fellpflege brauchen Sie: Draht- und Naturhaarbürste, Baby-bürste, Nagelschere, Zupfbürste, feine und grobe Kämme und ein Ledertuch.*

F & A

● *Warum putzt sich meine Katze bei warmem Wetter mehr als sonst?*

Katzen können durch ihr Fell kaum schwitzen und so hilft die Befeuchtung beim Putzen die Körpertemperatur zu regeln.

● *Unsere Katze kratzt sich dauernd an den Ohren – dabei sind sie vollkommen sauber. Was könnte das Problem sein?*

Möglicherweise sind die Ohren durch tief sitzendes, nicht sichtbares Ohrenschmalz blockiert. Sie können es lockern, indem Sie die Ohren leicht reiben und dann wie beschrieben reinigen (siehe rechts). Wenn die Katze weiterhin kratzt, müssen Sie den Tierarzt aufsuchen.

● *Ich habe gehört, dass regelmäßige Bäder Flöhe verhindern. Stimmt das?*

Nein. Flohbefall lässt sich nur durch eine regelmäßige Behandlung mit einem entsprechenden Mittel verhüten, das eventuell vorhandene Flöhe tötet und die Reifung der Eier unterbindet.

● *Mein Kater macht sich schmutzig, aber er hasst Wasser. Wie kann ich ihn sauber kriegen?*

Wenn Ihr Kater nicht bis auf die Haut verschmiert ist, was für eine Katze sehr ungewöhnlich wäre, dann wischen Sie das Fell am besten nur mit einem feuchten Handtuch ab. Dies wird für alle Beteiligten weniger anstrengend sein als der Versuch, ihn zu baden.

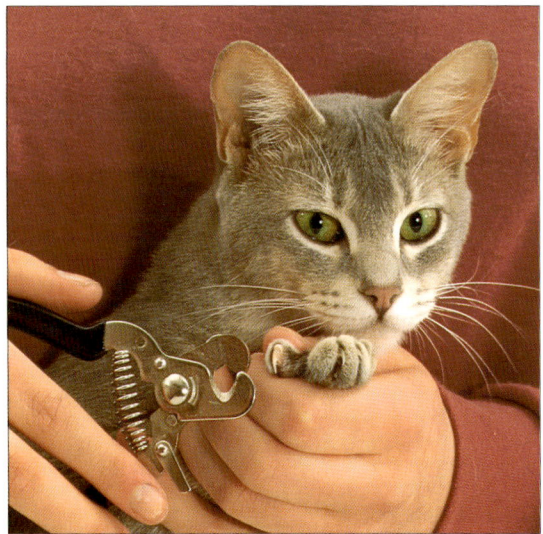

▲ *Beim Krallenschneiden muss man sehr vorsichtig vorgehen. Fragen Sie im Zweifel Ihren Tierarzt. Das empfindliche Krallenbett darf auf keinen Fall verletzt werden – weniger abzuschneiden ist immer besser als zu viel.*

Problemzonen

An die wöchentliche Fellpflege kann man idealerweise gleich die Kontrolle von Augen, Ohren, Zähnen und Krallen anschließen. Wenn die Fellpflege jeden Tag stattfindet, braucht man natürlich nicht jedesmal das gesamte Programm zu absolvieren.

1. Untersuchen Sie die Ohren Ihrer Katze. Verfärbte Beläge, Rötung oder Geruch können Anzeichen für eine Infektion sein; Ohrenschmalz ist normalerweise honigfarben, nur spärlich vorhanden und sollte nicht unangenehm riechen. Wischen Sie die Ohrmuscheln vorsichtig mit einem speziellen Ohrreinigungsmittel aus. Schieben Sie nie Wattestäbchen in das Ohr.

2. Achten Sie auf eventuelle Absonderungen, Schwellungen oder Rötungen der Augen und gehen Sie sofort zum Tierarzt, wenn Ihnen etwas verdächtig vorkommt. Es gibt auch hier spezielle Lösungen für die Augenreinigung, die man mit einem angefeuchteten Wattebausch anwendet.

3. Öffnen Sie das Maul der Katze und überprüfen Sie es auf Zahnstein oder Gaumenrötungen. Vergessen Sie nicht, auch die Zunge und den Gaumen darunter zu inspizieren. Anschließend werden die Zähne geputzt. (Folgen Sie dabei der Anleitung auf S. 104-105.) Wenn Ihre Katze nicht daran gewöhnt ist und sich womöglich heftig wehrt, ist es besser, einen jährlichen Zahnpflegetermin beim Tierarzt auszumachen. Dabei werden unter Betäubung Zahnstein entfernt und die Zähne poliert.

4. Reinigen Sie die Pfoten von grobem Schmutz. Normalerweise reinigt die Katze ihre Pfoten selbst, aber an Tagen mit Regenwetter oder bei sehr alten Tieren kann dabei auch manchmal etwas hängen bleiben.

5. Aktive Katzen, die viel Zeit im Freien verbringen, schärfen ihre Krallen durch Kratzen an Bäumen und Zaunpfählen. Reinen Wohnungskatzen müssen unter Umständen die Krallen geschnitten werden, ebenso älteren Katzen. Untersuchen Sie die Krallen regelmäßig, denn zu lange Krallen können in die Pfotenballen hineinwachsen und Infektionen hervorrufen. Nehmen Sie dazu eine spezielle Nagelschere, bei der kein Druck auf die Krallenwurzel entsteht. Wahrscheinlich werden Sie jemanden brauchen, der Ihnen hilft die Katze festzuhalten. Normalerweise sind die Krallen

So reinigt man verschmutztes Fell

Wenn das Fell Ihrer Katze einmal mit einem gefährlichen Stoff verschmutzt ist, sollten Sie die
Katze in ein großes Badetuch wickeln, damit sie
sich nicht lecken kann. Probieren Sie die folgenden Reinigungsmethoden. Sollte dies nichts nützen, bringen Sie die Katze besser zum Tierarzt.

FARBE, LACK	Lassen Sie die Farbe oder den Lack trocknen und schneiden Sie dann die Haare mit einer Schere vorsichtig ab. Verwenden Sie keine Lösungsmittel oder Verdünner, da diese die Haut angreifen.
ÖL	Schmieren Sie die betroffenen Stellen mit Pflanzenöl oder Reinigungscreme ein. Waschen Sie dann das Fell mit Seifenlauge oder Spülmittel aus.
TEER	Schneiden Sie die verschmutzten Haare vorsichtig ab oder verfahren Sie so wie bei „Öl" beschrieben.

oder Duschwanne stattfinden; auf jeden Fall ist
eine Brause von Vorteil. Stellen Sie die Katze auf
eine Gummimatte, damit sie nicht ausrutscht,
und füllen Sie das Wasser nicht tiefer als fünf bis
zehn Zentimeter ein. Befeuchten Sie behutsam
das ganze Fell und massieren Sie vorsichtig ein
mildes Baby- oder Katzenshampoo ein. Spülen
Sie es wieder gut aus, damit die Katze es nicht
ableckt. Das Fell wird dann mit einem Handtuch
abgerieben und mit einem Fön auf niedriger
Stufe weiter getrocknet. Bis das Fell völlig getrocknet ist, sollte die Katze in einem warmen Raum ohne
Zugluft bleiben.

eingezogen; aber durch leichten Druck auf
die Pfote werden sie sichtbar. Grundsätzlich dürfen nur die äußersten Spitzen
der Krallen abgeschnitten werden, ohne
das empfindliche Bett darunter zu verletzen. Wenn Sie unsicher sind, sollten
Sie lieber einen Katzenpfleger oder
den Tierarzt fragen.

Baden

Normalerweise ist es nicht nötig,
Katzen zu baden. Notwendig wird
ein Bad aber bei üblem Geruch
und starkem Schmutz. Keine Katze, mit Ausnahme der Türkisch
Van, findet Vergnügen an dieser
Prozedur, aber wenn man sorgfältig vorgeht, lässt sich jede Katze
waschen. Es ist einfacher, wenn
man zu zweit ist. Das Wasser sollte
lauwarm sein – idealerweise wie die
Körpertemperatur der Katze, 38,6
Grad. Das Bad kann z. B. in einer Bade-

▶ *Wickeln Sie die Katze nach dem Bad in ein
großes, warmes Handtuch und reiben Sie das
Fell sanft trocken, bis es nicht mehr tropft.
Manche Katzen lassen sich sogar fönen.*

Wohnungshaltung oder Freilauf?

Katzen sind körperlich geschickte, aktive Tiere, die sich gerne bewegen. Für viele Katzenfreunde ist es Tierquälerei, eine Katze ihr Leben lang in der Wohnung zu halten. Andere finden es zu riskant, das Tier ins Freie zu lassen, oder die Wohnverhältnisse lassen dies nicht zu.

Die Entscheidung darüber, ob die Katze hinaus darf oder nicht, bleibt letztlich dem Besitzer überlassen. Beides hat Vor- und Nachteile, und wichtig ist vor allem, dass man nicht plötzlich seine Meinung ändert. Junge Kätzchen gewöhnt man am besten gleich an die bevorzugte Lebensweise, und bei ausgewachsenen Tieren kann man bei der Auswahl darauf achten, dass ihre Lebensgewohnheiten denen des Besitzers entsprechen.

▲ *Wenn Sie eine sehr aktive Katze haben, wird sie es zwar schätzen, draußen nach Belieben umherschweifen zu können, aber die Gefahren sind auch größer.*

Katzen mit Freilauf

Katzen mit viel Auslauf werden sich naturgemäß weniger langweilen und auch seltener an Übergewicht leiden. Andererseits ist die Verletzungsgefahr durch Unfälle und Kämpfe größer und auch das Risiko, sich mit Krankheiten anzustecken. Wertvolle Rassekatzen könnten auch gestohlen werden. Für den Katzenbesitzer kann die Ungewissheit, ob eine vermisste Katze gestohlen, in einen anderen Haushalt aufgenommen oder gar bei einem Unfall getötet wurde, sehr qualvoll sein. Auf dem Land lebende Katzen sind zwar weniger Gefahren ausgesetzt, aber auch hier ist der Freilauf nicht ohne Risiken. Auf jeden Fall ist der Einbau einer Katzentür ratsam, damit sich die Katze frei bewegen und jederzeit ins Haus zurückkommen kann.

Wohnungskatzen

Ein auf die Wohnung beschränktes Leben hält all diese Gefahren natürlich fern, bringt aber möglicherweise andere Probleme mit sich. Wenn es an der nötigen Beschäftigung mangelt, kann es leicht zu Verhaltensstörungen wie Aggressivität oder exzessivem Möbelkratzen kommen.

Sie können den Lebensraum von Wohnungskatzen interessanter machen, indem Sie ihr eine Art Turngelände aus festen Kartons mit Löchern, Tunnels aus großen Kartonröhren oder einen Kletterbaum mit hängenden Seilen installieren. Ein Kratzbaum ist ein Muss, wenn Ihnen Ihre Möbel lieb sind (siehe S. 8-59). Wer in einem höheren Stockwerk wohnt, sollte die Fenster mit einem Drahtgitter sichern, damit die Katze nicht hinausklettert.

Wohnungskatzen sind meist zutraulicher und neigen eher dazu, mit den Menschen ihrer Umgebung durch Spielen und körperlichen Kontakt zu kommunizieren als Katzen, die ständig draußen sind. Eine Katze in der Wohnung zu halten bedeutet aber keineswegs immer, dass eine besonders gute Beziehung zwischen Mensch und Tier zustande kommt (siehe S. 46-47).

▶ *Eine Schüssel Katzengras reicht der Wohnungskatze an pflanzlicher Kost. Geeignet sind Grassämlinge, Katzenminze, Petersilie, Salbei oder Thymian.*

Gefahrenquellen im Haus

Jede Wohnung birgt potenzielle Gefahren für neugierige Katzen. So lassen sie sich vermeiden:

✓ Ziehen Sie den Stecker aller nicht benötigten Elektrogeräte ab und verwenden Sie Sicherheitskappen für die Steckdosen.

✓ Halten Sie die Katze vom Herd fern, besonders wenn er in Betrieb ist.

✓ Katzen lieben dunkle Verstecke. Lassen Sie die Waschmaschine immer zu und schauen Sie in Schubladen nach, bevor Sie sie schließen.

✓ Lassen Sie keine Nähutensilien herumliegen. Nadeln und Zwirn sind schnell verschluckt.

✓ Bewahren Sie alle Haushaltsreiniger außer Reichweite auf.

● Unser Kater attackiert immer unsere Füße und Beine, wenn wir vorbeigehen. Er ist eine Wohnungskatze, die den ganzen Tag schläft, während wir in der Arbeit sind. Woher kommt diese Unsitte?

Wenn Sie nach Hause kommen, ist Ihr Kater nach dem vielen Schlaf in Spiellaune und Ihre Beine werden seine Beute. Besorgen Sie ihm mehr Spielzeug, zum Beispiel kleine, rollende Bälle oder Sachen, die er hinter sich herziehen kann, und beschäftigen Sie sich gezielt mit ihm vor und nach der Arbeit.

● Meine Kätzin ist acht Jahre alt und hat immer in der Wohnung gelebt. Nun sind wir aufs Land gezogen. Können wir sie bedenkenlos hinauslassen?

Ja, aber zu Beginn wird sie etwas ängstlich sein. Sie muss sich erst allmählich an die für sie neue Welt außerhalb der Wohnung gewöhnen. Achten Sie darauf, dass sie nicht in Panik gerät und fortläuft. Gehen Sie anfangs mit ihr hinaus und locken Sie sie dann mit kleinen Leckerbissen wieder ins Haus. Auf keinen Fall dürfen Sie die Katze aber zwingen hinauszugehen, wenn sie es nicht will.

Die Katze transportieren

Nur wenige Erlebnisse können für eine freiheitsliebende, auf die Verteidigung ihres Territoriums bedachte Katze schlimmer sein, als gepackt, eingesperrt und zwangsweise an einen unbekannten Ort gebracht zu werden. Ob es sich um einen Besuch beim Tierarzt oder um einen Umzug handelt, ist egal. Versuchen Sie also, die Aufregung möglichst gering zu halten, wenn Sie ihre Katze transportieren müssen. Oberste Priorität bei der Vorbereitung eines Transports hat die Sicherheit der Katze. Ein verängstigtes Tier kann ein völlig unberechenbares Verhalten zeigen und wird vielleicht weglaufen oder kratzen. Deshalb sollte man Katzen immer in einem stabilen Behälter transportieren. Kartons sind weniger geeignet, da sie daraus leicht entweichen können, und bei Regen, oder wenn die Katze uriniert, werden sie weich und bieten kaum mehr Sicherheit. Weidenkörbe sind zwar hübsch, schützen aber bei kühlem Wetter nicht vor Zugluft. Dagegen kann man zur Isolierung Zeitungspapier oder Plastikfolie um den Korb wickeln.

Ausstattung der Transportbox

Für eine kurze Reise reichen eine Decke und ein Spielzeug, auf längeren Fahrten ist Folgendes sinnvoll:

- ✓ Eine vertraute Decke, warm im Winter und dünn im Sommer.
- ✓ Das Lieblingsspielzeug Ihrer Katze.
- ✓ Trockenfutter, das man während der Fahrt in den Transportbehälter stellen kann.
- ✓ Eine Wasserschale, die man in den Pausen mit frischem Wasser füllt.
- ✓ Eine wasserdichte Unterlage.
- ✓ Zeitungspapier oder Katzentoilette, falls die Katze Stuhlgang hat.

Am praktischsten ist eine Transportbox aus Fiberglas oder Plastik. Sie ist sehr haltbar, stabil und sicher und lässt sich leicht reinigen. Eine andere Möglichkeit, die sich gut für den Transport in öffentlichen Verkehrsmitteln eignet, ist eine Tasche mit Reißverschluss und „Fenster", da einige Katzen dabei gern ihre Umgebung sehen. Es gibt auch Katzen, die lieber im Dunkeln reisen; in diesem Fall kann man einfach über einen offenen Korb eine Decke legen.

Lassen Sie niemals eine Katze, die Sie im Auto transportieren, aus ihrem Behälter. Das lenkt den Fahrer ab und kann zu gefährlichen Situationen führen. Die Transportbox darf nicht verrutschen. Zur Sicherung kann man sie auf dem Boden platzieren oder mit dem Sicherheitsgurt festschnallen. Auf längeren Fahrten haben die Geräusche und Bewegungen des Autos normalerweise eine beruhigende Wirkung und viele Katzen schlafen dabei schließlich entspannt ein. Für Katzen, die große Angst haben, kann der Tierarzt ein Beruhigungsmittel verschreiben.

▲ *Sie können Ihre Katze an ihre Transportbox gewöhnen, wenn Sie diese zum Teil der Wohnungseinrichtung machen. Stellen Sie die Box mit offener Tür und einer Decke im Inneren für die Katze leicht zugänglich auf, und sie wird sie von alleine erforschen.*

Beim Wohnungswechsel

Katzen passen sich gewöhnlich recht schnell an eine neue Umgebung an, egal ob es dauerhaft oder nur vorübergehend ist. Nach einem Umzug sollte das Tier zunächst einige Tage in der Wohnung, bleiben, damit es sich eingewöhnen kann. In unbekannter Umgebung wird es vielleicht nach den alten Reviermarken suchen und sich verirren. Lassen Sie die Katze zum ersten Mal hinaus, wenn sie Hunger hat. Wenn sie beginnt, sich weiter zu entfernen, können Sie sie mit einem Leckerbissen zurücklocken. Notieren Sie auf der Identifikationsmarke die neue Anschrift bzw. Urlaubsadresse. Das Tier braucht recht lange, um sich in der Hierarchie der anderen Katzen am Ort zu etablieren. Bei einem nur kurzen Aufenthalt empfiehlt es sich daher meist, die Katze lieber im Haus zu lassen.

F & A

● *Meine beiden Katzen sind sehr klein. Kann ich sie gemeinsam in einem Behälter transportieren?*

Solange sich Ihre Katzen gut verstehen und der Transportbehälter genügend Platz bietet, damit sie sich umdrehen können, ist der gemeinsame Transport sicherlich kein Problem.

● *Unsere Kätzin reist nicht sehr gerne. Wir möchten sie aber mit in den Urlaub nehmen, und da wir eine relativ lange Autofahrt planen, glauben wir, dass ein Beruhigungsmittel vielleicht nötig wäre. Muss das der Tierarzt machen? Wie lange hält die Wirkung an?*

Ihr Tierarzt wird vermutlich die Katze untersuchen wollen, bevor er ein Sedativum verschreibt. Wenn das erledigt ist, können Sie ihr aber das Mittel in Tablettenform selbst verabreichen. Es wird etwa eine halbe Stunde dauern, bis es wirkt, und die Wirkung hält ungefähr acht Stunden an.

● *Sollte ich meine Katze vor einer Reise füttern? Wenn ja, wann?*

Wenn Sie Ihre Katze kurz vor Fahrtbeginn füttern, könnte sie während der Fahrt an Reisekrankheit leiden. Am besten wartet man nach einer Mahlzeit eine bis eineinhalb Stunden.

▼ *Für den Transport einzelner Katzen gibt es Taschen mit Reißverschluss. Sie sind weniger sperrig und durch den Schultergurt hat man die Hände frei. Für nervöse Tiere sind solche Taschen aber nicht so gut geeignet.*

Betreuung im Urlaub

WER KÜMMERT SICH UM IHRE KATZE, WENN Sie in den Urlaub fahren? Wenn Sie lediglich über Nacht oder über das Wochenende nicht zu Hause sind, können Sie Ihren Hausgenossen in der Regel ruhig alleine lassen. Von ständigen Veränderungen halten die meisten Katzen nämlich nicht viel. Allein zu Hause zu bleiben ist für eine Katze wesentlich weniger belastend als ein zeitweiliger Umzug zum Beispiel in eine Tierpension. Für die regelmäßige Versorgung mit Nahrung können Sie einen elektronischen Futterspender einsetzen. Und denken Sie daran, ihr auch ausreichend Wasser zur Verfügung zu stellen.

Was geschieht, wenn die Katze während Ihrer Abwesenheit krank wird oder einen Unfall hat? Für eine Fahrt, die länger als einen oder zwei Tage dauert, sollten Sie einen Bekannten oder Verwandten bitten in die Wohnung zu kommen und sich um die Katze zu kümmern. Man kann auch einen zuverlässigen Betreuer mieten, der die Katze täglich besucht. Das ist zwar teuer, hat aber den zusätzlichen Vorteil, dass Sie sich keine Gedanken um die Sicherheit von Haus oder Wohnung machen müssen. Machen Sie die Katze mit ihrem Betreuer möglichst immer vorher vertraut.

● Wie lange kann ich meine Katze bedenkenlos alleine lassen?

Das hängt davon ab, ob und welche Vereinbarungen Sie mit jemandem getroffen haben, der sie füttern soll. Über Nacht ist es für fast alle Katzen in keiner Weise problematisch. Eine Woche aber wäre zu lang, außer es kommt jemand mindestens einmal am Tag vorbei, um nach ihr zu sehen, die Katzentoilette zu reinigen und Wasser und Futter aufzufüllen.

● Bei einer Tierpension in meiner Gegend wurde mir gesagt, dass die Katzen dort Trockenfutter bekommen. Mein Kater ist aber Dosenfutter gewöhnt. Sollte ich ihn lieber woanders unterbringen?

Ihre Sorge ist berechtigt. Plötzliche Nahrungsumstellungen können Verdauungsprobleme hervorrufen. Bei einer Tierpension, die Ihnen vorschreiben will, was Ihre Katze fressen soll, wäre ich sehr vorsichtig und würde dazu raten, eine andere Lösung in Betracht zu ziehen.

● Ich gehe für einen Monat ins Ausland und lasse meine Katze so lange in einer Tierpension. Nun ist mir aber eingefallen, dass man mich dort nicht gebeten hat, sie gegen Katzenleukose impfen zu lassen. Muss ich mir Sorgen machen?

In einer Tierpension, wo Ihre Katze keinen direkten Kontakt mit anderen Katzen hat, ist eine Ansteckung mit Katzenleukose sehr unwahrscheinlich. Der Virus, der die Krankheit hervorruft, wird durch Bisse, gegenseitiges Putzen und den Gebrauch desselben Futternapfs übertragen. Natürlich können Sie Ihre Katze vorsichtshalber trotzdem impfen lassen.

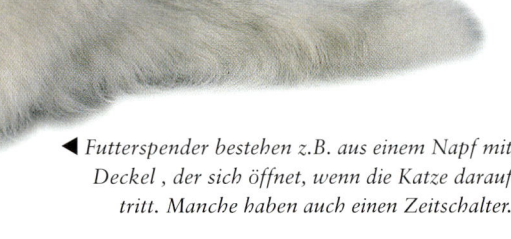

◀ *Futterspender bestehen z.B. aus einem Napf mit Deckel , der sich öffnet, wenn die Katze darauf tritt. Manche haben auch einen Zeitschalter.*

Auswahl einer Tierpension

Wenn Sie Ihre Katze während einer längeren Reise doch lieber in eine Tierpension bringen, sollten Sie diese vorher sorgfältig auswählen, bevor Sie das Tier dort betreuen lassen. Persönlichen Empfehlungen können Sie ruhig folgen, außerdem wird Ihr Tierarzt wahrscheinlich eine Liste von Tierpensionen der Umgebung haben. Lassen Sie sich die gesamte Anlage zeigen und überzeugen Sie sich davon, dass Ihre Katze dort in guten Händen ist.

Bevor Sie die Katze abgeben, sollten Sie überprüfen, ob alle Schutzimpfungen auf dem neuesten Stand sind. Eine Flohbehandlung kurz vor der Abfahrt ist empfehlenswert. Hinterlassen Sie die Telefonnummer Ihres Tierarztes und möglichst auch, wo Sie im Notfall erreichbar sind. Der Aufenthalt wird für die Katze angenehmer, wenn Sie dem Personal Angaben über ihre Ernährungsgewohnheiten und besondere Vorlieben und Abneigungen machen können. Besprechen Sie vorher auch eventuelle gesundheitliche Probleme und deren Symptome.

▲ *Wenn Sie verreisen, können Sie Ihre Katze in einer Tierpension unterbringen. Reservieren Sie frühzeitig einen Platz, denn zur Urlaubszeit sind sie schnell ausgebucht. Gute Tierpensionen nehmen nur Tiere mit vollständigem Impfpass auf.*

Was muss eine Tierpension bieten

- ✓ Saubere, helle, gut belüftete Räume.
- ✓ Genügend Platz, damit sich die Tiere ausreichend bewegen können.
- ✓ Ruhige, warme Einzelschlafbereiche, wohin sich die Tiere zurückziehen können.
- ✓ Keine Aufnahme von Katzen ohne Impfung gegen Katzenschnupfen, Katzenseuche und Tollwut.
- ✓ Kein direkter Kontakt der Katzen untereinander.
- ✓ Isolationsräume für Tiere, die während des Aufenthaltes krank werden.
- ✓ Hilfsbereite, sachkundige Mitarbeiter, die Spaß an Ihrer Arbeit haben.

Die ältere Katze

IN DEN VERGANGENEN JAHREN ERFREUTEN SICH Katzen als Haustiere immer größerer Beliebtheit und gleichzeitig hat sich der Standard der medizinischen Versorgung erheblich verbessert. Beides hat dazu geführt, dass heute die Zahl älterer Katzen deutlich gestiegen ist. Die durchschnittliche Lebenserwartung von Katzen liegt bei 13 bis 14 Jahren, und ab zehn Jahren gelten sie als „alt". Gelegentlich werden Katzen aber auch 20 Jahre und älter. Bei einer gesunden Katze verläuft der natürliche Alterungsprozess sehr allmählich und störungsfrei.

Jährliche Schutzimpfungen und regelmäßige Untersuchungen vom Tierarzt sind unerlässlich, um gesundheitliche Probleme frühzeitig entdecken und behandeln zu können. Ab dem Alter von 10 Jahren sollten Katzen zweimal im Jahr untersucht werden. Ernsthafte Erkrankungen werden oft als normale Alterserscheinung verkannt und weder richtig diagnostiziert noch behandelt, obwohl ihre Häufigkeit mit dem Alter steigt. Der Tierarzt wird eine Blutuntersuchung empfehlen,

bevor er die Behandlung beginnt. Damit kann er eventuell weitere Erkrankungen nachweisen, die die geplante Behandlung unmöglich machen, und auch unerwünschte Nebenwirkungen auf andere Krankheiten vermeiden.

Probleme alternder Katzen

Katzen werden im Alter oft dünner. Ein solcher Gewichtsverlust kann medizinische Ursachen haben wie zum Beispiel eine Überfunktion der Schilddrüse oder eine Reduzierung der Nieren- oder Leberfunktion. Die Nierenfunktion kann bis zu 50 Prozent zurückgehen, ohne dass dies ernsthafte Folgen hat, während ein Abbau der Leberfunktion wesentlich bedrohlicher ist. Wenn medizinische Ursachen für einen Gewichtsverlust auszuschließen sind, frisst die Katze vielleicht einfach weniger. Nachlassender Appetit ist eine Folge der natürlichen Schwächung von Geruchs- und Geschmackssinn im Alter. Der Appetit lässt sich eventuell beeinflussen, wenn das Futter auf Körpertemperatur (ca. 35 °C)

◀ Katzen entwickeln mit etwa zehn Jahren Alterserscheinungen, oft aber auch erst später. Alternde Katzen werden ruhiger und verbringen täglich viel Zeit mit Schlafen oder entspanntem Nichtstun. Ein Nachlassen der Aktivität ist meist das erste Anzeichen dafür, dass Ihre Katze allmählich alt wird; an äußeren körperlichen Merkmalen ist eine alte Katze normalerweise nicht zu erkennen.

erwärmt wird. Mehrere kleine Mahlzeiten pro Tag sind besser als eine oder zwei große. Bekannt ist, dass der Darm älterer Tiere Nährstoffe weniger effizient aufnimmt, und viele Tiermediziner glauben, dass eine Herabsetzung der Eiweiß- und Phosphormengen in der Nahrung zu einer verbesserten Verdauung führt. Im Handel ist ein speziell auf die Bedürfnisse älterer Katzen abgestimmtes Futter erhältlich. Ein weiteres typisches Problem ist Verstopfung (siehe S. 106-109). Dem lässt sich durch Zugabe von Ballaststoffen zum Futter vorbeugen und akute Fälle können mit einer Verabreichung von Paraffinöl behandelt werden. Die Kontrolle von Blase und Darm lässt im Alter ebenfalls nach und die Katze wird zudem träge und langsamer in ihren Bewegungen. Wenn sie viel Freilauf gewohnt ist, empfiehlt sich, besonders im Winter, die Einrichtung einer Katzentoilette im Haus. Untersuchen Sie auch regelmäßig Mund, Zähne und Gaumen (siehe S. 104-105). Infektionen in diesem Bereich erschweren der Katze das Putzen. Sie können ihr dabei behilflich sein, indem Sie das Fell regelmäßig mit einem feuchten Tuch abwischen und durchkämmen.

▲ *Ältere Katzen mit steiferen Gelenken werden sich mit Vorliebe so nah wie möglich an Wärmequellen aufhalten. Ein Katzenbett, das sich über einen Heizkörper legen lässt, ist eine wahre Freude.*

● *Wir haben einen 20 Jahre alten Siam-Kater, der sich seit einiger Zeit mit Vorliebe mitten auf die Straße setzt ohne Rücksicht auf den Verkehr. Warum tut er das?*

In seinem außergewöhnlich hohen Alter können Hör- und Sehvermögen nachlassen. Vielleicht ist er inzwischen auch etwas senil. Es ist schade, ihn nicht mehr hinauszulassen, aber es wäre bestimmt besser für ihn.

● *Mein Kater ist 14 Jahre alt, und obwohl er einen immensen Appetit entwickelt hat, wird er laufend dünner. In letzter Zeit hat er auch einige Unfälle im Haus gehabt. Was ist der Grund dafür?*

Der Grund könnte eine Überfunktion der Schilddrüse sein, die bei älteren Katzen häufiger auftritt. Bei einer Überfunktion wird der Stoffwechsel beschleunigt, was Unruhe und Hyperaktivität zur Folge hat. Das führt zu einer Steigerung des Appetits bei gleichzeitigem Gewichtsverlust und nicht selten auch Durchfall. Gehen Sie mit dem Kater zum Tierarzt. Eventuell muss die Schilddrüse entfernt werden.

● *Bei meiner 11-jährigen Kätzin sind die Krallen seit einiger Zeit extrem lang. Früher gab es nie Probleme damit. Woher kommt die Veränderung?*

Vielleicht bewegt und putzt sie sich weniger als früher. Andererseits kann auch eine Schilddrüsenüberfunktion das Wachstum der Krallen anregen. Lassen Sie die Katze also sicherheitshalber vom Tierarzt untersuchen. Schneiden Sie die Krallen selbst oder lassen Sie es beim Tierarzt machen.

Bedürfnisse der älteren Katze

✓ **Schutzimpfungen** sollten weiterhin jährlich stattfinden.

✓ **Regelmäßige Untersuchungen** beim Tierarzt minimieren das Krankheitsrisiko.

✓ **Spezielle Nahrung** für ältere Katzen garantiert eine optimale Nährstoffversorgung.

✓ **Ein Teelöffel Kleie** hilft, Verstopfungen zu vermeiden.

✓ **Die Fellpflege** sollte behutsamer werden und häufiger stattfinden, um die nachlassende Putzaktivität der Katze auszugleichen.

✓ **Das Maul** muss regelmäßig auf mögliche Infektionen untersucht werden.

✓ **Der Schlafkorb** sollte an einer warmen Stelle ohne Zugluft stehen und mit einer weichen Decke ausgestattet werden.

✓ **Eine Katzentoilette** sollte immer bereit stehen, auch wenn die Katze oft draußen ist.

Der Tod eines Haustieres

DIE DURCHSCHNITTLICHE LEBENSERWARTUNG VON Katzen liegt bei ungefähr 13 bis 14 Jahren. Sie werden sich also damit abfinden müssen, dass Sie eines Tages Ihr Haustier verlieren. An Altersschwäche sterben nur die Wenigsten, viele Katzen werden vom Tierarzt eingeschläfert, wenn sie unheilbar krank sind, Schmerzen leiden oder durch den Verlust wesentlicher Körperfunktionen nicht mehr in der Lage sind, ein aktives Leben zu führen. Aus Angst, der Tierarzt könnte das Tier einschläfern, meiden oft Besitzer alter Katzen den Gang zum Arzt oft so lange, bis es für eine Behandlung zu spät ist. Kein Tierarzt aber würde ohne triftigen Grund ein Tier einschläfern. Außerdem darf er das nur mit Zustimmung des Besitzers tun. Umgekehrt kann der Besitzer Behandlungsvorschläge ablehnen und um Einschläferung der Katze bitten. Wenn der Tierarzt dies für unnötig hält, wird er ablehnen und Besitzer und Patienten an einen Kollegen verweisen. Tierärzte dürfen auch ohne Einwilligung des Besitzers diesem die Katze nicht wegnehmen und ihr ein neues Zuhause suchen.

Was passiert bei der Einschläferung?

In nahezu allen Fällen wird die Katze sofort bewusstlos, nachdem die Überdosis eines Narkosemittels in eine Vene ihres rechten Vorderbeins injiziert wurde. Dabei wird sie sanft festgehalten, und wenn sie nervös ist, bekommt sie vorher ein Beruhigungsmittel. Der Besitzer selbst könnte zwar auch beruhigend auf sie einwirken, aber viele möchten bei der Prozedur nicht dabei sein, obwohl es durchaus tröstend sein kann zu sehen, wie friedlich die letzten Lebensminuten der Katze verlaufen. Sie bemerkt die Spritze meist nicht einmal und schläft innerhalb von fünf bis zehn Sekunden ein. Etwa eine Minute später hört die Atmung auf und kurz danach kommt es zum Herzstillstand. Es gibt kaum eine bessere Art, ein leidvolles Leben zu beenden. In wenigen Fällen ist der Blutdruck der Katze so niedrig, dass die Spritze in den Bauch gegeben wird. Dies ist genauso schmerzfrei, aber das Tier braucht ein wenig länger um einzuschlafen.

Per Gesetz ist es verboten, Tiere im eigenen Garten zu begraben. Sie können Ihre Katze aber auf einem Tierfriedhof beerdigen, wenn Sie es nicht über das Herz bringen, sie in einer Tierkörperbeseitigungsanlage verbrennen zu lassen.

Den Verlust verarbeiten

Trauer um den Verlust eines Haustieres ist verständlich und ganz natürlich; man fühlt sich sogar besser, wenn man trauert. Im Familien- und Freundeskreis werden Sie viel Verständnis finden. Machen Sie sich keine unnötigen Vorwürfe über den Tod Ihrer Katze. Wenn die Entscheidung zur Einschläferung mit Zustimmung Ihres Tierarztes gefällt wurde, war sie auch richtig.

Lebensqualität einschätzen

Bei der Entscheidung für die Notwendigkeit einer Einschläferung sind folgende Voraussetzungen gegeben:

- Dauerhafte Schmerzen, die nicht durch Medikamente kontrollierbar sind.
- Der Verlust frei gehen und selbstständig aufrecht stehen zu können.
- Keine Möglichkeit mehr, Nahrung und Flüssigkeit schmerzfrei und ohne sich übergeben zu müssen, zu sich zu nehmen.
- Schmerzhafte, inoperable und unheilbare Tumore.
- Einschränkung der Atmung.
- Schmerzen und Probleme dabei, Wasser und Kot zu lassen.
- Verlust der für das alltägliche Leben erforderlichen Hör- und Sehfähigkeit.
- Ein mit der notwendigen Pflege körperlich und mental überforderter Besitzer.

Sollte mindestens eine Aussage zutreffen und der Arzt sieht für eine weitere Behandlung keine Aussicht mehr auf Erfolg, kann Ihre Katze kein normales, glückliches Leben mehr führen.

● *Mein inzwischen sehr alter Kater nimmt immer mehr ab und schläft fast nur noch. Mir wäre es am liebsten, wenn er im Schlaf stirbt. Was kann ich machen?*

Lassen Sie Ihren Kater vom Tierarzt untersuchen. Vielleicht versagen seine Nieren langsam, oder er leidet an Diabetes, Krebs. Eventuell hat er auch Probleme mit der Schilddrüse. Der Tierarzt kann ihm ein Mittel geben, das ihm das Leben leichter macht. Wenn er unheilbar krank ist, sollten Sie die Einschläferung erwägen. Ein natürlicher Tod kann sehr qualvoll sein.

● *Soll ich meinen Kindern erzählen, dass wir unseren uralten Hauskater einschläfern mussten?*

Ja. Sprechen Sie ehrlich mit Ihren Kindern über den Tod. Erklären Sie ihnen, wie und warum er sterben musste und dass die Trauer darüber ganz normal ist.

▶ *Ein in Ehren gehaltenes Foto hilft das Andenken an einen geliebten Freund und Begleiter zu bewahren.*

▼ *Manche Besitzer entscheiden sich dafür, ihrer Katze mit einem Grabstein auf einem Tierfriedhof zu gedenken.*

● *Meine geliebte Angorakatze ist vor drei Monaten gestorben und seitdem ist es furchtbar leer im Haus. Ist es fair, sich so bald eine neue Katze zu besorgen?*

Es ist völlig normal, dass Sie noch immer um die Katze trauern, aber viele Menschen möchten in solchen Fällen auch lieber früher als später ein neues Haustier haben. Dagegen ist nichts zu sagen, wenn Sie nicht beginnen die neue Katze mit der alten zu vergleichen. Nichts kann ein verstorbenes Haustier ersetzen, doch ein neues wird seinen eigenen Charme haben.

SOZIALES VERHALTEN

KATZEN HABEN ALLGEMEIN DEN RUF, DASS SIE GENAU das tun, was sie wollen. Einige Leute bewundern diese Unabhängigkeit und halten sie für einen Beweis der hohen Intelligenz von Katzen; andere sehen darin den Beleg für einen ausgeprägten Egoismus. Ihre Ungebundenheit ist auf das angeborene Verhalten zurückzuführen, lieber allein zu jagen als in Rudeln. Katzen sind in der Regel Einzelgänger und kommen nur in der Paarungszeit zusammen. Wenige Arten leben paarweise, und nur der Löwe im Rudel. Hauskatzen können aber durchaus enge Bindungen zum Menschen und sogar zu anderen Haustieren entwickeln.

Wenn Sie harmonisch mit Ihrer Katze zusammen leben möchten, sollten Sie deren natürliche Instinkte kennen. Wenn Sie ihre normalen Verhaltensmuster zu deuten wissen, können Sie sie dazu erziehen, sich Ihrem Lebensstil anzupassen, sie aber auch ihren natürlichen Instinkten folgen lassen. Ein junges Kätzchen lässt sich natürlich leichter prägen als eine ausgewachsene Katze, aber auch diese wird allmählich mit Lob und Belohnungen zutraulich werden.

Die Chancen für eine ausgewogene Beziehung mit Ihrer Katze sind besser, wenn Sie auf deren Natur eingehen als gegen sie zu arbeiten. Die Zeit und Mühe, die Sie jetzt aufbringen, um Verhaltensstörungen vorzubeugen, wird sich später auszahlen, sodass Sie Ihr Leben mit einem zufriedenen, wohlerzogenen und in jeder Hinsicht faszinierenden Lebewesen teilen können.

Wie Katzen sich verständigen

KATZEN WURDEN SPÄTER DOMESTIZIERT ALS Hunde, und ihre Wandlung von wilden Jägern in gesellige Hausgenossen ist noch nicht vollendet. Ihre Verständigung folgt immer noch den Regeln und Signalen, die sie in freier Wildbahn entwickelt haben. Die Achtung vor dem Revier und der Persönlichkeit des Anderen ist die Basis für ein ungestörtes Zusammenleben. Sie kommunizieren miteinander mit Signalen, die rau bis äußerst raffiniert sein können und ihre Sinne sind viel schärfer als die von Menschen.

Geruchs- und Tastsinn sowie das Gehör sind wohl am wichtigsten. Damit kann das blinde neugeborene Kätzchen den typischen Geruch seiner Mutter erkennen und sich seinen Weg zu den Zitzen bahnen. Das Vibrieren ihres

▼ *Ein Kätzchen lernt das Vokabular der Katzenkommunikation durch den frühen Kontakt mit seiner Mutter.*

● *Nachdem meine Katze Priscilla von einem Hund angegriffen worden war, roch sie widerlich. Kam das von ihr oder von dem Hund?*

Duftdrüsen unter dem Schwanz enthalten eine stechend riechende Substanz, die die Katze freisetzt, wenn sie angespannt oder verängstigt ist. Vermutlich passierte das, als Priscilla angegriffen wurde.

● *Wozu brauchen Katzen ihre Schnurrhaare?*

Schnurrhaare sind dicker und steifer als normale Haare. Sie sind äußerst wichtig, um der Katze durch Berührungsreize Informationen über ihr Umfeld zu liefern.

● *Versucht meine Katze mir etwas zu sagen, wenn sie mir den Rücken zuwendet, nachdem ich mit ihr geschimpft habe?*

Ja. Ihre Katze erkennt ihre niedrigere Stellung an und vermeidet eine Steigerung des Konflikts, indem sie den Augenkontakt meidet. Sie zeigt damit aber keinerlei Schuldgefühl.

▶ *Sie können die Launen Ihrer Katze unterscheiden, wenn Sie ihren Gesichtsausdruck studieren. Ein starrer Blick bedeutet Angriffslust. Bei Tageslicht sind geweitete Pupillen Zeichen für erhöhte Wachsamkeit.*

Schnurrens sagt dem Kleinen, dass sie in der Nähe ist; und wenn es sich zu weit entfernt, werden seine Rufe vom Fiepen der Mutter beantwortet, die es zurückruft.

Der Tast- und der Geruchssinn spielen eine entscheidende Rolle bei der Beziehung ausgewachsener Katzen. Zwei Katzen, die sich verstehen, werden oft Stunden schlafend nebeneinander oder bei der Fellpflege verbringen, und es gehört dazu, dass sie zur Begrüßung die Gesichter aneinander reiben. Da Ihre Katze oft nicht an Ihr Gesicht heranreicht, begrüßt sie Sie durch 'Köpfchengeben'; sie reibt ihr Gesicht an Ihren Beinen, markiert Sie mit ihrem Geruch und nimmt Ihren dabei auf. Anschließend leckt sie ihr Fell, um Ihren Geruch zu entfernen. Alle Katzen markieren ständig ihr Revier mit ihrem individuellen Geruch über die Pfoten, das Gesicht und den Schwanz – wo immer sie gehen, sich reiben oder ihre Krallen wetzen.

Ausdrucksweise und Körpersprache

Visuelle Signale sind ebenfalls sehr wichtig. Eine Katze kann gut im Gesicht anderer Katzen lesen. Erweiterte Pupillen signalisieren wachsendes Interesse, Angst, Angriffslust oder Aufregung. Ein starrer Blick ist oft das Vorspiel zu einem Kampf. Der Gesichtsausdruck wird ergänzt durch die Körpersprache der Katze, besonders durch die Stellung der Ohren. In der Verteidigungshaltung werden sie zurückgefaltet, bei großer Angst flachgelegt und hochgestellt oder leicht nach vorne gekippt, um Selbstvertrauen zu zeigen. Bei Bedrohung versucht sie größer auszusehen, indem sie am ganzen Körper ihre Haare aufstellt und einen Buckel macht. Der Schwanz kann dabei als Schutz um den Körper gelegt sein. Mit rundem Rücken zusammengekauert, bereitet sie sich zum Angriff vor, ein gerader Rücken bedeutet Angst und Unterwerfung. Wenn sie sich auf den Rücken rollt und ihre verletzliche Unterseite darbietet, zeigt sie großes Vertrauen.

Die stimmlichen Signale sind variationsreich und meist leicht zu erkennen; die Palette geht von Fauchen und Knurren bis zum Schnurren und vielen verschiedenen Arten von Miauen. Wenn eine Katze auf Ihrem Schoß schnurrt, können Sie sicher sein, dass sie zufrieden ist. Doch Katzen schnurren auch, um sich selbst zu beruhigen, wenn sie Angst oder starke Schmerzen haben, und bei Begegnungen, um zu zeigen, dass sie keine feindlichen Absichten haben.

▶ *Eine ängstliche Katze macht einen Buckel und in sinnbildlicher Weise stehen ihr die Haare zu Berge. Die Stellung der Ohren deutet darauf hin, dass sie nicht sicher ist, ob sie sich verteidigen soll oder lieber fliehen.*

Konflikten vorbeugen

IM ALLTÄGLICHEN LEBEN MIT IHRER KATZE werden Sie oft Situationen erleben, in denen Sie das Verhalten der Katze für inakzeptabel halten. Konflikte, die z. B. durch das Setzen von Duftmarken oder Revierkämpfe ausgelöst werden, sind aus der Sicht der Katze völlig natürlich, für den Besitzer aber meist mit einer Reihe von Unannehmlichkeiten verbunden.

Die meisten Katzenbesitzer möchten ihren Tieren verständlicherweise Verhaltensweisen abgewöhnen, die eine Gefährdung für Mensch und Tier darstellen oder Schäden verursachen. Es stellt sich nur die Frage, wie man die Katze dazu bekommt, sich anders zu verhalten, als es ihrem natürlichen Instinkt entspricht. Erziehungsmaßnahmen erfordern immer eine gewisse Konsequenz, was nicht bedeutet, dass Sie die Katze bestrafen sollen. Wenn Sie sie anschreien, aussperren oder schlagen, werden Sie das Problem bestimmt nicht aus der Welt schaffen.

Jede gut erzogene Katze sollte ihr Katzenklo benutzen oder für ihre Geschäfte nach draußen gehen. Häufige, aber kleinere Probleme, wie das Anknabbern von Zimmerpflanzen oder Lebensmitteln, sind zu beheben, indem Sie Ihrer Katze gute Manieren beibringen. Daneben gibt es Verhaltensweisen, die man seiner Katze von vornherein abgewöhnen möchte, wie das Urinieren und Kotabsetzen im Haus, Stoff fressen, Kratzen an Möbeln und aggressives Verhalten gegen andere Haustiere und Menschen. Auf diese Probleme kommen wir später noch zurück.

Anhaltende Verhaltensauffälligkeiten, wie übertriebene Fellpflege, Selbstverstümmelung oder das Markierungsspritzen im Haus, können Symptom einer Krankheit sein. In diesem Fall gehört sie in ärztliche Behandlung. Können organische Ursachen ausgeschlossen werden, ist zu vermuten, dass das Verhalten der Katze auf Stress oder eine Zwangsneurose zurückzuführen ist, für die es spezielle Therapien gibt.

Die Bedeutung einer guten Erziehung

Natürlich kann man nicht jedem Fehlverhalten vorbeugen. Züchter sollten nur Katzen mit guten Charaktereigenschaften zur Zucht verwenden. Entscheidend ist der richtige Umgang mit den neugeborenen Jungen (siehe „Aufzucht der Jungen", S. 82-85). In den ersten zwei bis sieben Wochen prägen sich die grundlegenden Eigenschaften. In dieser Zeit stellt sich heraus, ob die Katze freundlich und aufgeschlossen auf Erziehungsmaßnahmen reagiert.

Am besten funktioniert die Sozialisierung, wenn sich verschiedene Personen aller Altersgruppen mehrmals am Tag für fünf bis zehn Minuten mit den Kätzchen aus einem Wurf beschäftigen. Sie sollten dabei auch auf den Arm genommen und festgehalten werden. Wenn das neue Kätzchen zu Ihnen nach Hause kommt, setzt sich der Gewöhnungsprozess in der fremden Umgebung fort. Achten Sie darauf, dass die Katze zu Ihrem Umfeld passt: Eine ängstliche Katze, die in einen Haushalt mit drei kleinen Kindern und einem Hund kommt, wird vermutlich große Anpassungsschwierigkeiten haben.

So fördern Sie gutes Benehmen

Das sollten Sie tun

✓ Setzen Sie sich realistische Ziele für das Verhalten der Katze, vor allem wenn sie neu ist.

✓ Beginnen Sie mit dem Training, sobald sie sich eingewöhnt hat.

✓ Wenden Sie die Regeln konsequent an.

✓ Belohnen und loben Sie gutes Benehmen.

✓ Sagen Sie „Nein!", wenn sie etwas Falsches macht, oder sprühen Sie sie mit Wasser an.

Das sollten Sie nicht tun

✗ Schreien Sie die Katze nicht an und sperren Sie sie nicht aus.

✗ Lassen Sie sich beim Spritzen mit Wasser nicht sehen, sonst weicht sie Ihnen aus.

✗ Keine körperlichen Strafen anwenden.

Die Erziehung der Katze

Richtiges Benehmen kann man einer ausgeglichenen Katze leicht durch Belohnung und Wiederholung beibringen. Leckerbissen eignen sich z. B. hervorragend, Ihre Katze dazuzubringen, bei der Fellpflege stillzusitzen. Um ihr etwas abzugewöhnen, sagen Sie streng „Nein!". Falls nötig, sprühen Sie sie aus einer Spritzpistole oder Blumenspritze mit Wasser an, am besten aus einem Versteck, damit sie nicht merkt, dass sie nur angesprüht wird, wenn Sie in der Nähe sind. Nervöse oder aggressive Katzen lernen schwerer, entscheidend ist dabei das Verhältnis, das Sie zu Ihrer Katze haben. Durch intensives Training kann es sich sichtlich verbessern, denn gerade scheue Katzen brauchen viel Aufmerksamkeit.

F & A

● *Wie kann ich meinem Kater Sidney beibringen zu kommen, wenn ich ihn rufe?*

Nutzen Sie seinen Appetit und geben ihm mehrmals am Tag kleine Portionen seines Lieblingsfutters. Machen Sie viel Aufhebens um das Füllen und Hinstellen seines Napfes – darauf wird er bestimmt reagieren. Rufen Sie „Sidney, komm" und bald wird er diesen Ruf mit einer Mahlzeit in Verbindung bringen. Rufen Sie ihn auch für einen Leckerbissen. Nach einiger Zeit können Sie das Futter durch Lob ersetzen.

● *Meine Katze hat die Angewohnheit über den Küchentisch und die Arbeitsflächen zu spazieren, wenn ich nicht daheim bin – sie hinterlässt Pfotenspuren. Kann ich irgendetwas auf die Oberflächen geben, das sie davon abhalten wird?*

Zuallererst, lassen Sie nichts herumliegen – wie Futter oder Spielzeug –, das sie zum Hinaufspringen verlocken kann. Decken Sie die Flächen mit Aluminiumfolie ab. Katzen hassen das glatte, knisternde Material unter ihren Pfoten. Nach einigen Wochen nur noch hin und wieder abdecken, um die Lektion zu festigen. Das sollte helfen.

● *Loli ist 8 Jahre alt und seit fünf Jahren bei uns. Sie ist sehr gutmütig und wohlerzogen, nur wenn wir sie hochnehmen möchten, knurrt und kratzt sie immer. Besonders unangenehm ist es bei der Fellpflege, wenn wir sie in den Katzenkorb bringen oder wenn der Tierarzt sie untersuchen soll. Kann man sie dazu bringen, damit aufzuhören?*

Wenn der Tierarzt eine organische Ursache wie z. B. Arthritis ausschließen kann, wurde vermutlich versäumt, sie daran zu gewöhnen, als sie noch ganz jung war. Geben Sie ihr Leckerbissen, damit sie zu Ihnen kommt. Streicheln Sie sie und belohnen sie, wenn sie ruhig bleibt. Hat sie das gelernt, nehmen Sie sie nur kurz hoch. Setzen Sie sie ab, sobald sie knurrt, aber wenn sie es zulässt, sie für einen Moment zu halten, belohnen Sie sie.

◀ *Es ist nicht nur ärgerlich, wenn die Katze die Blumen aus der Vase frisst – einige können sogar giftig für sie sein. Sagen Sie mit fester Stimme 'Nein' und geben Sie Ihrer Katze Gras oder etwas Trockenfutter.*

Mit der Katze vertraut werden

KATZEN SIND GANZ ENTGEGEN IHREM RUF VON Haus aus soziale Tiere und durchaus fähig, enge Bindungen mit Menschen und anderen Haustieren einzugehen. Entscheidend sind dafür mehrere Faktoren: ihr Charakter, ihre Erziehung (siehe S. 44-45) und die Art und Weise, wie Sie dem Tier begegnen. Nicht alle Katzen mögen engen Körperkontakt; was enttäuschend ist, wenn man eigentlich ein Tier zum Schmusen sucht. Es gibt anhängliche Rassen, wie die Siam, und unabhängige wie die Abessinier. Ausnahmen bestätigen die Regel.

Katzen wird oft nachgesagt, dass sie berechnend sind und nur nach Zuneigung suchen, wenn sie Futter wollen. Natürlich fühlen sich Katzen zunächst zu demjenigen hingezogen, der sie füttert, aber die enge Bindung zu ihrem Besitzer geht wesentlich tiefer. Um Freundschaft mit der Katze zu schließen, sollten Sie so oft wie möglich mit ihr spielen, sprechen und auf sie eingehen.

Natürlich dürfen Sie es nicht übertreiben. Wenn Sie eine Katze zu sich nehmen, die vernachlässigt oder misshandelt worden ist oder die vom Charakter her ängstlich und nervös ist, ist es sogar sehr wichtig, sie nicht sofort mit Liebe zu überschütten. Geben Sie ihr das Gefühl für sie da zu sein, wenn sie Zuneigung braucht, und sie wird von selbst zu Ihnen kommen, wenn sie sich wohl und entspannt genug fühlt.

Aufdringliche und anhängliche Katzen

Manche Katzen möchten nahezu immer mit Menschen zusammen sein. Sie bleiben, wenn möglich, in Körperkontakt und verlangen lautstark nach Aufmerksamkeit. Das Kneten und Saugen an den Kleidern ihrer Besitzer kann ein Zeichen von Stress sein, der auf Einsamkeit oder mangelnde Aufmerksamkeit zurückzuführen ist. In Extremfällen kann dies zu Selbstverstümmelung, Stoff fressen und Markierungsspritzen im Haus führen.

Übertriebene Anhänglichkeit wird oft vom Besitzer unbeabsichtigt gefördert, wenn die Katze besonders viel Pflege nach einer Krankheit oder Verletzung braucht, oder manchmal auch, wenn sich das Verhalten im Alter ändert. Um ihre Unabhängigkeit zu stärken, sollten Sie sie nicht loben, wenn sie Körperkontakt sucht. Spielen Sie mit ihr, aber streicheln Sie sie nicht. Bestrafen Sie die Katze aber auch nicht, wenn sie das nicht gleich verstehen will. Damit verwirren Sie sie nur und erreichen auf Dauer das Gegenteil.

Mit Zurückhaltung richtig umgehen

Es gibt auch Katzen, die nicht auf dem Schoß sitzen mögen und sofort wegrennen, wenn man sie hochnehmen will. Meistens ist dies auf einen Mangel an Sozialisierung beim Katzenjungen zurückzuführen, aber grober Umgang, traumatische Erlebnisse und eine falsche Behandlung während einer Krankheit können das Problem auch auslösen. Um das zu verhindern, müssen Katzenjungen besonders in den ersten Lebenswochen an Menschen gewöhnt werden. Wenn es dafür bereits zu spät ist, fördern Sie die Bindungsfähigkeit Ihrer Katze durch Lob, wenn sie sich Ihnen nähert, und durch den Versuch, sie zutraulicher zu machen. Lassen Sie die Katze den ersten Schritt machen. Erst wenn sie genügend Vertrauen zeigt, können Sie sie hochnehmen.

Katzen mit zu enger Bindung

Das sollten Sie tun

✓ Den Kontakt zur Katze einschränken und jemand anderen bitten, sie zu füttern

✓ Jedes fordernde Benehmen ignorieren.

✓ Engen Körperkontakt durch Spiele ergänzen.

✓ Ihr keine Aufmerksamkeit mehr schenken, wenn sie an Kleidung zu kneten und saugen beginnt.

Das sollten Sie nicht tun

✗ Die Katze bestrafen, anschreien oder mit einer Wasserpistole anspritzen.

● **Wird die Bindung zu meiner Katze enger, wenn sie bei mir schläft?**

Wenn Ihre Katze bei Ihnen schlafen will, haben Sie bereits eine enge Bindung. (Sie sollte nur keine Flöhe oder Würmer haben.) Falls nicht, können Sie sie auch nicht dazu zwingen.

● **Meine Tabby-Katze verschwindet gelegentlich tageweise. Soll ich nach ihr suchen?**

Katzen, die gelegentlich verschwinden, sollten von einem Tierarzt untersucht werden – viele Katzen verstecken sich, wenn sie krank sind. Krankheiten können Katzen reizbar machen und für körperlichen Kontakt unempfänglich, seien Sie also behutsam mit ihr.

● **Ich arbeite zu Hause und mein Kater will immer auf der Tastatur meines Computers liegen. Was kann ich tun, um ihm das abzugewöhnen?**

Er braucht scheinbar mehr Aufmerksamkeit. Setzen Sie ihn auf Ihren Schoß, bevor sie beginnen oder geben Sie ihm eine seiner Lieblingsdecken. Ein für ihn bereit gestelltes Körbchen, das auf den Schreibtisch passt, kann ihn vom Computer fernhalten.

▲ *Ein Zeichen großen Vertrauens ist es, wenn die Katze bei Ihnen im Bett schlafen möchte. Ob es auch ein Zeichen für eine zu starke Bindung ist, zeigt sich daran, ob sie auch tagsüber immer engen Kontakt sucht.*

Kontaktscheue Katzen

Das sollten Sie tun

✓ Geben Sie ihr häufig kleine Mahlzeiten, damit sie Ihre Anwesenheit mit dem Erhalt von Nahrung verbindet.

✓ Sprechen Sie mit ihr, wenn Sie ihr das Futter reichen und streicheln Sie sie, wenn sie frisst.

✓ Setzen Sie sich auf ihren Lieblingsplatz und ermutigen Sie sie, zu Ihnen zu kommen.

✓ Bieten Sie ihr ein Spiel an, um sie anzulocken.

Das sollten Sie nicht tun

✗ Sie nicht durch das ganze Haus verfolgen.

✗ Sie nicht auf den Arm nehmen, wenn sie sich wehrt.

Katzen und andere Haustiere

IN VIELEN HAUSHALTEN GIBT ES MEHR ALS nur ein Haustier, oft auch verschiedenartige, und die Erfahrung zeigt, dass die Tiere miteinander oft überraschend gut auskommen, zum Beispiel eine Katze mit einem Hund. Man muss aber bedenken, dass der Jagdinstinkt von Katzen durch hohes Quieken, Rascheln und kleine, schnelle Bewegungen ausgelöst wird. Man sollte ihnen deshalb lieber nicht trauen, was Mäuse, Hamster oder Goldfische angeht.

Frühe Erfahrungen

Das Verhalten im Umgang mit anderen Tierarten wird, wie so oft, bereits in den ersten Lebenswochen geprägt. Katzenjunge erleben dann die entscheidende Phase der Sozialisierung, die sich natürlich das ganze Leben hindurch weiter fortsetzt. Im Alter zwischen sechs und zwölf Monaten gibt es noch eine weitere wichtige Phase des Heranwachsens.

Seine ersten tiefen Bindungen geht das Junge zur Mutter und den Wurfgeschwistern ein. Wenn es in diesem Alter mit einem Hund oder einem Kaninchen aufwächst, wird es diese als Freunde einstufen – vorausgesetzt, dass es nicht zum Ausbruch offener Feindseligkeiten kommt und es dadurch erschreckt wird. Diese frühe Konditionierung ist so stark, dass es natürliche Feinde und selbst potenzielle Beutetiere später nicht angreifen wird.

Je älter das Junge wird, desto mehr nimmt diese Fähigkeit jedoch wieder ab, und eine neue, harmonische Beziehung zwischen einer ausgewachsenen Katze und anderen Heimtieren zu fördern, ist dann sehr viel schwieriger. Eine bemerkenswerte Ausnahme von dieser Regel gibt es aber: Ein säugendes Muttertier, dessen Mutterinstinkte alle anderen überwiegen, wird selbst Kaninchen, Eichhörnchen oder Hundewelpen an ihre Zitzen lassen.

▲ *Ein Fisch in einem offenen Glas ist eine leichte Beute für eine Katze. Es hieße wohl auch von der brävsten Katze zu viel erwarten, dass sie unter solchen Umständen der Versuchung widersteht.*

Freundschaften zwischen Katze und Hund

Hunde und Katzen können einander durchaus dulden oder sogar eine enge Beziehung entwickeln, wenn man sie vorsichtig miteinander bekannt macht. Wenn ein Hund nicht mit Katzen zusammen aufgewachsen ist, wird er die Katze vielleicht als Beutetier sehen, das man jagen und töten kann. Der Jagdtrieb bei Hunden ist unterschiedlich ausgeprägt; wenn Sie also schon einen Hund haben und überlegen, sich noch eine Katze zuzulegen, sollten Sie das Jagdverhalten Ihres Hundes kennen. Wenn Sie bereits eine Katze haben und sich einen Hund anschaffen wollen, wählen Sie einen mit gutmütigem Temperament, dessen Jagdinstinkt nicht auf kleine Beutetiere ausgerichtet ist – also keinen Terrier.

Mit dieser Vorgehensweise können Sie ein Katzenjunges mit einem Hund bekannt machen:

1. Der Hund sollte zufrieden und entspannt sein. Alle Anwesenden sollten die Ruhe bewahren.

2. Halten Sie den Hund an der langen Leine und das Katzenjunge auf dem Schoß.

3. Rufen Sie den Hund näher und geben Sie ihm das Kommando 'Sitz'. Wenn er folgt, loben Sie ihn oder belohnen ihn mit einem Leckerbissen.

4. Wenn der Hund ruhig genug ist, lassen Sie ihn am Kätzchen riechen und belohnen ihn wieder für sein ruhiges Benehmen. Wiederholen Sie diese Vorgehensweise mehrmals täglich, bis beide Tiere einander kennen. Dann können Sie dem Katzenjungen erlauben, sich im Raum zu bewegen. Belohnen Sie den Hund auch weiterhin, wenn er darauf nicht reagiert. Lassen Sie sie in den ersten Wochen nie miteinander allein; auch sollte der Hund eine Leine umhaben, damit Sie rasch eingreifen können.

Im umgekehrten Fall muss man vorsichtiger sein, besonders wenn die Katze zuvor nie Hunde getroffen hat oder bereits schlechte Erfahrungen hatte. Eine Katze kann sich leicht von Ihnen losreißen und fliehen – und diese Bewegung reizt den Hund zur Verfolgung, was die Furcht der Katze bestätigen würde. Wenn Sie die Katze für die ersten Begegnungen in einen Korb außer Reichweite des Hundes setzen, kann sie ihn beobachten, ohne das Gefühl fliehen oder sich verteidigen zu müssen. Es kann Wochen dauern, bis eine ängstliche Katze mit einem Hund im gleichen Raum bleibt, selbst wenn der Hund nichts tut, um sie zu ängstigen. Achten Sie darauf, dass er die Ängste der Katze nicht verstärkt, indem er sie jagt oder laut bellt.

• **Kann ich ein Kaninchen mit einer Katze zusammen halten?**

Es ist schwierig, einer ausgewachsenen Katze beizubringen, ein Kaninchen zu akzeptieren. Es wäre besser, sich ein Katzenjunges mit etwa sechs Wochen oder eine an Kaninchen gewöhnte Katze anzuschaffen. Setzen Sie das Kaninchen in einen Behälter, damit es nicht herumrennen und den instinktiven Spiel- und Jagdtrieb der Katze reizen kann, und bringen sie die beiden jeden Tag für eine kurze Zeit zusammen. Sie dürfen später zwar gemeinsam frei herumlaufen, aber achten Sie darauf, dass immer jemand dabei ist und aufpasst.

● **Macht es einen Unterschied, wenn man eine Katze mit einem Welpen anstatt einem ausgewachsenen Hund bekannt macht?**

Ja - es ist viel einfacher. Welpen sind selten gegen Katzen aggressiv, und wenn die Katze auch noch jung ist, sind sie aufeinander neugierig und werden sich leichter akzeptieren. Eine ausgewachsene Katze kann mit einem Welpen zwar vorsichtig sein, aber trotzdem Anführer in der Beziehung bleiben. Beobachten Sie sie genau – wenn der Welpe die Katze erschreckt, wird sie ihn vielleicht kratzen. Am besten kann man sie miteinander bekannt machen, wenn beide Tiere entspannt sind.

▼ *Eine tiefe Bindung zwischen einer Katze und einem Hund, die im gleichen Haushalt leben, ist durchaus möglich, wenn sie gut erzogen sind und sich unter günstigen Umständen aneinander gewöhnen konnten.*

Katzen und Kinder

VIELE KINDER MÖCHTEN GERN EIN HAUSTIER haben und kaum ein Tier ist besser dazu geeignet als eine verspielte, freundliche Katze. Kinder lernen beim Umgang mit Tieren etwas über die Verantwortung und den Lohn, die die Sorge für Andere mit sich bringt. Sie müssen aber auch wissen, dass sie sanft mit einer Katze sein und ihre Bedürfnisse respektieren müssen.

Heimtiere sind kein Spielzeug, sondern lebendige Wesen; grobe Behandlung darf nie geduldet werden. Kinder sollten lernen, dass Tiere, wie sie selbst, Zeit für sich und Ruhe brauchen, und dass es sowohl für die Katze als auch für den Besitzer besser sein kann, sie zu beobachten als auf den Arm zu nehmen und mit ihr zu spielen.

Katzen und Babys

Natürlich können Babys und Katzen zusammenleben, aber besser nur mit eingeschränktem Kontakt. Katzen halten menschliche Babys zwar nicht für Beutetiere; es gibt aber ein paar andere Bedenken. Ein Baby ist nicht in der Lage, eine Katze wegzuschubsen, und es besteht immerhin eine geringe Gefahr, dass es aus Versehen von einer Katze erstickt wird, die mit in seinem Bettchen liegt. Erlauben Sie Ihrer Katze nicht beim Baby zu schlafen und stellen Sie ihren Korb in einen anderen Raum als das Babybett. Schon während der Schwangerschaft sollten Sie die Katze nicht auf die Babymöbel lassen. Gewöhnen Sie sie an einen neuen Schlafplatz, bevor das Baby geboren wird.

Legen Sie bereits vor der Ankunft des Babys bestimmte Fress-, Spiel- und Fellpflegezeiten für die Katze fest. Seien Sie realistisch in Bezug auf die Zeit, die Sie mit dem Baby noch für Ihr Tier haben werden, und teilen Sie die Verantwortung auch mit anderen Familienmitgliedern, damit die Katze nicht durch Vernachlässigung eifersüchtig auf das Kind wird. Katzen sind von Natur aus neugierig. Wenn das Baby nach Hause kommt, erlauben Sie der Katze es zu sehen und zu riechen – natürlich nur unter Beobachtung.

● *Meine 10-jährige Tochter betreut schon Kaninchen und Meerschweinchen. Sie hätte gern eine Rassekatze, die sie bei Ausstellungen zeigen kann. Welche Rasse würden Sie empfehlen?*

Sie könnte sich eine Ragdoll oder Scottish Fold anschaffen, da sie einen friedlichen, heiteren Charakter haben, oder eine freundliche Katze wie Siam, Egyptian Mau oder British Blue. Denken Sie aber daran, dass das Verhalten jeder Katze ebenso ein Produkt ihrer Umgebung wie ihrer Gene ist – gute Behandlung in den ersten Lebenswochen ist wichtig.

● *Unsere Katze putzt sich so stark, dass am Schwanz fast alle Haare ausgegangen sind. Es fing an, als unser kleiner Sohn zu krabbeln begann, und nun geht sie ihm aus dem Weg. Gibt es einen Zusammenhang?*

Das Verhalten Ihrer Katze ist vermutlich auf den ungewohnten Umgang mit Kindern zurückzuführen. Achten Sie darauf, dass Ihr Sohn der Katze nicht weh tut oder sie erschrickt, und lassen Sie die beiden nie allein. Geben Sie ihr einen Platz, wo sie sich vor dem Kind zurückziehen kann. Fragen Sie ruhig Ihren Tierarzt um Rat; vielleicht weiß er ein Mittel gegen die Angst. Auch eine allergische Reaktion auf eines der Babyprodukte könnte für ihre übermäßige Fellpflege verantwortlich sein.

● *Wir haben vor kurzem einen British Cream-Kater mit schlechten Erfahrungen bei uns aufgenommen. Bei meiner Frau und mir fühlt er sich wohl, aber vom Schoß unserer Tochter springt er nach kurzer Zeit wieder herunter und zischt sie von der anderen Seite des Zimmers an. Was macht sie falsch?*

Vielleicht wurde Ihr Kater früher von einem Kind grob behandelt. Ermutigen Sie ihn auch weiterhin sich kurz von Ihrer Tochter kraulen zu lassen und lassen Sie sie das Füttern und die Fellpflege übernehmen, wenn er es zulässt. Mit der Zeit wird das Vertrauen wachsen, doch das wird viel Geduld erfordern.

Die Bedeutung der Sozialisierung

Nicht alle Katzen vertragen sich gut mit Kindern. Ein häufiges Problem ist ein Mangel an Sozialisation in den frühen Lebenswochen der Katze (siehe S. 44-45). Von Beginn an sollte sie den regelmäßigen Umgang mit Kindern gewohnt sein. Schlecht sozialisierte Katzen sind meist ängstlich. Sie gehen Kindern aus dem Weg oder kratzen und beißen, wenn sie gegen ihren Willen auf den Arm genommen werden. Wenn das Kätzchen von den ersten Lebenswochen an daran gewöhnt ist, sanft hochgehoben zu werden, wird es nichts dagegen haben. Kinder haben es einfach zu gern, kleine Tiere hochzunehmen und mit ihnen zu schmusen.

Säuglinge muss man immer im Auge haben, wenn sie mit Katzen zusammen sind, um Gefahren für beide auszuschließen. Eltern müssen ihren Kindern beibringen, die Katze nicht anzu-

▲ Kätzchen wirken faszinierend auf Kinder und werden bei guter Behandlung sehr zutraulich. Das Kind muss alt genug sein, um die Bedürfnisse des Tieres zu respektieren, und das Tier sollte an Kinder gewöhnt sein.

schreien, sie nicht am Schwanz zu ziehen, fallen zu lassen, zu zwicken und sie nicht irgendwo einzusperren. Überreaktionen und unbeabsichtigte Gewalt können selbst bei gut sozialisierten Katzen Stressreaktionen hervorrufen.

Schlecht sozialisierte Katzen können dagegen Kinder attackieren, auch wenn sie nichts Falsches machen. Sie haben z. B. die eigentümliche Angewohnheit, nach Händen und Füßen zu schnappen. Jedes Anzeichen für ein solches Verhalten sollte frühzeitig behandelt werden (siehe „Aggression gegen Menschen", S. 62-63). Wenn Sie dabei Hilfe oder Ratschläge brauchen, wenden Sie sich an Ihren Tierarzt.

Die Bedeutung des Spiels

IHRE VERSPIELTE NATUR MACHT KATZEN besonders liebenswert. Besitzer mehrerer Katzen können stundenlang dabei zuschauen, wie sie einander verfolgen, sich anpirschen und miteinander balgen. Beim Spiel werden Kraft und Geschicklichkeit trainiert, Überlebenstechniken sowie Koordination geschult und der Umgang mit Artgenossen geübt. Das Spiel ist ein Ventil für überschüssige Energien und stärkt das natürliche Verhalten.

Kätzchen beim Spiel

Junge Katzen beginnen bereits im Alter von 10 bis 14 Tagen zu spielen. Zunächst besteht ihr Spiel aus ungeschickten, unkoordinierten Versuchen, übereinander herzufallen, zu rollen und miteinander zu ringen. Sie beißen sich aus Spaß, schlagen und kratzen mit den kleinen Pfoten. Wenn die Jungen etwa acht Wochen alt sind, wächst ihr Interesse an Spielzeug. Alles, was sich bewegt, wird gejagt. Diese Art von Spiel übt und fördert die Raubtierinstinkte der Jungen: anschleichen, jagen, sich auf die Beute stürzen und sie „töten". Im späteren Leben setzt sich das fort: Blitzschnell reagiert die Katze auf den Schwanz einer anderen, ein baumelndes Stück Schnur oder einen vorbeifliegenden Schmetterling. Trotzdem können auch Junge, die nicht spielen, gewohnheitsmäßige Jäger werden und auch Katzen, die nicht

▲ *Fang mich, wenn du kannst. Zwei junge Kätzchen toben ausgelassen um einen Blumentopf. Das Spiel ist eine wichtige Übung für das Erwachsenenleben.*

Sicheres und einfaches Spielzeug

Mit etwas Fantasie können Sie einfaches Spielzeug und Spiele entwickeln, die Ihre Katze mag.

- Durch Löcher in einem Karton kann die Katze hineinspringen und sich im Karton verstecken.
- Ball, Korken oder Garnspule werden an einem Faden festgeknotet. Achten Sie darauf, dass die Katze die Gegenstände nicht schlucken kann.
- Aus Zeitungspapier kann man Tunnel bauen oder zusammengeknüllte Bälle formen.
- Der Lichtstrahl einer Taschenlampe, der durchs Zimmer gleitet, wird Ihre Katze zum Nachjagen animieren.

▼ *Es gibt zahlreiche Spielzeuge, mit denen sich Katzen allein oder gemeinsam beschäftigen können. Glöckchen sind faszinierend, müssen aber sicher befestigt sein.*

F & A

● *Spielt ein Kätzchen lieber allein, mit einem Menschen, einer jungen oder einer erwachsenen Katze?*

Junge, die miteinander oder mit ausgewachsenen Katzen leben, sind geselliger, während Einzelkatzen sich mehr auf Menschen konzentrieren. Wenn Sie ein anhängliches Heimtier suchen, ist es ratsam, ein einzelnes Kätzchen anzuschaffen.

● *Wie oft sollte ich mit meinem Kater spielen, damit er nicht gelangweilt und ruhelos wird?*

Ein Junges braucht häufige Spielzeiten von 15 Minuten oder mehr; dies wird seine körperliche, geistige und soziale Entwicklung fördern. Eine erwachsene Katze ist mit zehn Minuten zweimal am Tag zufrieden, wenn sie andere Möglichkeiten hat, sich zu beschäftigen.

● *Weshalb beißt und kratzt mich meine Katze Lenka beim Spielen gelegentlich?*

Dies klingt nach Aggression beim Spielen, die oft bei Jungen vorkommt, die mit der Flasche aufgezogen wurden. Spielen Sie immer nur kurz mit Lenka, belohnen Sie gutes Benehmen mit Streicheln und Leckerbissen und hören Sie sofort zu spielen auf, wenn sie irgendwelche Zeichen von Aggression zeigt: erweiterte Pupillen, Zucken mit dem Schwanz, Steifwerden des Körpers oder Ausstrecken der Krallen. Verwenden Sie ein Spielzeug, wie zum Beispiel einen Ball an der Schnur, bei dem Ihre Hände nicht direkt im Spiel sind.

● *Nimrod mag alle Spielzeuge, nur seine mit Katzenminze gefüllte Maus gefällt ihm nicht. Weshalb?*

Einige Katzen reagieren stark auf diese sehr aromatische Pflanze, die eine Art Drogenrausch hervorrufen kann, vielleicht sogar Halluzinationen. Einer Studie zufolge hat knapp die Hälfte aller Katzen gar kein oder nur wenig Interesse daran – er ist also nicht allein.

▶ *Mit dem Spielzeug an der Schnur kann das Kätzchen Scheinangriffe führen, bevor es springt und den Gegenstand greift. Durch regelmäßige Spielzeiten baut seine junge Besitzerin eine zutrauliche Beziehung zu ihm auf.*

jagen, werden weiterhin spielen. Durch häufiges Spielen bleiben sie in Übung.

Halten Sie Ihre Katze bei Laune

Ihre Katze braucht viel Spielzeug, mit dem Sie gemeinsam spielen können. Das fördert eine gute Beziehung und wird besonders eine Wohnungskatze daran hindern, gelangweilt, faul und dick zu werden. Alles was die Katze interessant findet, ist dafür potenziell geeignet, vorausgesetzt, dass es nicht gefährlich ist. In Plastiktüten kann die Katze ersticken, volle Garnrollen, Wollknäuel, kleine Knöpfe und andere Kleinteile werden leicht gekaut und verschluckt.

Eine Spielecke in der Wohnung kann aus Schachteln in verschiedenen Etagen mit Kletter- und Schaukelseilen, Tunnels und beweglichem Spielzeug bestehen. Auch ein Kratzbaum und ein Stück Rinde gehört dazu. Man braucht nicht viel Fläche, nur etwa 2 m Höhe und etwas Fantasie. Zur Abwechslung kann man mal umbauen.

Der Jagdtrieb

Es ist kaum bekannt, dass Katzen zunächst domestiziert wurden, um Haus- und Hofschädlinge zu jagen. Ihr Körper ist mit Merkmalen ausgestattet, die sie zu einem geschickten Raubtier machen: große, nach vorne gerichtete Augen, die ein weites Gesichtsfeld bieten; Ohren, die Hochfrequenztöne weit über den Bereich des menschlichen Ohres hinaus wahrnehmen (wie zum Beispiel die Geräusche kleiner Nager); außerordentliche Beweglichkeit, hervorragender Gleichgewichtssinn sowie gefährliche Krallen und Zähne. Beim tödlichen Biss wird das Rückenmark des Opfers zwischen den Halswirbeln durchtrennt und das Opfer fast augenblicklich getötet.

Heutzutage ist dieser Jagdtrieb vielen Katzenbesitzern unangenehm. Insbesondere das Jagen von Vögeln würde man ihnen gerne abgewöhnen. Um zu verhindern, dass wehrlose Nestlinge ihnen zum Opfer fallen, können Sie Ihrer Katze eine Glocke um den Hals hängen, die bei jeder Bewegung läutet und so die Vögel in der Nähe warnt. (Es gibt allerdings Katzen, die sich damit lautlos bewegen.) Jagende Katzen fangen auch

▼ Jagen ist ein instinktives Verhalten, das Jungkatzen ab der fünften Lebenswoche praktizieren. Opfer sind meist Mäuse, weil sie leichter zu fangen sind als Vögel.

Käfer und andere Insekten, Reptilien und Nagetiere – je nachdem, was sie bekommen können. Kleine Beutetiere werden mit dem Kopf voraus gefressen, nur die Innereien werden häufig verschmäht. Die Beute wird nicht immer sofort verzehrt, sondern oft mitgebracht – manchmal noch lebend und kämpfend – als Geschenk für den Besitzer oder andere Katzen. Nur löst dieses absolut natürliche Verhalten beim Menschen nicht unbedingt die erhoffte Freude aus.

Wie Katzen das Jagen lernen

Das Jagen ist zum Teil Instinkt und zum Teil eine Fähigkeit, die das Junge von seiner Mutter lernt. Die Jagd-, Kampf- und Fressaktivitäten werden von verschiedenen Teilen des Gehirns kontrolliert. Gut gefütterte Katzen und kastrierte Kater können ebenso geschickt und hingebungsvoll jagen wie nicht kastrierte Kater.

Eine Katzenmutter macht ihre Jungen ab der fünften Lebenswoche mit der Beute bekannt. Anfangs wird die Beute zerlegt, damit die Jungen ein Stück davon probieren können. Schrittweise lernen die Kätzchen jedoch mit dem unglücklichen Gefangenen zu spielen, bevor er getötet und gefressen wird. Es gibt verschiedene Theorien darüber, warum Katzen sich auf dieses grausame Spiel einlassen. Wird dabei die Jagdtechnik geübt, oder ist die Katze im Moment des Tötens unsicher, ob sie töten oder fliehen soll? Das Nähern und sich wieder Zurückziehen geschieht vielleicht aus Vorsicht, denn eine falsche Bewegung könnte gefährlich werden. Das Üben der Jagd ist ein wichtiges Element im Spiel der Jungen. Kätzchen aus einem Wurf beginnen mit drei Wochen, sich aneinander anzuschleichen. Wenn sie fünf Wochen alt sind, haben sie die drei grundlegenden Jagdtechniken bereits gelernt: das Opfer zu überwältigen, zu töten und aufzunehmen.

▼ *Beim Stehen auf den Hinterbeinen sind beide Vorderpfoten frei, um Vögel zu fangen. Hängen Sie Ihr Vogelhaus also hoch genug. Ein Halsband mit Glocke kann Vögel vor der Katze warnen.*

F & A

● *Gibt es eine Katze, die die Vögel in meinem Garten nicht jagt?*

Katzen sind von Natur aus Raubtiere. Wenn Sie die Vögel schützen wollen, wählen Sie das Junge einer Zuchtkatze, die nicht jagt, und bringen es im Alter von sechs Wochen nach Hause. Beschäftigen Sie es mit Spielen und besorgen sie zur Gesellschaft ein weiteres Junges. Füttern Sie sie gut. Dies wird den Wunsch zu jagen nicht verringern, aber doch den Wunsch die Beute zu töten und zu fressen.

● *Wir haben zwei auf dem Land aufgewachsene Weibchen „geerbt". Wie bringen wir sie davon ab, ständig Beutetiere ins Haus zu tragen?*

Passen Sie den Moment ab, wenn die Katzen ihre Opfer ins Haus bringen, und sprühen Sie sie mit einer Wasserspritze an oder machen ein lautes Geräusch, um sie zu erschrecken. Dies hilft nur, wenn Sie sie auf frischer Tat ertappen; wenn die Beute erst einmal auf dem Boden abgelegt ist, ist es zu spät. Nach einigen Malen sollten die Katzen die Botschaft verstehen, dass die toten Tiere im Haus nicht erwünscht sind. Seien Sie sonst aber freundlich mit ihnen, sonst glauben sie, selbst auch nicht willkommen zu sein.

● *Wenn meine Katze regelmäßig Vögel und Mäuse jagt, muss ich sie dann trotzdem normal füttern?*

Solange genug Beute vorhanden ist, kann Ihre Katze von der Jagd leben. Wenn Sie sie nicht füttern, besteht aber die Gefahr, dass sie sich von anderen füttern lässt. Beutetiere können Krankheiten und im Körper angereicherte Umweltgifte übertragen. Zwingen Sie Ihre Katze nicht zur Jagd, weil Sie sie nicht füttern.

▼ *Durch den spielerischen Umgang mit der Beute übt die Katze ihre Technik. Menschen finden das grausam, aber wie alle Jagdinstinkte bei der Katze ist es ganz natürlich.*

Die Revierabgrenzung

KATZEN SIND VOLLER WIDERSPRÜCHE. OBWOHL sie domestiziert sind, kommt doch immer wieder ihr Raubtierverhalten durch. Wie in der Wildnis verteidigen sie ihr Revier gegen Artgenossen, z. B. einen Streifen Rasen gegen die Nachbarkatze oder einen Lieblingsplatz gegen die Geschwister. Sie gehen enge Bindungen zu Menschen ein, solange sie sie füttern, werden aber launisch, wenn sie anderswo etwas Besseres finden. Trotz eigenem Garten klettern sie über den Zaun zum Nachbarn und verrichten ihr Geschäft dort.

Natürliche Triebe

Ein eigenes Revier und Futter sind die zwei wichtigsten Triebe im Leben einer Katze. Wegen ihres starken Jagdinstinktes reagieren Katzen empfindlich auf alles, was ihnen den Zugang zu einem von beiden versperrt. Das Eindringen anderer Katzen wird als Bedrohung empfunden und geahndet, indem der Rivale zunächst verwarnt und dann verjagt wird, um die Ordnung wieder herzustellen. Wenn Sie Ihre Katze zu Hause nicht ausreichend füttern, wird sie ihr Revier erweitern – das heißt, umherstreunen oder ihr Glück bei den Nachbarn versuchen.

F & A

● *Meine Nachbarn sind verärgert, weil meine Katze nicht aufhört, ihr Geschäft in ihrem Blumenbeet zu verrichten. Was kann ich tun?*

Versuchen Sie, Ihre Katze durch Schreie oder das Werfen mit Gegenständen zu erschrecken. Am besten wäre aber ein noch attraktiverer Platz in Ihrem eigenen Garten, z. B. eine Sandgrube, die regelmäßig gesäubert wird. Katzen finden feinen Sand sehr einladend.

● *Mein Kater Rocky wurde schon sehr früh kastriert, aber er kämpft noch immer mit anderen Katzen. Die Tierarztrechnungen werden hoch und meine Nachbarn sind wütend. Muss ich mich von ihm trennen?*

Dieses recht häufige Problem ist nicht immer leicht zu lösen. Denkbar wäre ein Stundenplan, nach dem er immer nur zu abgemachten Zeiten nach draußen darf, wenn die anderen Katzen drinnen gehalten werden. Auch eine Verhaltenstherapie käme in Frage. Medikamente können die Aggression zeitweilig dämpfen, aber nicht sein Verhalten ändern. Vielleicht kann man seine Energie über den Spieltrieb abbauen.

● *Meine zwei kastrierten Weibchen sind Geschwister, doch Carmen hat schrittweise Alleinanspruch auf das Wohnzimmer erhoben und Tosca geht nicht mehr dort hinein. Stimmt da etwas nicht?*

Geschwisterpaare, die zusammen aufgewachsen sind, kommen eigentlich gut miteinander aus. Wenn sie sich sonst gut verstehen, vermute ich, dass Tosca im Wohnzimmer etwas Unangenehmes erlebt hat, unabhängig davon, ob Carmen darin verwickelt war oder nicht. Überreden Sie Tosca zum Hineingehen, wenn Carmen nicht darin ist. Streicheln Sie sie, um sie zu beruhigen. Füttern Sie sie einige Wochen lang in diesem Raum, um erfreulichere Assoziationen zu wecken. Wenn die Katzen sonst auch nicht freundlich zueinander sind, liegt das Problem in ihrer Beziehung. Dann müssen Sie versuchen, das Verhältnis zu verbessern.

◀ *Auf einen Revierkampf lassen es meist nur Kater ankommen, die nicht kastriert sind. Sonst meiden Katzen andere Reviere und schrecken Eindringlinge durch Imponiergehabe ab.*

▲ Wie ihre wilden Vorfahren fühlen sich auch Hauskatzen sicherer, wenn sie alles von oben beobachten können. Der Sozialstatus ist bei Katzen flexibel und die Katze, die auf dem höchsten Platz sitzt, ist im Vorteil, wenn auch nur vorübergehend.

Glücklicherweise sind Katzen in dicht besiedelten Bereichen zu einer friedlichen Koexistenz mit anderen bereit, wenn die Konkurrenz nicht zu groß ist und alle zu Hause ausreichend Futter bekommen. Das Revier freilaufender Katzen ist meist ein Gebiet um das Haus und den Garten ihres Besitzers. Dieses kann mit anderen Katzen aus demselben Haushalt geteilt werden und sich mit dem benachbarter Katzen überschneiden. Auch eine zeitweise Nutzung ist möglich: Eine Katze nützt eine bestimmte Mauer beispielsweise morgens, während eine andere am Nachmittag Anspruch darauf erhebt. Jagende Katzen verteidigen in der Dämmerung ihr Revier aggressiver, wenn Nagetiere aktiv sind.

Hormongesteuertes Revierverhalten

Aggressives Revierverhalten steigert sich natürlich, wenn zwei Katzen um knappe Vorräte streiten. Auch Hormone spielen dabei eine Rolle. Nicht kastrierte Kater beanspruchen größere Flächen und lassen es eher auf einen Revierkampf mit anderen Katern ankommen. Säugende Zuchtkatzen brauchen weniger Platz, aber sie verteidigen ihr Territorium heftig. Unabhängig vom Geschlecht verteidigen kastrierte Katzen beiderlei Geschlechts ihr Revier viel seltener und sind freundlicher gesinnt. Deshalb ist eine Kastration durchaus sinnvoll, um Kämpfe zu vermeiden (siehe S. 74-75).

Katzen verteidigen ihr Revier durch häufiges Patrouillieren und Urinspritzen an den Grenzen. Duftmarken geben anderen Katzen Aufschluss über das Geschlecht und den Hormonstatus der Katze, die sie hinterlassen hat, ihren Weg und die Zeit ihres Besuchs. Kratzspuren an Bäumen und Zäunen verfolgen den gleichen Zweck, manchmal bleiben auch Exkremente zur Warnung liegen. All dies sind normale Verhaltensweisen, die aber im Haus oder Garten des Nachbarn nicht geduldet werden können (siehe S. 64-65).

Der Kratztrieb

DIE KRALLEN SIND ALS HILFSMITTEL FÜR Katzen unentbehrlich beim Jagen, Balancieren, Klettern und bei der Selbstverteidigung. Wenn sie nicht benötigt werden, sind sie in eine Schutzhülle zurückgezogen, sodass man sie fast nicht mehr sieht. Sie können aber durch die Kontraktion einzelner, kleiner Muskeln am Krallenbett blitzschnell zum Einsatz kommen. Die scharfen Spitzen sind eine gute Kletterhilfe, wobei die Hinterzehe an der Innenseite des Beines der seitlichen Verankerung dient.

Beim Jagen halten die Vorderpfoten die Beute fest; die Krallen der Hinterzehen und die Hinterpfoten werden nur bei sehr beweglichen oder größeren Opfern gebraucht. Alle Krallen sind scharf und können tiefe Wunden verursachen. Mit den Krallen der Hinterfüße schlitzt die Katze mehrere kurze Schnitte in die weiche Unterseite ihrer Beute.

Um ihre Krallen zu schärfen, kratzt die Katze auf rauen Oberflächen wie Baumrinde oder Zaunpfählen. Kratzen befreit das Nagelbett von toter Haut und Dreck und die äußere Schicht der abgestorbenen Kralle wird abgeworfen. Darunter wird eine neue scharfe Spitze frei. Das Kratzen erfüllt noch eine weitere wichtige Funktion – das Revier wird sowohl visuell als auch durch Geruch markiert. Der Geruch wird aus Drüsen beidseitig der Ballen abgegeben. Meist befinden sich die Kratzbäume freilaufender Katzen an den Reviergrenzen, aber einige Katzen kratzen auch im Haus ständig.

Schützen Sie Ihre Möbel

Junge Katzen üben sich schon früh in der Krallenpflege. Da sie so lange im Haus bleiben müssen, bis ihre Impfungen abgeschlossen sind – und viele Besitzer behalten sie zur Sicherheit noch ein paar Wochen länger drinnen – ist es sehr wahrscheinlich, dass sie sich angewöhnen, an Möbeln und Teppichen zu kratzen. Das kann man zum Beispiel mit einem Kratzbaum aus dem Zoohandel verhindern. Sie können auch selbst einen bauen, indem sie starke Schnur um ein Stück Holz wickeln. Ermutigen Sie Ihre Kätzchen, daran zu kratzen. Wenn Sie das Katzenjunge dabei erwischen, wie es an den Möbeln kratzt, zischen Sie laut oder klatschen heftig in die Hände. Bestrafen Sie es aber nicht. Sie können auch Ihren Tierarzt bitten, Ihrem Kätzchen die Krallenspitzen zu schneiden. Das ändert zwar nichts an der Unart, aber es verringert den Schaden.

▶ *Freilaufende Katzen bevorzugen zum Kratzen natürlich Bäume und hölzerne Zaunpfähle. Wohnungskatzen brauchen geeignete Kratzbäume, um ihre Krallen schärfen zu können.*

◀ *Fransen an Polstermöbeln sind ein besonders verlockendes Spielzeug. Kleine Kätzchen können unbeaufsichtigt Stoffe wie diesen in wenigen Minuten völlig zerfetzen.*

▼ *Ein Kratzbaum kann zugleich Oberflächen mit unterschiedlicher Struktur bieten und Spielzeug sein. Manchmal sind auch Bürsten zur Fellpflege angebracht.*

Spielzeug mit einer Glocke

Mit Sisalschnur umwickelte Säule

Stabiler Fuß mit strapazierfähigem Bezug

Sie können eine ausgewachsene Katze auch von Ihren Möbeln ablenken, indem Sie ihr einen Kratzbaum aus demselben Material machen, das sie auch draußen bevorzugt. Wenn Sie zum Beispiel gern an Baumrinde kratzt, befestigen Sie ein Stück Rinde direkt vor ihrem liebsten Kratzbereich im Haus. Wenn die Katze sich daran gewöhnt hat, können Sie es an einer geeigneteren Stelle anbringen, weg von den Möbeln. Jedesmal, wenn Sie sie dabei erwischen, dass sie an der falschen Stelle kratzt, sagen Sie laut „Nein!" und lenken ihre Aufmerksamkeit wieder auf den gewünschten Gegenstand.

F & A

● *Ein Freund hat mir gesagt, dass mich ein Kratzer von meiner Katze krank machen kann. Ist das wahr?*

Ja. Wenn ein Kratzer sich infiziert, kann dies bei Menschen die so genannte „Katzenkratzkrankheit" verursachen. Man dachte früher, dass sie durch Bakterien aus dem Nagelbett der Katze übertragen wird, doch heute nimmt man an, dass es Bakterien aus dem Maul der Katze sind, die beim Putzen auf die Krallen gelangen. Reinigen Sie alle Kratz- und Bisswunden sorgfältig mit Desinfektionsmittel. Bei Schwellungen oder Schmerzen sollten Sie einen Arzt aufsuchen.

● *Was halten Sie davon, den Katzen die Krallen zu entfernen, um die Möbel zu schützen?*

Das ist sehr umstritten und in Deutschland vom Tierschutzgesetz verboten, da es sich um eine grausame und unnötige Verstümmelung handelt, die von Berufsverbänden nicht unterstützt wird. Manche Katzenverbände lassen Katzen ohne Krallen nicht zu Ausstellungen zu. Das Krallenabnehmen ist in den USA am verbreitetsten, wo es viele Wohnungskatzen gibt. Sie können auch versuchen Krallenschützer, das sind Spitzen aus Plastik, auf den Krallen anzubringen, um den Schaden zu verringern. Aber regelmäßiges Krallenschneiden und ein geeigneter Kratzbaum sind wesentlich tiergerechter, um Kratzspuren in der Wohnung zu vermeiden.

Aggression gegen andere Katzen

VIELE KATZENBESITZER GLAUBEN, DASS IMMER DIE Fetzen fliegen, wenn Katzen einander nicht mögen, aber so tiefer Hass, dass sie aufeinander losgehen, ist eher ungewöhnlich. Die Zeichen dafür sind viel subtiler. Die Beziehung zwischen Katzen drückt sich durch ihre Körpersprache und ihre Haltung, besonders die Stellung von Schwanz und Ohren aus. Wichtig ist auch, ob sie einander begrüßen, gegenseitig das Fell pflegen, sich aneinander reiben und ob sie beieinander oder getrennt schlafen. Angreifer nähern sich ihrem Gegner und fixieren ihn, während dieser wegsieht oder sich zurückzieht. Wenn eine der Katzen nicht klein beigibt, kann es sein, dass beide knurren, zischen, spucken, ausschlagen und beißen. Beobachten Sie das Verhalten Ihrer Katze. Ruhige Katzen, die plötzlich um sich schlagen, sollten Sie zu einem Tierarzt bringen, da eine Krankheit Ursache für aggressives Verhalten sein kann.

Aggression gegen fremde Katzen

Meistens drehen sich Streitigkeiten unter Katzen um ihr angestammtes Territorium. Dies ist besonders im städtischen Raum der Fall, wo sich Reviergrenzen oft überschneiden und Katzen leicht in das Gebiet einer anderen geraten. Auch Katzen anderer Leute aus Ihrem Garten herauszuhalten wird kaum möglich sein – hohe Zäune sind für die meisten Katzen kein Hindernis. Wahrscheinlich können Sie nur wenig tun, um zu verhindern, dass Ihre Katze in Revierkämpfe mit anderen Katzen verwickelt wird, außer durch eine Kastration in der Pubertät – was besonders bei Katern zu empfehlen ist (siehe S. 74-75). Sollte Ihre Katze jedoch bei Auseinandersetzungen häufig den Kürzeren ziehen, können Sie sie vorsichtshalber lieber im Haus behalten.

Achten Sie darauf, dass die Impfungen Ihrer Katze regelmäßig aufgefrischt werden, denn ansteckende Krankheiten können auch durch den Biss von einer infizierten Katze übertragen werden.

▼ *Ein richtiger Kampf entwickelt sich. Die Katze links ist in der aufrechten Haltung als Angreifer erkennbar, während die Katze rechts sich mit zurückgelegten Ohren aus einer kauernden Position verteidigt.*

▶ *Futterneid kann zu Aggression führen. Jede Katze braucht einen eigenen Futternapf. Manchmal kommt es vor, dass dominante Katzen erst ihr eigenes Futter auffressen und dann Anspruch auf das der anderen erheben. In diesem Fall müssen Sie sie getrennt füttern.*

Aggression gegen Hausgenossen

Katzen, die miteinander aufgewachsen sind, vertragen sich später meist gut, auch wenn es keine Geschwister sind. Auch Eltern und Junge gehen im Allgemeinen liebevoll miteinander um. Streit gibt es häufig um die hierarchische Ordnung, wenn eine Katze im Haushalt die Pubertät (sechs bis zehn Monate) oder die soziale Reife (zwei bis vier Jahre) erreicht und bei Neuankömmlingen. Auch zu viele Katzen im Haus und Stress können Auslöser für Störungen sein, aber manchmal lassen sich plötzliche Feindschaften nicht erklären. Als letzte Möglichkeit bleibt eventuell nur, eine der Katzen wegzugeben.

Wenn eine neue Katze in Ihren Haushalt kommt, können Sie Spannungen vermeiden, wenn Sie den Ratschlägen auf den Seiten 48 bis 49 folgen. Der Geruch spielt eine wichtige Rolle beim Kennenlernen, und die Katzen brauchen Zeit, um sich aneinander zu gewöhnen. Die neue Katze sollte erst frei im ganzen Haus herumlaufen dürfen, wenn Sie das Gefühl haben, dass sie akzeptiert wird. Es kann einige Wochen dauern, bevor das der Fall ist. Auch wenn sie vielleicht nie die besten Freunde werden, ist das kein Anlass zur Sorge, solange sie das Revier der jeweils anderen Katzen respektieren.

● *Meine Katze Toffie faucht immer ihre Schwester Fluschie an, die vor einer Woche aus der Tierklinik zurückkam. Stimmt etwas nicht?*

Fluschie hat vielleicht noch den Geruch der Klinik an sich. Baden Sie sie, um den fremden Geruch zu entfernen, oder noch besser, reiben Sie beide Katzen mit einem Handtuch ab – das könnte ihre Gerüche vermischen und Toffie mit ihrer Schwester versöhnen. Wenn das nichts hilft, müssen Sie sie vorläufig trennen.

● *Unser Kater Zack beobachtete durchs Fenster den Nachbarkater. Als Simi, unsere andere Katze, hereinkam, biss Zack sie plötzlich. Jetzt hat Simi Angst vor ihm. Wird etwas Ähnliches wieder passieren?*

Zack wollte mit dem Nachbarkater kämpfen und Simi kam im falschen Moment. Dies nennt man eine umgeleitete Aggression, die manchmal auch gegen Menschen gerichtet sein kann. Halten Sie Zack vom Nachbarkater fern und gehen Sie sofort mit einer Wasserspritze dazwischen, wenn er irgendwelche Aggressionen gegen Simi zeigt. Weisen Sie ihnen viel Platz zu, aber füttern Sie sie im gleichen Zimmer und führen Sie die Fellpflege gemeinsam durch. Momentan sollten sie nicht unbeaufsichtigt zusammen sein.

● *Der Kater aus der Nachbarschaft jagt unsere zwei kastrierten Weibchen im Haus, frisst ihr Futter und markiert überall sein Revier. Was können wir tun?*

Es gibt Katzenklappen mit Sensor, die sich nur öffnen, wenn Ihre Katzen mit der passenden Marke am Halsband kommen. Sprechen Sie mit dem Besitzer des Katers oder rufen Sie im Tierheim an, wenn der Kater ein Streuner zu sein scheint.

Aggression gegen Menschen

AGGRESSIVE KATZEN SIND NICHT SO GEFÄHRLICH wie aggressive Hunde, aber kein Besitzer möchte von seinem Tier gebissen oder gekratzt werden oder andere Menschen der Verletzungsgefahr aussetzen. Obwohl durch Katzen hervorgerufene Wunden normalerweise weitaus harmloser sind als Hundebisse, können sie doch Krankheiten hervorrufen. Die Wunden entzünden sich manchmal oder werden mit Bakterien vom Typ *Bartonella hensalae* infiziert, die die „Katzenkratzkrankheit" hervorrufen. Diese Infektion führt beim gesunden Menschen nur zum Anschwellen der Lymphknoten, aber bei Menschen mit geschwächtem Immunsystem kann sie zu einer ernsthaften Erkrankung führen.

Warum Katzen Menschen angreifen

Oft wird eine normalerweise gutmütige Katze durch Schmerzen aggressiv. Wenn Ihre Katze Sie plötzlich ohne ersichtlichen Grund angreift, lassen Sie sie bei Ihrem Tierarzt gründlich untersuchen, um Verletzungen oder Krankheiten wie Tollwut, Blasenkrankheit oder Schilddrüsenüberfunktion als Ursache auszuschließen. Ein weiterer häufiger Grund für Aggression ist Angst und tritt oft bei Katzen auf, die nicht richtig sozialisiert wurden (siehe S. 44-45 und 82-85), schlechte Erfahrungen mit Menschen gemacht haben oder die ein besonderes Ereignis, wie den Besuch beim Tierarzt, mit Schmerzen und Angst in Verbindung bringen. Die Körpersprache dieser Katzen (siehe S. 42-43) wird zeigen, dass sie verschüchtert und ängstlich sind. Sie greifen an, sobald sie gereizt werden.

Aggression beim Spielen ist meist gegen Familienmitglieder gerichtet und kommt vor allem bei Katzen vor, die mit der Flasche aufgezogen oder zu früh entwöhnt wurden. Diese Katzenjungen, die keine Sozialisierung erfahren haben, lernen nicht, sich beim Spielen mit dem Beißen zurückzuhalten oder ihre Krallen einzuziehen, wie sie es lernen würden, wenn sie mit ihrer Mutter und ihren Wurfgeschwistern aufgewachsen wären. Die Mutterkatze weist jedes Junge sofort zurecht, das zu grob wird, während das Junge ohne diese Disziplin macht, was es will. Dieses Verhalten kommt beim Spiel mit Menschen zum Tragen; wenn es im Grunde gutmütig ist, kann man es durchgehen lassen.

Einige Katzen stürzen sich auf Füße oder Hände ihrer Besitzer. Wenn ein Kind oder Kleinkind attackiert wird, ist dieses Verhalten gefährlich und muss unterbunden werden, auch wenn dazu die Katze eingesperrt oder angeleint werden muss, bis sie unter Kontrolle ist. Erschrecken Sie sie, wenn sie sich anschleichen will (siehe S. 44-45), und befestigen Sie eine Glocke am Halsband, um ihre Bewegungen zu kontrollieren und auf einen Angriff rechtzeitig reagieren zu können.

Manchmal greift eine Katze Menschen an, obwohl sich die Aggression eigentlich gegen eine andere, unerreichbare Katze richtet (umgeleitete Aggression). Auch beim Streicheln oder bei der Fellpflege können Katzen aggressiv werden. Manchmal wollen sie ihre Stellung behaupten oder die Aufmerksamkeit auf sich lenken, zum

Wenn Ihre Katze Menschen angreift

Das sollten Sie tun

✓ Lassen Sie sie vom Tierarzt untersuchen oder suchen Sie einen Therapeuten auf.

✓ Vermeiden Sie Körperkontakt mit der Katze.

✓ Erschrecken Sie sie bei einem Angriff durch Geräusche oder mit einer Wasserspritze.

✓ Lenken Sie sie mit einem Spielzeug ab, das Sie vom Körper entfernt halten.

✓ Sperren Sie sie ein oder leinen Sie sie an, wenn ein kleines Kind in der Nähe ist.

✓ Desinfizieren Sie Bisswunden und Kratzer.

Das sollten Sie nicht tun

✗ Vermeiden Sie Blickkontakt mit der Katze.

✗ Wenden Sie keine körperlichen Strafen an.

[Bild einer Katze mit aufgerissenem Maul und zurückgelegten Ohren]

▲ *Extreme Aggression richtet sich nur selten gegen die Besitzer, es sei denn, die Katze hat Angst oder Schmerzen. Stellen Sie das Tier beim Tierarzt vor, um Verletzungen oder eine Krankheit auszuschließen.*

Beispiel wenn ihr Besitzer telefoniert, oder enge Eingänge versperren, wenn jemand durchgehen will. Einige Katzen fixieren Menschen auch, um sie einzuschüchtern (siehe S. 42-43).

In Situationen wie diesen hilft es, körperliche Kontakte zu reduzieren, Konfliktsituationen zu vermeiden und schnell auf Anzeichen von Aggression zu reagieren. Körperliche Strafen würden die Aggression der Katze nur vergrößern. In einigen Fällen kann ein Tierarzt vielleicht Psychopharmaka verschreiben, um das Tier während der Behandlung zu beruhigen.

● Wir haben unseren Siamkater, seit er 12 Wochen alt war. Er ist sehr gutmütig, wird aber beim Spielen oft grob, beißt und kratzt. Mein fünfjähriger Sohn spielt gern mit ihm, aber ich habe Angst, dass er verletzt wird.

Dieses Verhalten haben manchmal freche Katzen, die unabsichtlich zu aggressivem Spiel ermutigt wurden. Spiele, bei denen die Aufmerksamkeit auf rollende Gegenstände oder Spielzeuge an einer langen Schnur gelenkt wird, bringen ihn davon ab. Die Spielsachen sollten weit vom Körper Ihres Sohnes gehalten werden. Bei Anzeichen für einen bevorstehenden Angriff erschrecken Sie den Kater mit einem scharfen Zischen oder lauten Geräuschen und setzen sofort das entsprechende Spielzeug ein. Er braucht sehr viel Training und Aktivität, um seine Energie abzubauen.

Das Markieren im Haus

DAS KOTABSETZEN ODER URINIEREN IM HAUS IST bei weitem der häufigste Grund dafür, dass man sich von einer Katze trennen möchte. Wenn dieses Problem bei Ihnen auftritt, möchten Sie sicher so schnell wie möglich dagegen vorgehen, und wenn es nur darum geht, Ihr Haus frei von unangenehmen Gerüchen zu halten und sich selbst die Putzarbeit zu sparen. Wenn die Katze sich diese Unart erst einmal angewöhnt hat, ist es schwer, sie wieder davon abzubringen. Sie ist nicht etwa faul oder eigensinnig, wenn sie ihr Katzenklo nicht benützt; ihr Verhalten deutet vielmehr auf eine Krankheit oder psychische Probleme hin. Die Katze in diesem Fall zu bestrafen, würde die Sache nicht besser machen.

Mögliche Ursachen

Zunächst müssen Sie durch eine Untersuchung beim Tierarzt feststellen, ob es sich um eine Erkrankung handelt. Leberkrankheiten, Blasen-

▲ *Eine Katze markiert oft senkrechte Flächen im Haus, wenn sie sich bedroht fühlt. Zeichen dafür sind feuchte Flecken an der Wand oder den Möbeln. Eine Pfütze auf dem Boden spricht eher für eine Blasenerkrankung.*

● *Unsere Kurzhaarkatze verrichtet ihr Geschäft neben der Küchentür. Es begann, nachdem die Nachbarkatze durch die Katzenklappe ins Haus gekommen war und in der Küche markiert hatte. Was können wir tun?*

Sorgen Sie dafür, dass der Eindringling nicht durch die Katzentür ins Haus kommt und Ihre Katze nicht beobachten kann. Lassen Sie Ihre Katze nicht mehr an die betroffene Stelle und säubern Sie diese mit heißem Wasser und einem biologischen Geruchsvertilger. Achten Sie darauf, dass das Katzenklo an einem ruhigen Platz steht – nicht in der Nähe der Katzenklappe. Wenn sie anderswo Kot absetzt, sperren Sie sie für einige Tage in einen Raum, mit dem Katzenklo und mit Wasser. Füttern Sie sie regelmäßig und schenken Sie ihr viel Aufmerksamkeit. Wenn sie wieder frei laufen darf, stellen Sie ihren Fressnapf auf die verschmutzte Stelle.

● *Unsere 15 Jahre alte Katze benutzt unser Bad und Waschbecken als Toilette. Sie schläft oben, hat aber das Katzenklo schon immer in unserer Küche. Wird sie vielleicht senil?*

Das Katzenklo ist für ihre alte Katze vermutlich zu weit entfernt, um schnell genug hinzukommen. Lassen Sie sie bei Ihrem Tierarzt auf Arthritis oder ein anderes Leiden untersuchen, das ihr Schmerzen verursacht oder die Gelenke steif werden lässt. Stellen Sie ein Katzenklo oben in die Nähe von ihrem Schlafplatz (aber nicht zu nahe). Lassen Sie etwas Wasser in der Badewanne und im Waschbecken stehen, um sie davon abzuhalten, dorthin zu gehen.

● *Vor einem Monat sind wir in ein neues Haus gezogen. Seitdem hat unser kastrierter Orientalen-Kater begonnen, im Haus zu urinieren. Sein erstes Ziel waren einige Schachteln, die ich aus der Garage geholt hatte. Was denken Sie, bringt ihn dazu?*

Eine andere Katze hat die Schachteln vielleicht vorher markiert. Werfen Sie sie weg und säubern Sie alle verschmutzten Stellen zuerst mit heißem Wasser, dann mit Wund-Spray und etwas Pheromon-Spray. Das wird Ihren Kater beruhigen. Wenn er weiterhin im Haus markiert, suchen Sie professionelle Hilfe. Eventuell nützt es, ihn zeitweise nur in einem bestimmten Raum zu halten. Ein Mittel gegen Angst könnte ebenfalls helfen.

katarrh, Diabetes mellitus, Rückgrat- oder Beckenverletzungen, Überfunktion der Schilddrüse, Arthritis oder die Behandlung mit Steroiden können Ursache für anomales Urinieren sein; Darmprobleme können auf eine Virus- oder Bakterieninfektion, Parasiten, einen Dickdarmkatarrh oder auf Überempfindlichkeit gegen bestimmte Nahrungsmittel zurückzuführen sein.

Es kann auch sein, dass das Katzenklo am falschen Ort steht, z. B. neben dem Futternapf oder so, dass die Katze sich zu sehr beobachtet fühlt, oder die Katzenstreu behagt ihr nicht (siehe S. 20-21). Wenn sie während der Benutzung mal erschreckt wurde, hat sie deshalb vielleicht eine Abneigung dagegen entwickelt. Oft findet sich der Grund, wenn man die Katze geduldig eine Zeit lang genau beobachtet.

Markieren des Reviers

Der Urin und die Exkremente der Katze dienen als soziale Signale für andere Katzen (siehe S. 42-43) und der eigenen Beruhigung. Wenn die Katze im Haus ihr Revier markiert, fühlt sie sich

▼ *Nach einem „Unfall" beseitigen Sie alle Spuren mit heißem Wasser und einem biologischen Reiniger. Dies wird die Katze daran hindern, wieder an diese Stelle zu kommen.*

vermutlich bedroht. Dann findet man Spuren davon um Ausgänge wie Türen und Fenster. Für gewöhnlich uriniert die Katze eher an eine senkrechte Fläche als auf den Boden und hinterlässt dabei dünne, feuchte Flecken an Vorhängen oder an der Wand, manchmal kann es auch eine Pfütze am Boden sein. Kleine Häufchen an strategischen Punkten auf Möbeln deuten auf extreme Unsicherheit hin. Es wird viel Zeit und professionelle Hilfe brauchen, um das zu beheben

Die Unart abgewöhnen

Katzen suchen immer wieder die gleiche Stelle auf, um ihr Geschäft zu verrichten. Gehen Sie vor wie folgt, um dies zu verhindern:

1. Reinigen Sie die Stelle sofort mit einem biologischen Geruchsvertilger. Desinfektionsmittel beseitigen den Geruch nicht; parfümierte Mittel animieren die Katze zum erneuten Markieren.

2. Stellen Sie den Fressnapf an die bewusste Stelle. Katzen verschmutzen ihren Fressplatz nicht.

3. Achten Sie darauf, dass das Katzenklo an einer akzeptablen Stelle steht, die richtige Streu enthält und regelmäßig gesäubert wird.

4. Halten Sie die Katze in einem Raum, in dem nur ihr Schlafplatz, Wasser und ein Katzenklo sind. Lassen Sie sie zum Fressen, zum Spiel und Streicheln heraus. Sobald sie wieder markiert, bringen Sie sie in den ihr zugewiesenen Raum.

5. Wenn alles nichts hilft, sollten Sie professionelle Hilfe für Ihre Katze suchen.

Angstsymptome und Stress

SELBST EINE GESUNDE, GLÜCKLICHE KATZE KANN manchmal unter Stress leiden. Der Umzug in eine neue Wohnung, die Ankunft eines Babys in der Familie oder ein neues Haustier sind Ereignisse, die Katzen beeinflussen. Wie schnell sie sich neuen Umständen anpassen kann, hängt zum einen davon ab, wie Sie sich ihr gegenüber verhalten. Zum anderen ist der Charakter der Katze ausschlaggebend, der von genetischen und Umweltfaktoren geprägt wird. Die Charaktere kann man in drei Gruppen einteilen: tapfer und freundlich, aktiv und aggressiv oder ängstlich und nervös. Die ängstliche Persönlichkeit ist am stärksten durch die Erbmasse bestimmt und hat die meisten Anpassungsschwierigkeiten. Sie wird körperlich und seelisch auf jedes unangenehme oder neue Ereignis stark reagieren. Das kann sich in Atemnot, unter dem Bett Verstecken, das Essen Verweigern oder Vandalismus im Haus äußern (siehe S. 64-65). Wenn die Reaktion auf den Stress für längere Zeit anhält, wird sie zur dauerhaften psychischen Störung.

Einige Katzen können plötzlich eine richtige Phobie – eine extreme, offensichtlich unbegründete Angst vor bestimmten Ereignissen, Plätzen oder sogar Menschen – entwickeln. Die Katze wirkt ruhig, bis der Gegenstand ihres Missbehagens auftaucht; dann wird sie plötzlich hysterisch. Kinder, Hunde und laute Geräusche wie Feuerwerk und Gewitter sind mögliche Auslöser panischer Reaktionen. Versuchen Sie die Katze allmählich mit dem Geräusch oder der Bewegung vertraut zu machen, die ihr Angst bereitet. Nur unerwarteter Lärm ist schwer zu überwinden. Der Tierarzt kann ihr ein Beruhigungsmittel und Ratschläge zur weiteren Therapie geben.

So äußert sich Stress

Stress kann sich in vielerlei Formen ausdrücken, aber die häufigste ist, dass die Katze nicht mehr frisst. Wenn eine krankheitsbedingte Ursache dafür auszuschließen ist, muss man das Umfeld der Katze unter die Lupe nehmen. Um sie zum

▲ *Kinder lieben Katzen, aber erdrückende Fürsorge kann für eine junge oder ängstliche Katze zu viel sein. Später entwickelt sich womöglich Angst vor Kindern.*

Fressen zu überreden, geben Sie ihr ihr Lieblingsfutter, füttern Sie sie aus der Hand und lassen einzelne Futterstücke in ihren Napf fallen. Streicheln und loben Sie die Katze beim Fressen. Sie können Sie auch zwischendurch mit dem Napf auf den Schoß nehmen. Wenn das nichts hilft, kann der Tierarzt einen Appetitanreger geben.

Das Fressen von Stoff kann ein weiteres Anzeichen für seelische Störungen sein. Wolle, Plastik, Schnur, sogar Gummi und elektrische Kabel werden angenagt. Dieses Verhalten zeigen häufig Siam- und Burmakatzen, aber auch solche, die zu früh entwöhnt wurden. Es beginnt oft in der Pubertät, kann aber auch eine Stressreaktion sein. Lassen Sie der Katze keinen Zugang mehr zu dem Material und geben Sie ihr trockene Biskuits oder große Knochen mit Sehnen daran.

● *Neigen Rassekatzen stärker zu Stress und Ängsten?*

Orientalen sind am anfälligsten dafür, doch meist ist das individuelle Temperament ausschlaggebend. Neben der Erbanlage ist für die Reaktion einer Katze auf Stress das Verhalten der Mutter, die Sozialisierung des Jungen, das Umfeld und das Verhalten des Besitzers entscheidend. Das trifft auf alle Katzen zu, nicht nur auf Rassekatzen.

● *Ich bin im sechsten Monat schwanger, und mein Arzt hat mir vom Umgang mit meinem Kater abgeraten. Jetzt hat er eine kahle Stelle am Schwanz entwickelt, an der er dauernd leckt. Ist er böse mit mir?*

Dies könnte gut eine Stressreaktion auf Ihren Liebesentzug sein. Die Ursache kann auch eine Hautkrankheit sein, lassen Sie den Kater vom Tierarzt untersuchen. Sie können ohne Gefahr mit ihm umgehen, nur nicht mit seinen Exkrementen (siehe S. 86-87). Übergeben Sie diese Aufgabe am besten jemand anderem und kümmern Sie sich um ihn; berücksichtigen Sie dabei, wieviel Zeit Sie für ihn haben werden, wenn das Baby da ist (siehe S. 50-51).

● *Meine Siamkatze zieht ständig Fäden aus meinen Pullovern und kaut sie. Abgesehen davon, dass es lästig ist, habe ich Angst, dass es ihr schadet. Ist das möglich?*

Stoff fressen kann zum Darmverschluss führen. Eine Katze, die Kabel frisst, kann einen Stromschlag bekommen. Sie sollten versuchen, ihr diese Angewohnheit liebevoll abzugewöhnen.

▶ *Eine ängstliche Katze, die bei fremden Geräuschen zusammenzuckt oder sich vor Menschen versteckt, kann Stressreaktionen zeigen. Achten Sie auf Stressfaktoren in Ihrem Haushalt.*

Bei einer gestressten Katze kann übertriebene Fellpflege kahle Stellen, Haarausfall oder Hautveränderungen hervorrufen. Wenn keine körperlich bedingte Krankheit vorliegt, kann der Arzt ein Beruhigungsmittel geben, bis der Grund für das Verhalten feststeht.

Es gibt gestresste Katzen, die sich ständig in den Schwanz beißen, zwanghaft herumlaufen, sich am Boden rollen oder verstümmeln. Ihre Haut kann zucken, besonders am Rücken. Dies kann auf eine Flohallergie oder Rückenschmerzen hindeuten, aber auch stressbedingt sein. Lassen Sie die Katze untersuchen, um die Ursache abzuklären. Medikamente gegen die Angst können bei diesem Leiden besonders hilfreich sein.

Gelangweilte Wohnungskatzen fressen häufig Pflanzen an (siehe S. 30-31 und 52-53). Geben Sie ihr Gras oder Kräuter, die sie kauen kann, und achten Sie darauf, dass sie viel Spielzeug und eine Gelegenheit zum Klettern hat.

Einer ängstlichen Katze kann man helfen, indem man ihr einen sicheren Platz bietet, wo sie sich verstecken kann, wenn sie sich bedroht fühlt. An warme und ruhige Plätze kann man sich gut zurückziehen und die hohe Warte von einem Schrank gibt auch ein Gefühl von Sicherheit.

GESUNDHEIT DER KATZE

AUCH GEPFLEGTE UND LIEBEVOLL UMSORGTE KATZEN
können einmal krank werden. Der Schlüssel zu einem
langen, aktiven und glücklichen Leben ist das frühzeitige
Erkennen von Symptomen durch genaue Beobachtung und
rasche tierärztliche Hilfe. Die Katze kann sich nicht zu ihren
Problemen äußern und deshalb ist es wichtig, dass Sie auf
körperliche Veränderungen und ungewöhnliche Verhaltensweisen achten und diese detailliert dem Tierarzt beschreiben
können. Dieses Kapitel hilft Ihnen, Anzeichen einer drohenden
Erkrankung zu erkennen und vermittelt einen Einblick in allgemeine
Fragen zur Gesundheit Ihrer Katze.

Neben einer allgemeinen Darstellung der Katzenanatomie werden
in diesem Kapitel die häufigsten Krankheiten und Parasiten sowie
deren Symptome beschrieben. Das Aufzeigen möglicher Ursachen für die jeweiligen Erkrankungen und Hinweise zu
deren Vorbeugung und Behandlungsmöglichkeiten ergänzen
diesen Teil. Daneben finden Sie auch Ratschläge über
Fragen zur Kastration, zur Züchtung und zur ersten
Hilfe bei Notfällen.

Beim Tierarzt

IHR TIERARZT IST EIN WICHTIGER PARTNER BEI DER Fürsorge für Ihre Katze. Regelmäßige Vorsorge-untersuchungen geben Ihnen und dem Arzt die Möglichkeit, Erkrankungen schon im Vorfeld zu erkennen. Zudem können ihm körperliche Ver-änderungen auffallen, die Sie im Alltag selbst nicht bemerken. Im Laufe der Zeit werden Sie und Ihre Katze auch ein Vertrauensverhältnis zu Ihrem Tierarzt aufbauen; gehen Sie wenn mög-lich immer zum selben Tierarzt.

Es ist sinnvoll, dem Tierarzt Ihre Katze vorzu-stellen, bevor sie tatsächlich krank ist. So lernen Sie Praxis, Arzt und Mitarbeiter bereits vorher kennen und nicht erst in der Aufregung einer me-dizinischen Notlage. Außerdem werden Mittel gegen Flöhe und Würmer nicht selten nur an Tierhalter abgegeben, deren Katze auch in der Praxis betreut wird, so dass vorher eine Unter-suchung nötig sein kann.

Die Wahl des Tierarztes

Wählen Sie den Tierarzt genauso sorgfältig aus wie Ihren Haus- oder Zahnarzt. Sie und Ihre Katze müssen den Arzt mögen und ihm vertrau-en, und er sollte fachmännisch und zugleich be-hutsam vorgehen. Folgen Sie ruhig der Empfeh-lung von Bekannten, die auch eine Katze haben. Es gibt verschiedene Kriterien, die von Bedeu-tung sein können. Wichtig ist zum Beispiel die Entfernung zur Praxis. Viele Katzen werden bei längeren Fahrten unruhig, und in einem Notfall muss der Arzt schnell erreichbar sein. Wenn Sie kein Auto haben, ist auf eine gute Anbindung an öffentliche Verkehrsmittel zu achten, und wer tagsüber arbeitet, wird sich eine Praxis suchen, die mindestens einmal die Woche auch abends oder zusätzlich samstags geöffnet ist. Erkundi-gen Sie sich auch nach einer Tierklinik, die eine reine Katzenstation unterhält. Der Vorteil dabei ist, dass die Katze nicht durch eventuell anwe-sende Hunde im Warteraum nervös wird.

Überzeugen Sie sich bei einem Besuch von der Hilfsbereitschaft und Freundlichkeit des Perso-nals und lassen Sie sich die Einrichtung zeigen. Größere Kliniken verfügen in der Regel über mehr spezielle Fachbereiche als kleinere, zum Beispiel für Zahnmedizin, Augenheilkunde oder Dermatologie.

Der Besuch beim Tierarzt

Das sollten Sie tun

✓ Transportieren Sie die Katze in einer Transportbox (mit Fenster).

✓ Bereiten Sie sich auf detaillierte Fragen zur Gesundheit Ihrer Katze vor.

✓ Denken Sie an notwendige Dokumente (Impfpass etc.) und Unterlagen.

✓ Verpacken Sie Stuhl- und Urinproben in gut verschlossenen, hygienischen Behältnissen.

Das sollten Sie nicht tun

✗ Schicken Sie nicht jemand anderen zum Arzt; nur Sie kennen die Symptome genau.

✗ Rufen Sie den Arzt am Wochenende oder nachts nur in Notfällen an.

Besuch beim Tierarzt

Es ist immer besser, sich einen Behandlungs-termin geben zu lassen. Dadurch wird die Wartezeit meist deutlich reduziert. Nur wenige Tierärzte machen Hausbesuche. Ausnahmen bil-den dabei absolute Notfälle, oder wenn eine grö-ßere Zahl von Tieren behandelt werden muss. In seiner Praxis stehen dem Arzt alle nötigen Geräte und Medikamente zur Verfügung und somit ist dort die bestmögliche Behandlung gewährleistet. Unumgängliche Hausbesuche sollten Sie früh am Morgen verabreden, damit der Arzt sich genü-gend Zeit nehmen kann. Sollte die Untersuchung vermutlich länger dauern, kann man das schon bei der Terminvereinbarung anmerken.

Benutzen Sie für den Besuch beim Tierarzt eine Transportbox, in der sich die Katze auch sicher fühlen wird, wenn sie sehr ängstlich ist.

Gehen Sie immer selbst zum Tierarzt und schicken Sie niemand anderen. Sie kennen die Symptome am besten und sind in der Lage, eventuell notwendige Entscheidungen zu fällen. Bereiten Sie sich auf Fragen zu den Symptomen und näheren Umständen der Krankheit vor.

Warnen Sie das Personal beim Empfang, falls die Katze im Behandlungszimmer Schwierigkeiten machen könnte. Eventuell ist dann für die Untersuchung ein Beruhigungsmittel nötig. Benötigte Stuhl- oder Urinproben bringen Sie in einem sauberen, gut verschließbaren Behälter mit. Proben können Sie aus einer sauberen, trockenen Katzentoilette entnehmen.

Informieren Sie sich genau, wie verschriebene Medikamente anzuwenden sind; im Zweifel sollten Sie lieber noch einmal nachfragen.

▼ *Tierärzte sind hilfsbereite Fachleute, die Tiere mögen. Ein gutes Verhältnis zwischen Katze, Besitzer und Arzt ist unerlässlich für eine optimale medizinische Versorgung.*

● *Wie oft sollte ich meine Katze untersuchen lassen?*

Eine jährliche Vorsorgeuntersuchung mit zusätzlichen Auffrischimpfungen (siehe S. 86-87) sollten Sie mindestens vornehmen. Junge, alte und anfällige Katzen sollte man öfter zum Tierarzt bringen.

● *Warum hält die Tierärztin meine Katze am Nacken fest, auch wenn Sie ihr keine Spritze gibt?*

Manche Katzen lassen sich nur ungern von Fremden anfassen und versuchen zu beißen oder zu kratzen. Man kann sie unter Kontrolle bekommen, indem man sie am Nackenfell packt und so festhält; Schmerzen verursacht dies nicht.

● *Mir ist aufgefallen, dass meine dreijährige Siam immer feuchte Pfotenabdrücke auf dem Behandlungstisch hinterlässt. Warum?*

Katzen schwitzen durch die Pfotenballen. Vielleicht hat sie auch in die Transportbox uriniert und die Pfoten sind auf diese Weise nass geworden.

Die Anatomie der Katze

KATZEN SIND AUF DIE JAGD AUSGERICHTETE Raubtiere und ihr Körperbau bietet ihnen dazu die besten Voraussetzungen. Anatomisch gibt es überraschend wenig Unterschiede zwischen einer Hauskatze und einem Löwen, der die Savanne der Serengeti durchstreift. Durch Zucht sind eine Reihe von Unterscheidungsmerkmalen verschiedener Rassen entstanden – von der langen, schlanken, kurzhaarigen Siam bis zur kräftigen Amerikanisch Kurzhaar und der langhaarigen, massiv-stämmigen Perser. Insgesamt aber sind die Unterschiede weitaus weniger ausgeprägt als bei den verschiedenen Hunderassen.

Das Skelett der Katze ist sehr beweglich. Das biegsame Rückgrat ermöglicht kraftvolle, athletische und anmutige Bewegungen. Katzen laufen genau genommen auf ihren Zehen und vergrößern so die effektive Länge der Gliedmaßen. Da das Schlüsselbein aus Knorpelmasse besteht, bewegen sich Schulterblatt und Vorderbeine ge-

meinsam, was die Schrittlänge erhöht. Mit den muskulösen Hinterbeinen und dem kräftigen Becken kann die Katze auf kurze Distanzen eine erstaunliche Geschwindigkeit (bis zu 48 km/h) erreichen und sich in weiten Sprüngen auf ihre Beute stürzen. Mit dem Schwanz als „fünftem Bein" hält sie das Gleichgewicht.

Katzen haben nur wenig Ausdauer und teilen sich ihre Energie ein. Sie verausgaben sich nur selten. Ihr leichter Knochenbau führt schon bei einem leichten Aufprall zu Brüchen.

Ein hervorragender Gleichgewichtssinn koordiniert die Bewegungen. Katzen schätzen eine Situation nur selten falsch ein – und wenn doch, dann landen sie in der Regel auf den Füßen.

▼ *Katzen haben einen geschmeidigen Körperbau mit extrem beweglichem Rückgrat, das kraftvolle Sprünge auch nach oben und seitwärts ermöglicht. Mit einem Satz erreichen sie das 5-fache der eigenen Körperhöhe.*

DAS SKELETT DER KATZE

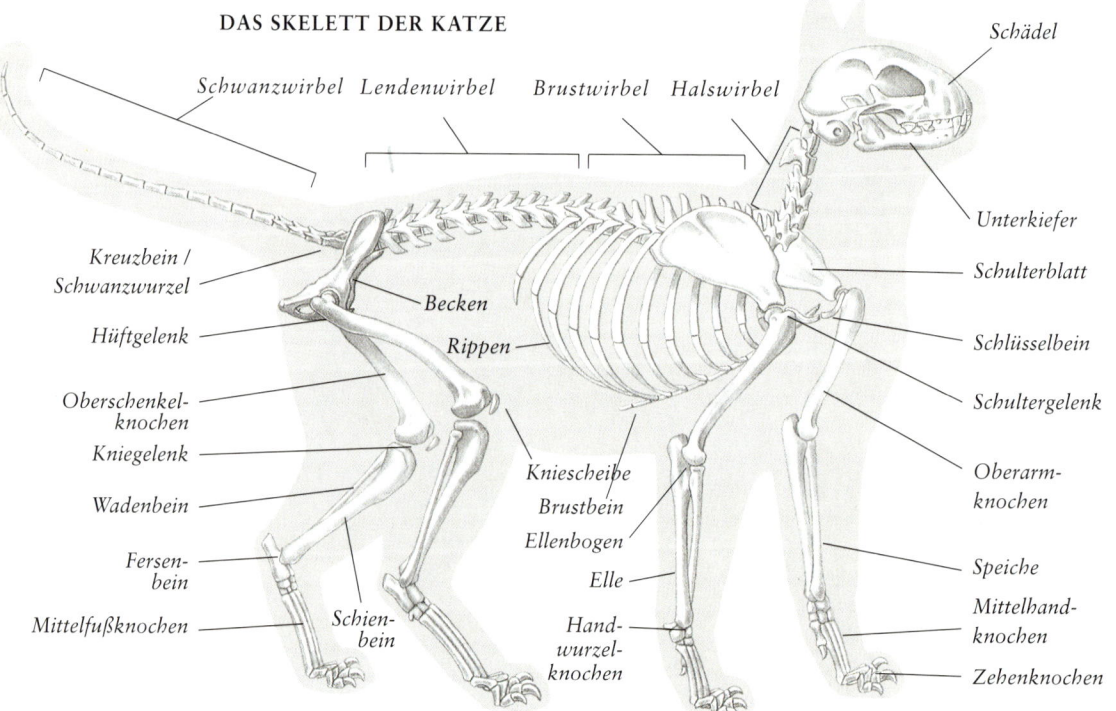

Schädel

Schwanzwirbel Lendenwirbel Brustwirbel Halswirbel

Unterkiefer

Kreuzbein / Schwanzwurzel

Becken

Hüftgelenk

Rippen

Schulterblatt

Schlüsselbein

Oberschenkel- knochen

Kniegelenk

Schultergelenk

Wadenbein

Kniescheibe

Brustbein

Ellenbogen

Oberarm- knochen

Fersen- bein

Elle

Speiche

Mittelfußknochen

Schien- bein

Hand- wurzel- knochen

Mittelhand- knochen

Zehenknochen

KOPF

Ohrmuschel

Pupille

Iris

Schnurrhaare

Kiefer

Nase

▼ *Wenn man sich einen Überblick über den Körperbau der Katze verschafft, wird man manche Gesundheitsprobleme besser verstehen können.*

Schwanz-/wurzel

Rücken

Hals

Schulter

Bauch

Brust

Hinterzehe

Fußballen

Einziehbare Krallen

DER STELL-REFLEX

F & A

● **Mein Kater hat sechs Zehen an jeder Vorderpfote. Ist das normal?**

Nein. Normalerweise haben Katzen fünf Zehen, einschließlich des „Daumens", an den Vorderpfoten und vier an den Hinterpfoten. Relativ häufig findet man aber jeweils eine zusätzliche Zehe, also sechs an den Vorderpfoten und fünf an den hinteren. Dies ist für die Katze ein Vorteil beim Jagen und Klettern.

● *Meine Katze ist aus einem Fenster im vierten Stock gefallen und hat sich nicht verletzt; die Katze von nebenan ist aus dem sechsten Stock gestürzt und gestorben. Warum machen zwei Etagen einen solchen Unterschied aus?*

Katzen haben einen Stellreflex, der sie immer auf den Füßen landen lässt. Ab einer Höhe von etwa fünf Stockwerken können sie die Wucht des Aufpralls aber meist nicht mehr abfangen. Trotzdem ist es möglich, dass sich das Tier bei einem Sturz aus noch größerer Höhe (z. B. 10 Stockwerken) oft nicht ernsthaft verletzt. Die Katze dreht sich im Fallen vom Rücken auf den Bauch. Ihre Muskeln sind dabei vollkommen entspannt. So können die ausgestreckten Beine schließlich den Aufprall am Boden besser abfedern.

◄ *Der ausgeprägte Gleichgewichtssinn macht es Katzen möglich, sich im Fallen zu drehen und sicher zu landen. Sie orientieren sich über die Augen und das Gleichgewichtsorgan im Innenohr.*

Der Kater

KATER SIND GEWÖHNLICH ETWAS GRÖSSER ALS Kätzinnen und erreichen die Geschlechtsreife etwas später, meist im Alter von etwa sechs bis acht Monaten – manche, besonders orientalische Rassen, werden auch schon davor sexuell aktiv. Äußerlich weist nur wenig auf die beginnende Geschlechtsreife hin: Der Kater wird zum Beispiel durch das Wachstum der Muskelmasse im Kieferbereich etwas voller im Gesicht, wie es bei kurzhaarigen Rassen, aber auch bei Siamkatern und der Orientalisch Kurzhaar der Fall ist. Ein weiteres Zeichen der Geschlechtsreife ist die sich entwickelnde dichte Fellkrause am Hals.

▼ *Nicht kastrierte Kater können für den Besitzer ein Problem sein. Sie kämpfen gerne und paaren sich wahllos mit allen Kätzinnen der Umgebung. Viele Leute stört der Geruch ihrer Reviermarkierung.*

Der größte Unterschied zwischen Katern und Kätzinnen besteht in ihrem Verhalten. Ein heranwachsender Kater beginnt ein Revier abzustecken und sich in Kämpfe mit anderen Katern zu verwickeln. Dabei kommt es durchaus zu leichteren Verletzungen, die mitunter zu Infektionen führen können und daher sofort behandelt werden sollten (siehe S. 130-131). Sorgen Sie dafür, dass er ausreichenden Impfschutz hat.

Das Markieren
Kater sind bekannt dafür, dass sie ihr Revier mit Duftmarken kennzeichnen, auch wenn es sich dabei um die Wohnung handelt. Dies ist ein instinktives Verhalten, das von Hormonen gesteuert wird. Eine Kastration, noch bevor das Tier die volle Geschlechtsreife erreicht, verhindert die Produktion der entsprechenden

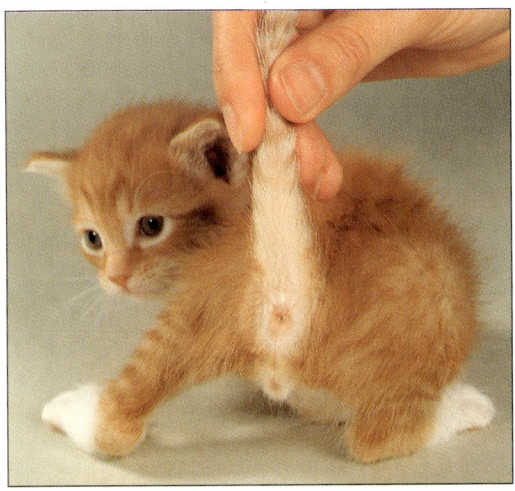

▲ *Das Geschlecht eines jungen Kätzchens ist leicht zu bestimmen. Kater haben kleine runde Hoden unterhalb des Afters. Der Penis liegt weiter unten, vor den Hoden.*

● *Lässt sich Hodenkrebs bei Katern behandeln?*

Wenn er rechtzeitig entdeckt wird, können die Hoden entfernt werden. Hat sich der Krebs aber auf andere Organe ausgeweitet, ist die Behandlung kaum erfolgversprechend.

● *Ich habe neulich einen Kater aus dem Tierheim adoptiert. Er ist etwa fünf Jahre alt und wurde erst vor kurzem kastriert. Könnte das problematisch sein?*

Das hängt weitgehend von seinem Charakter ab. Ist er grundsätzlich eher ruhiger Natur, wird er sicher einfach zu halten sein. Hat er aber vorher viel gekämpft und markiert, könnte er das auch beibehalten.

● *Ich möchte meinen Siamkater für die Zucht verwenden, damit aber warten, bis er etwas älter ist. Wie kann ich ihn in der Zwischenzeit kontrollieren?*

Das können Sie nicht. Um unerwünschten Nachwuchs zu verhindern, müssen Sie den Kater im Haus behalten.

● *Kann man zwei kastrierte Kater gut zusammen halten?*

Ja, aber wichtig ist, ob sie verwandt sind, wie temperamentvoll sie sind, wie alt sie bei der Kastration waren und wie viel Platz sie haben. Wenn sie aus dem gleichen Wurf stammen, werden sie sich vermutlich gut verstehen. Bei nicht verwandten Tieren lassen sich kastrierte Kater leichter halten als kastrierte Kätzinnen; ein kastriertes Pärchen kommt am besten zurecht.

Hormone und schwächt deutlich das Markier- und Kampfverhalten.

Nicht kastrierte Kater unternehmen auf der Suche nach weiblichen Katzen gerne ausgedehnte Streifzüge und verschwinden bisweilen auch für mehrere Tage. Dies ist für die Besitzer immer ein Grund zur Sorge. Wenn es sich dabei um einen teuren Zuchtkater handelt, wird man sich als Folge wohl gezwungen sehen, ihn nicht mehr aus dem Haus zu lassen. Wer aber keine Ambitionen hat, Katzen zu züchten und seinem Tier weiterhin Freilauf geben möchte, kann durch Kastration des Katers dazu beitragen, dass es weniger unerwünschte junge Kätzchen in der Nachbarschaft gibt, und zugleich Kampfeslust und Markierverhalten einschränken.

Ein Kater, der bei der Kastration älter als sechs Monate ist, kann diese Gewohnheiten aber unter Umständen schon als erlerntes Verhalten verinnerlicht haben, sodass der Eingriff nicht mehr die erwünschte Änderung im Verhalten bringt. Kater, die nicht für die Zucht vorgesehen sind, sollten daher nach Absprache mit dem Tierarzt so früh wie möglich kastriert werden. Sie entwickeln sich dann normalerweise zu anschmiegsamen Haustieren, die sich in der Wohnung sehr wohl fühlen.

Kastration und Gesundheit

Eine Kastration wird unter Narkose vorgenommen und dauert lediglich einige Minuten. Die Operationswunde muss oft nicht einmal vernäht werden und das durch den Eingriff verursachte Unbehagen scheint für den Kater minimal zu sein, obwohl sich viele die Wunde noch einige Stunden danach lecken. Ein gesundes Tier wird sich meist innerhalb eines Tages praktisch nichts mehr anmerken lassen.

Die Hoden befinden sich bei der Geburt in der Bauchhöhle des Katers und wandern erst dann in den Hodensack, wenn er sich der Geschlechtsreife nähert. Gelegentlich kommt es aber auch vor, dass sie in der Bauchhöhle verbleiben, was die Kastration zu einer etwas komplizierteren Operation macht. Sie wird dann jedoch um so notwendiger, weil die Hoden in diesem Fall wesentlich häufiger Tumore entwickeln, als wenn sie sich in der normalen Lage im Hodensack befinden.

Die Kätzin

VIELE MENSCHEN HALTEN SICH LIEBER EINE KÄTZIN als einen Kater, weil sie typische Verhaltensweisen von Katern, wie die Markierung des Reviers oder die Lust umherzustreifen und zu kämpfen, umgehen möchten. Allerdings wird eine weibliche freilaufende Katze dem Besitzer mit großer Wahrscheinlichkeit in regelmäßigen Abständen einen Wurf junger Kätzchen präsentieren. Wenn Sie die Jungen nicht behalten wollen oder können, empfiehlt es sich, die Kätzin kastrieren zu lassen – die Tierheime sind schon überfüllt mit unerwünschten jungen Katzen.

Die Kastration erfolgt am besten, wenn die Kätzin die Geschlechtsreife erreicht. Der genaue Zeitpunkt kann etwas variieren, liegt aber in der Regel etwa bei einem Alter von sechs Monaten. Die meisten Katzen werden im Frühjahr geschlechtsreif; spät im Jahr geborene Kätzchen sind also im Vergleich zu früher im Jahr geborenen eher geschlechtsreif. Orientalische Rassen wie die Siam oder die Abessinier werden gelegentlich schon mit fünf Monaten sexuell aktiv, während Langhaarkatzen wie die Perser erst mit zwölf oder mehr Monaten geschlechtsreif sind.

Phasen sexueller Aktivität

In gemäßigten Klimazonen sind wild lebende Katzen ungefähr neun Monate im Jahr sexuell aktiv. Die nicht aktive Phase liegt im späten Herbst und frühen Winter, wenn die tägliche Lichtmenge ein Minimum erreicht. Diese Phase der Inaktivität ist bei Hauskatzen, die zumindest einen Teil ihres Lebens nicht im Freien verbringen und auch künstlichem Licht ausgesetzt sind, weniger deutlich wahrzunehmen. Weibliche Katzen sind während ihres zwei oder drei Wochen dauernden Fortpflanzungszyklus lediglich in einer kurzen Zeitspanne sexuell aktiv; nur in diesem etwa einwöchigen Teil des Zyklus, der Hitze, Rolligkeit oder Östrus genannt wird, findet die Paarung statt. Die genaue Dauer der Zyklen wird von Unterschieden im Hormonspiegel geregelt und kann bei Langhaarkatzen über drei Wochen dauern. Orientalische Rassen haben oft einen kürzeren Zyklus mit längerer Rolligkeit. Bei unbegatteten, nicht kastrierten Kätzinnen, wird die Zeitspanne zwischen der Rolligkeit zunehmend kürzer, bis sie schließlich nahezu ständig in Hitze sind. Bei Katern ist dagegen der Hormonspiegel mehr oder weniger konstant, so dass sie praktisch immer sexuell aktiv sind.

Empfängnisverhütung

Die Kastration der weiblichen Katze ist eine Routineoperation, bei der beide Eierstöcke und die Gebärmutter durch einen kleinen Einschnitt entfernt werden. Der Fortpflanzungszyklus wird dabei unterbrochen und die Katze kann keinen Nachwuchs mehr bekommen. Wenn Sie Ihre Kätzin bei der Züchtung einsetzen, aber eine Paarung zu einem bestimmten Zeitpunkt vermeiden möchten – sei es zum Beispiel, weil sie noch zu jung ist, erst vor kurzem geworfen hat oder weil Sie verreisen – kann Ihr Tierarzt der Katze ein Hormonpräparat verschreiben, das ihren Östrus verschiebt oder unterdrückt. Wenn sie kein Zuchttier mehr ist, sollten Sie sie statt der Hormongaben lieber kastrieren lassen.

So äußert sich die Rolligkeit

Katzenbesitzer, die zum ersten Mal erleben, dass ihre Katze rollig ist, denken sie sei krank, denn sie verhält sich so, als hätte sie Schmerzen:

- Ungewöhnliches Zärtlichkeitsbedürfnis und große Anhänglichkeit.
- Lautes, anhaltendes Miauen und Rufen, besonders bei Siam und orientalischen Rassen.
- In Rückenlage auf dem Boden rollen mit gespreizten Hinterläufen.
- Sich an Menschen, anderen Tieren und verschiedenen Gegenständen reiben.
- Längere Abwesenheit frei laufender Kätzinnen.
- Häufigeres Urinieren, um durch den Duft den Kater anzulocken.

● *Ist die Kastration einer Katze mit irgendwelchen Risiken verbunden?*

Bei gesunden Katzen ohne Herz- oder Kreislaufprobleme ist die Gefahr äußerst gering, auch wenn bei jeder Operation ein gewisses Risiko besteht. Letztlich ist es immer noch kleiner, als wenn die Katze nicht kastriert würde. Sie wäre dann beinahe ständig rollig oder trächtig, und die Gefahr von Eierstockzysten oder Gebärmutterproblemen wäre erhöht.

● *Meine 13 Monate alte Chinchilla war bisher noch nie rollig. Ist das normal?*

Keine Sorge. Langhaarige Rassen erreichen die Geschlechtsreife meist relativ spät, im Schnitt ungefähr mit 12 Monaten; die typischen Verhaltensweisen sind aber auch weniger stark ausgeprägt und können leicht übersehen werden. Achten Sie auf kleine Veränderungen.

● *Haben Hormonpräparate für Katzen Nebenwirkungen, und wenn ja, wie stark sind sie?*

Das üblicherweise verwendete Progesteron kann bei langfristiger Anwendung ernsthafte Nebenwirkungen haben. Dazu zählen Lethargie, Fettsucht, Diabetes und Gebärmutterinfektionen. Ihr Tierarzt wird Sie über Häufigkeit und Dauer der Anwendung beraten.

● *Wie oft sollte eine Katze Junge bekommen – und wann wird es gefährlich?*

Eine ausgewachsene junge Kätzin kann zwar dreimal im Jahr Junge haben, aber das wäre zu viel des Guten – es würde sie aufzehren und könnte auch die Gesundheit der Kätzchen gefährden. Ein Wurf jährlich, und das einige Jahre lang, wäre ideal, aber auch ab und zu ein zweiter Wurf würde gesunden Katzen nicht schaden.

● *Ab wann werden Kätzinnen zu alt für die Zucht?*

Am besten für die Zucht geeignet sind junge Kätzinnen ab einem Alter von etwa 12 bis 15 Monaten; danach kann sie bis zum Alter von fünf oder sechs Jahren einmal jährlich Junge bekommen. Kätzinnen über sechs Jahre sollten nicht mehr für die Zucht verwendet werden. Sie können aber weiterhin trächtig werden, denn Katzen haben keine Menopause.

● *Ich habe gehört, dass Kätzinnen vor der Kastration einmal Junge haben sollten. Stimmt das?*

Nein. Das hat keinerlei Vorteil für die Katze und für den Halter hat es den Nachteil, dass er die Verantwortung für die Jungen trägt. Wenn Sie möchten, können Sie die Kätzin natürlich einmal trächtig werden und sie danach kastrieren lassen. Warten Sie aber, bis sie etwa 12 bis 15 Monate alt ist.

▼ *Mit hoch gestrecktem Hinterteil auf dem Boden zu rollen ist ein klares Zeichen an Kater, dass die Kätzin paarungsbereit ist.*

Die Paarung

UM DEN NACHWUCHS VON HAUSKATZEN OHNE Stammbaum muss man sich keine Sorgen machen. Noch bevor man der Kätzin die Paarung erlaubt, sollte man sich um ein Zuhause für die jungen Kätzchen kümmern. Wenn Sie keinen Nachwuchs bei einer frei laufenden Katze möchten, müssten Sie sie rechtzeitig kastrieren lassen (siehe S. 76-77).

Die Paarung von Zuchtkatzen erfordert dagegen sorgfältige Planung, um erfolgreich zu sein. Wenn Sie wenig oder gar keine Erfahrung haben, lohnt sich auf jeden Fall die Zusammenarbeit mit einem kundigen Züchter. Die Suche nach einem geeigneten Zuchtkater kann viel Zeit in Anspruch nehmen, sodass man sich früh genug, bevor die Kätzin paarungsbereit ist, umsehen muss. Kater und Kätzin müssen völlig gesund sein und brauchen aktuelle Impfpapiere sowie eine schriftliche Bestätigung, dass sie nicht den Katzenleukose-Virus tragen.

Nachdem Sie sich über die Modalitäten der Paarung verständigt haben, achten Sie bei Ihrer

Katze auf Vorzeichen der Rolligkeit. Ein bis zwei Tage vor dem eigentlichen Östrus wird sie ständig miauen und sich auf dem Boden rollen. Sie ist paarungsbereit, wenn sie bei hoch gestrecktem Hinterteil den Körper auf den Boden presst. Erst dann bringt man sie mit dem Kater zusammen.

Eine kurze Affäre

Auch wenn es den Anschein hat, als spiele die Kätzin eine passive Rolle bei der Paarung, liegen sowohl die Initiative als auch der Verlauf gänzlich bei ihr. Es kann jederzeit vorkommen, dass sie sich gegen den Kater wendet und ihn angreift. Die ersten Annäherungsversuche wird sie abweisen, und ein erfahrener Kater nähert sich daher zunächst sehr vorsichtig; er vermeidet Augenkontakt und putzt die Kätzin, um sie zu beruhigen. Sobald sie bereit ist, hebt sie das Becken. Nun reitet der Kater auf und packt sie mit den Zähnen am Nackenfell, damit sie ihn nicht attackiert. In Kombination mit der Stimulierung durch kleine Stacheln am Penis des Katers löst dieser Biss ein Nervensignal an die Hypophyse der Kätzin aus, das seinerseits etwa einen Tag später zum Eisprung führt. Nach wenigen Stößen zieht sich der Kater zurück und geht auf sichere Distanz. Anschließend putzen sich beide Katzen. Schon bald danach beginnt das Ritual aufs Neue.

Die Paarung kann sich nach diesem Muster drei oder vier Tage lang fortlaufend wiederholen. Die Kätzin muss dabei von anderen Katern ferngehalten werden, bis ihr Östrus vorüber ist, denn sie kann von mehreren Katern trächtig werden und gleichzeitig Junge von verschiedenen Vätern gebären.

DER WEIBLICHE FRUCHTBARKEITSZYKLUS

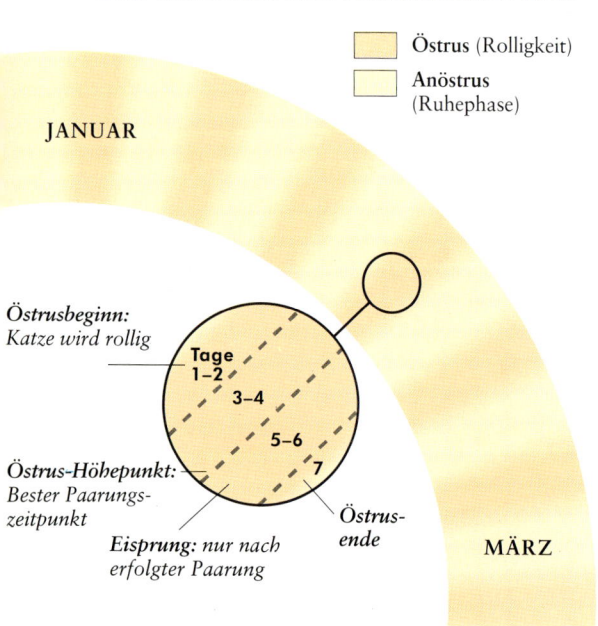

Östrus (Rolligkeit)

Anöstrus (Ruhephase)

JANUAR

Östrusbeginn:
Katze wird rollig

Tage 1–2

3–4

5–6

7

Östrus-Höhepunkt:
Bester Paarungszeitpunkt

Eisprung: nur nach erfolgter Paarung

Östrus-ende

MÄRZ

◀ Der Hitzezyklus der Kätzin dauert zwei bis drei Wochen. In den Herbst- und Wintermonaten hat sie eine Periode hormoneller Inaktivität (September bis Dezember); diese kann aber auch ausfallen, wenn die Kätzin weitgehend in Verhältnissen mit viel künstlichem Licht lebt.

● *Meine 18 Monate alte Perser-katze war schon dreimal beim gleichen Zuchtkater und wurde nicht trächtig. Woran liegt das?*

Viele Faktoren spielen bei erfolglosen Züchtungsver-suchen eine Rolle. Lassen Sie den Tierarzt feststellen, ob die Katze völlig gesund ist. Wenn sie normale Ös-truszyklen hat, kommt ein anderer Kater in Betracht.

● *Wie finde ich einen geeigneten Zuchtkater für meine Kätzin?*

Vielleicht kennt der Züchter Ihrer Kätzin einen geeigne-ten Kater. Oder Sie fragen bei einem Zuchtverein nach; dort gibt es eine Liste von Zuchtkatern. Katzenausstel-lungen eignen sich ebenfalls, um an Adressen von Züchtern zu kommen.

● *Kann eine Kätzin tatsächlich von mehreren Katern gleichzeitig schwanger werden? Das ist schwer zu glauben.*

Das ist durchaus möglich. Der Eisprung findet bei einer Kätzin erst nach dem Paarungsvorgang statt, und na-türlich muss für die einzelnen Jungen in einem Wurf jeweils ein Ei befruchtet werden. Wenn sich die Kätzin nun mit mehreren Katern paart, kann es ohne weiteres passieren, dass die Jungen verschiedene Väter haben.

▼*Die Paarung selbst dauert bei Katzen nur wenige Sekunden. Wenn die Kätzin ihn auffordert, reitet der Kater auf und hält mit den Zähnen das Nackenfell der Kätzin fest.*

Das Decken einer Kätzin

● Die Kätzin sollte mindestens zwölf Monate alt sein. Manche Langhaarrassen sind erst später geschlechtsreif.

● Sollte sie vorher rollig werden, lassen Sie ihr ein Verhütungsmittel verschreiben.

● Für die Dienste des Katers wird zwar eine Gebühr enthoben, aber der Wurf gehört Ihnen dafür allein.

● Lassen Sie sich die vorgesehenen Örtlichkeiten zeigen. Sie sollten warm, sauber und abgeschlos-sen sein sowie ausreichenden Platz bieten.

● Da Kätzinnen in dieser Zeit aggressiv sein können, sollten Sie ihre Krallen etwas kürzen, um den Kater vor Verletzungen zu schützen.

● Die Paarung wird über zwei bis drei Tage mehrfach wiederholt werden müssen, um den gewünschten Erfolg zu gewährleisten. Stellen Sie sich darauf ein, die Katze solange beim Kater zu lassen, bis der Züchter Ihnen Bescheid gibt.

● Geben Sie der Katze daheim solange keinen Freilauf, bis sie nicht mehr rollig ist.

● Sollte sie nach zwei bis drei Wochen wieder rollig sein, ist kein Ei befruchtet worden. Bei der ersten Paarung von Kätzin oder Kater ist das nicht ungewöhnlich. Wählen Sie bei der ersten Paarung einer Kätzin einen erfahrenen Kater. Ein zweiter Versuch ist in der Regel kostenlos.

Trächtigkeit und Geburt

DER FORTPFLANZUNGSZYKLUS EINER KÄTZIN IST normalerweise etwa vier Tage nach der Paarung abgeschlossen. Wenn eine Befruchtung stattgefunden hat, nisten sich die befruchteten Eizellen in der Gebärmutter ein. Es gibt einige markante Anzeichen, an denen Sie erkennen können, dass Ihre Kätzin trächtig ist. Ihre Brustwarzen werden nach drei bis vier Wochen größer und nehmen eine rosa oder lila Farbe an. Bald danach wird sie auch dicker erscheinen und deutlich zunehmen. Vielleicht entwickelt sie bereits mütterliches Verhalten, indem sie ein Spielzeug herumträgt und es wie ein Junges behandelt.

Die Trächtigkeit dauert im Schnitt 65 Tage (9 Wochen). Geben Sie ihr bis zur sechsten Woche das gewohnte Futter in der üblichen Menge. Danach braucht sie größere Mengen und eine spezielle, nährstoffreiche Nahrung. Lassen Sie sie auch vom Tierarzt entwurmen.

▲ *Katzen sind zärtliche, fürsorgliche Mütter. Das Junge dieser Kätzin ist ein Tag alt und noch blind, aber es erkennt die Mutter bereits am Geruch.*

Vorbereitung auf die Geburt

Etwa eine Woche vor der Geburt wird die Katze unruhig und beginnt kleine „Nester" im Haus vorzubereiten. Stellen Sie ihr einige ausgelegte Kartons hin, von denen sie sich einen als Wurflager aussuchen kann; diesen füllen Sie dann mit viel Papier auf. Mit näher rückender Geburt wird die Kätzin immer unruhiger und beginnt die Polsterung ihres Lagers zu zerreißen.

Die Geburt kündigt sich durch schweres Atmen an mit zunächst sporadischen, dann regelmäßigen Wehen. Meist kommt das erste Junge innerhalb von 15 Minuten nach Einsetzen der Wehen zur Welt, es kann sich aber auch bis zu einer Stunde Zeit lassen. Unmittelbar nach der

Geburt leckt die Mutter das Kätzchen sauber, um die Atmung in Gang zu setzen und die Wehen gehen weiter, bis das nächste Junge kommt. Nur wenn die Kätzin offensichtlich sehr durcheinander ist, sollten Sie in die Geschehnisse eingreifen. Die Fruchtblase platzt oft schon bei der Geburt oder beim Lecken durch die Mutter. Sollte sie noch intakt sein und die Mutter das Junge nicht putzen, reißen Sie sie vorsichtig auf und trocknen Sie das Junge mit einem Handtuch, bis es sich bewegt oder schreit; wischen Sie auch die Flüssigkeit vom Mund des Kätzchens. Die Mutter wird normalerweise die Nabelschnur durchbeißen und oft auch die Nachgeburt aufessen. Tut sie das nicht, müssen Sie sie zwei bis drei Zentimeter vom Bauch des Jungen entfernt abbinden und an dem zur Mutter hinführenden Ende abschneiden. Ziehen Sie auf keinen Fall daran, um das Neugeborene nicht zu verletzen. Die Kätzchen kommen meist im Abstand von 15 bis 45 Minuten zur Welt. Zwischendurch kann es auch eine Pause geben, bis die nächsten kommen. Wenn der gesamte Wurf da ist, müsste sich die Mutter schnell erholen und bald auch anfangen die Jungen zu putzen und zu säugen.

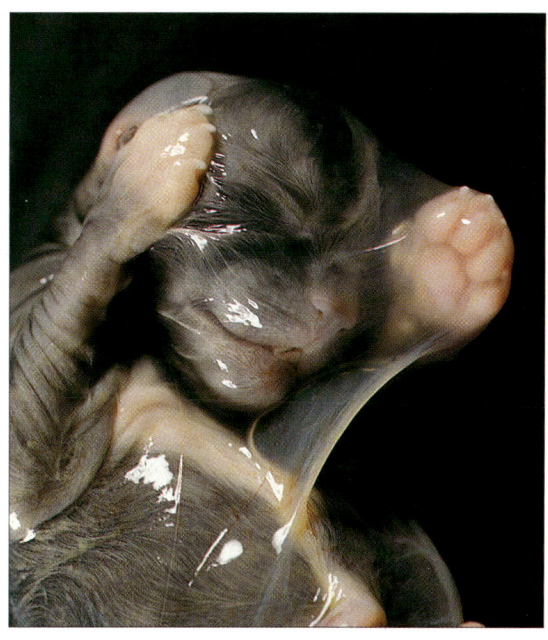

▲ *Ein neugeborenes Kätzchen – Sekunden nach der Geburt und noch von der Fruchtblase umhüllt. Es ist noch durchnässt und verschmiert, aber nach dem Ablecken durch die Mutter wird es bald herumkrabbeln und quieken und ohne zu zögern bei der Mutter saugen.*

Probleme in der Trächtigkeit

• **Fehlgeburt:** Blutige oder schmierige Ausscheidungen während der Trächtigkeit können eine Fehlgeburt anzeigen. Diese sind häufiger bei mit dem Katzenleukose-Virus infizierten Tieren.

• **Resorption von Föten:** Die Trächtigkeit erfolgt nur bei Katzen, die die Entwicklung der Föten unterstützen können. Ist das nicht der Fall, wird die Entwicklung befruchteter Eiern unterbrochen und die Föten werden resorbiert. Eine Ultraschalluntersuchung in einem frühen Stadium der Trächtigkeit zeigt in diesem Fall mehr Föten, als dann tatsächlich Junge geboren werden.

• **Primäre Wehenschwäche:** Überschreitung des Termins ohne Anzeichen für eine bevorstehende Geburt. Lassen Sie die Katze untersuchen.

• **Sekundäre Wehenschwäche:** Starke Erschöpfung, sodass es zum Geburtsstillstand kommt. Rufen Sie den Tierarzt.

• **Gestörter Geburtsverlauf (Dystokie):** Presswehen über 30 Minuten oder länger ohne Erfolg. Rufen Sie den Tierarzt, weil es sein könnte, dass ein Junges in der falschen Position liegt oder der Geburtskanal zu eng ist.

● *Unsere Perserkatze wird in zwei Wochen gebären und hat sich offenbar als Wurflager einen geschlossenen Karton ausgesucht, den wir in einem freien Zimmer aufgestellt haben. Die Temperatur dort liegt bei etwa 18° C. Ist das warm genug?*

Nein. Neugeborene Kätzchen können sich sehr leicht verkühlen, und wenn Sie die Temperatur nicht bei mindestens 22° C halten, könnten Sie sie verlieren. Oft ist eine zusätzliche Wärmequelle nötig. Stellen Sie am besten eine Infrarotlampe direkt über dem Lager auf.

● *Unsere Siamkätzin hat ihren letzen Wurf per Kaiserschnitt zur Welt gebracht, weil eines der Jungen eine Steißgeburt war. Wir möchten, dass sie noch mehr Junge bekommt. Kann das gefährlich sein?*

Normalerweise nicht. Steißgeburten sind eine seltene Einzelerscheinung und nicht in einem körperlichen Defekt der Mutterkatze begründet. Es gibt also keinen Grund dafür, dass Ihre Kätzin nicht weiter Junge bekommen sollte.

Aufzucht der Jungen

BEVOR IHRE KÄTZIN JUNGE BEKOMMT, SOLLTEN SIE sich um eine gute und passende Unterbringung für den Nachwuchs kümmern. Die Freude und Aufregung über die ersten Wochen mit den jungen Kätzchen hat nicht selten tragische Folgen. Wenn Sie nicht alle Jungen selber behalten wollen oder können und keine andere Unterbringungsmöglichkeit haben, sollten Sie die Katze kastrieren lassen (siehe S. 76-77).

Frühe Entwicklung

Katzen kommen blind und taub auf die Welt und müssen sich darauf verlassen, dass ihre Mutter ihre Bedürfnisse erkennt und erfüllt. In den ersten drei bis vier Wochen ihres Lebens werden die Jungen von der Mutter nicht nur gefüttert, sondern auch gepflegt. Innerhalb weniger Tage finden sie ihre Mutter und auch deren Zitzen, obwohl ihre Augen sich erst nach etwa zehn Tagen öffnen. In der dritten Woche können sie bereits stehen, hören und sehen, und in der siebten Woche laufen und springen sie und klettern an den Gardinen hoch.

Von der Geburt der Kleinen bis zu dem Zeitpunkt, an dem sie entwöhnt werden, sollte die Mutter mit einem wachstumsfördernden Spezialfutter versorgt werden. Man kann ihr während der Säugeperiode auch ein handelsübliches Jungkatzenfutter geben. Reichhaltige Ernährung ist unentbehrlich für ihre Gesundheit und die ihrer Jungen. Frisches Trinkwasser muss ebenfalls jederzeit erreichbar sein.

Junge Kätzchen öffnen die Augen im Alter von etwa zehn Tagen, aber deutlich sehen und fokussieren können sie erst mit vier Wochen. Dann werden die Jungkatzen unternehmungslustiger und beginnen zu spielen. In dieser Phase können Sie ihnen erstmals feste Nahrung anbieten (siehe die Tabelle auf S. 84) und ihnen die Katzentoilette zeigen. Dazu setzen Sie sie nach jeder Mahlzeit in die Schale. Sie werden jeden Tag etwas mehr feste Nahrung fressen, aber trotzdem mehrere Wochen lang weiterhin bei der Mutter trinken. Zwingen dürfen Sie die Kleinen nicht, festes Futter zu sich zu nehmen; das tun sie von allein, sobald sie dafür bereit sind.

Ab der fünften Woche wachsen die Kätzchen schnell. Wichtig ist nun, dass sie einen abwechslungsreichen Speiseplan bekommen, doch der

▶ 5 Wochen alte Jungen, die noch vollkommen auf ihre Mutter angewiesen sind. Sie werden bis zum Alter von 8 Wochen gesäugt. Sofort nach der Geburt lernen sie, wo die Zitzen sind.

größte Teil sollte aus einem ausgewogenen Spezialfutter für Jungkatzen bestehen. Der Magen eines Kätzchens ist noch sehr klein, er hat etwa die Größe einer Walnuss; sie brauchen daher häufiger kleinere Mengen. Ein Überfüttern führt nur zu Magenverstimmungen.

Von Hand aufgezogene Kätzchen

Wenn eine Mutterkatze aus irgendeinem Grund nicht in der Lage ist, für ihre Jungen zu sorgen, werden Sie die Kätzchen vielleicht selber aufziehen müssen. Dies verlangt in den ersten Wochen allerdings viel Hingabe und uneingeschränkte Einsatzbereitschaft. Mit einem über dem Lager der Kätzchen angebrachten Infrarotstrahler oder einer anderen geeigneten Wärmequelle muss die Umgebungstemperatur beständig bei etwa 24° C gehalten werden. Als „Ersatzmutter" zum Kuscheln eignet sich eine Wärmflasche mit einer weichen, wolligen Hülle.

Alle zwei Stunden – auch nachts – müssen die jungen Katzen mit Hilfe einer Spritze oder mit einem Aufzuchtfläschchen gefüttert werden. Jedes Junge bekommt dabei anfangs

▲ *Die Aufzucht von jungen Kätzchen mit der Flasche ist eine dankbare und befriedigende Aufgabe. Sie kann nötig werden, falls die Mutter nicht in der Lage ist, sich um ihre Jungen zu kümmern.*

● *Unsere Katze hat ihren Wurf im Schlafzimmer bekommen, aber nun zieht sie täglich mit ihren Jungen an eine andere Stelle um. Stört sie vielleicht etwas?*

Dies ist ein alter Instinkt, mit dem Ihre Katze die Jungen vor Räubern schützen will. Tragen Sie ihr einfach das ursprüngliche Wurflager an die neu gewählte Stelle.

● *Mein sechs Wochen altes Kätzchen versucht Katzenstreu zu fressen. Wie kann ich das abstellen?*

Wenn junge Katzen auf feste Nahrung umgestellt werden, probieren sie Einiges aus. Entfernen Sie die Katzenstreu behutsam aus seinem Mund und tragen Sie es von der Katzentoilette weg – außer es lernt gerade die Katzentoilette zu benutzen – dann sollten Sie es stattdessen wieder auf die Schale setzen. Hygiene ist sehr wichtig. Wechseln Sie die Streu, sobald sie trocken ist. Lassen Sie ihr Kätzchen möglichst auch entwurmen.

● *Wie lange muss ich warten, bis ich mein neu geborenes Kätzchen hinaus lassen kann?*

Es darf frühestens nach zwölf Wochen und sieben bis zehn Tage nach den Schutzimpfungen (siehe S.18-19) hinaus. Die Impfungen werden in der Regel in der neunten und der zwölften Woche vorgenommen.

ungefähr einen Teelöffel (5 ml) spezielle Auf-
zuchtmilch; die Menge kann man dann allmählich erhöhen. Achten Sie darauf, die kleinen
Kätzchen nicht zu schnell trinken zu lassen,
sonst könnten sie sich verschlucken.

Nach der Fütterung werden die Kätzchen dazu
gebracht, ihr Geschäft zu erledigen. Dazu über-
nimmt man die Methode der Katzenmutter, die
die Kleinen mit ihrer Zunge stimuliert: Ein mit
warmem Wasser befeuchtetes Baumwolltuch
wird sanft über Bauch und After gerieben.

Wenn möglich sollte man den Jungen auch Muttermilch geben. Vorsichtiges Drücken auf die
Zitzen des Muttertieres gibt die Milch frei, die
dann verfüttert wird. Wenn die Mutter gar nicht
gesäugt hat, haben die Kätzchen auch keine Vor-
milch bekommen, die ihnen wichtige Immun-
stoffe gegen bestimmte Krankheitserreger gibt.
Ohne diesen natürlichen Schutz sind sie anfälliger für Infektionen. Säubern und sterilisieren Sie
in diesem Fall sorgfältig alle Utensilien zum Füttern, besonders Aufzuchtfläschchen und Gum-
misauger. Auch selbst aufgezogene Kätzchen
müssen so früh wie möglich ihre Schutzimpfungen erhalten, meist im Alter von acht Wochen.

Körperkontakt ist wichtig

Die wichtigste Phase bei der Gewöhnung einer
jungen Katze an den Umgang mit Menschen ist
die Zeit zwischen der zweiten und siebten Woche, in der sie normalerweise noch beim Züchter
ist. Zu Hause wird sie leichter und schneller mit
Menschen zurechtkommen, wenn sie möglichst
oft von anderen berührt, in die Hand genommen
und gestreichelt wird. Auf diese Weise entwickelt

▼ *Eine Kätzin trägt ihr zwei
Wochen altes Junges am
Nackenfell. Dies löst beim
Kätzchen die Tragstarre aus,
eine Reaktion, die auch
noch bei ausgewachsenen
Katzen eintritt, wenn man
sie am Nackenfell hochhebt.*

sie sich zu einem umgänglichen Tier, das den für
seine gesundheitliche Versorgung und für die
Fellpflege notwendigen Körperkontakt toleriert.
Bei diesen Kontaktübungen kann man besonders lebhafte Katzen in ihrem Bewegungsdrang
leicht zügeln, die Pfoten halten, behutsam den
empfindlichen Unterbauch streicheln und sie
vorsichtig kämmen oder bürsten.

Das Aufziehen von Kätzchen

ALTER	MAHLZEITEN	NAHRUNG
3 Wochen	4–6 aus einer Untertasse	Aufzuchtmilch, trocken oder aus der Dose, mit Wasser verdünnt
4 Wochen	siehe oben	Trocken-Katzenmilch, vermischt mit Kindernahrung (Fisch, Fleisch oder Käse püriert), Dosen-Katzenfutter oder gekochtes Hackfleisch
5 Wochen	4–5	Feines, gekochtes Hackfleisch oder vom Tierarzt empfohlene Jung-katzen-Vollnahrung
6-8 Wochen	3–4	Wie oben, jedoch größere Mengen, zugleich Säugen einschränken
Ab 8 Wochen	siehe oben	Das Säugen sollte ganz eingestellt werden. Bei Fütterung mit ausgewo-gener Jungkatzen-Vollnahrung ist Milch nicht mehr notwendig

● *Ich ziehe meine jungen Kätzchen selber auf. Wie stelle ich sie auf feste Nahrung um?*

Die Nahrungsumstellung sollte im Alter von 3 Wochen beginnen. Mischen Sie dazu anfangs etwas pürierte Kindernahrung mit in die Flasche. Nach einigen Tagen folgen Sie dann der üblichen Methode (siehe. Kasten).

● *Drei unserer sechs Wochen alten Katzen nehmen bereits feste Nahrung zu sich, aber eines hat kein Interesse daran. Stimmt mit ihr etwas nicht?*

In diesem Alter ziehen manche Kätzchen noch Muttermilch vor. Versuchen Sie es mit besonders leckeren Stückchen zu überzeugen. Wenn Sie sich weiterhin Sorgen machen, konsultieren Sie den Tierarzt.

● *Wann sollte ich Interessenten an meinen jungen Katzen die Tiere sehen lassen?*

Die beste Zeit ist, wenn die Kätzchen bereits ihre Umwelt erkunden und dabei ihre Persönlichkeiten erkennbar sind, also im Alter zwischen 7 und 10 Wochen. Zuchtkatzen werden normalerweise erst nach der zweiten Impfung im Alter von 12 Wochen abgegeben.

Im Alter von sechs Wochen hüpfen die Kätzchen bereits munter herum, spielen miteinander und mit allem, das irgendwie interessant erscheint. Nun ist auch die richtige Zeit ihnen beizubringen die Möbel zu schonen, nicht die Gardinen hochzuklettern und sich von bestimmten Regalen und Ablageflächen fernzuhalten (siehe S. 44-45). Ein Verhalten, das zuerst niedlich und liebenswert scheint, kann nun zu einem Ärgernis werden.

Das gemeinsame Spiel ist wichtig für ein gutes Verhältnis zwischen Besitzer und Tier. Wenn das Kätzchen dabei aggressiv wird, gehen Sie unvermittelt weg. Bleibt es freundlich und sanftmütig, sollten Sie es loben und bestärken. Belohnen Sie es dafür mit kleinen Leckerbissen. Ein kräftiges „Nein!" oder ein Schlag auf den Tisch wird ihm signalisieren, dass unerwünschtes Verhalten, wie das Springen auf die Küchenablage oder das Kratzen an Möbeln, nicht erlaubt ist.

▼ *Zwei junge Kätzchen balgen sich unter einer Decke. In diesem Alter untersuchen sie alles und jedes, also stellen Sie Ihre besten Stücke lieber an einen sicheren Ort.*

Infektionskrankheiten

KATZEN KÖNNEN EINE GANZE REIHE VON Infektionskrankheiten bekommen, von denen einige lebensbedrohlich oder tödlich sein können. Vor manchen dieser Viren kann man seine Katze durch jährliche Auffrischimpfungen schützen.

Katzenschnupfen ist die häufigste Viruserkrankung bei Katzen und ruft Niesen, Fieber und Absonderungen aus Nase und Augen hervor. Das natürliche Immunsystem wird in den meisten Fällen die Erkrankung abwehren, aber Antibiotika können eine sekundäre bakterielle Infektion verhindern. Vorbeugenden Schutz erhält die Katze durch eine Impfung.

Katzenseuche tritt sehr viel seltener auf als Katzenschnupfen. Sie kann aber bei jungen Katzen in kürzester Zeit zum Tod führen. Der Virus wird durch Kot übertragen und die Erkrankung beginnt mit heftigem Erbrechen und Durchfall. Die Katze leidet an starkem Flüssigkeitsverlust und eventuell an Schwächeanfällen. Schutzimpfungen sind möglich.

Katzenleukose wird durch einen Virus im Speichel übertragen und greift das Immunsystem an. Symptome sind rascher Gewichtsverlust und krankhafte Veränderungen von Mund und Gaumen. Eine wirksame Heilbehandlung ist nicht bekannt, aber eine Impfung ist möglich.

Chlamydiose führt zu schmerzhafter Bindehautentzündung und ist sehr ansteckend. Eine Impfung kann die Erkrankung aber verhindern.

Katzen-AIDS wird von dem so genannten Felinen Immunschwäche-Virus (FIV) hervorgerufen, das dem HIV-Virus bei Menschen ähnlich ist. Es wird durch Bisse und die gemeinsame Nutzung z. B. des Futternapfes übertragen; eine geschlechtliche Ansteckung wird allgemein aber für nicht möglich gehalten. Auf eine erste Phase mit Fieber und Schwellungen der Lymphknoten folgt eine massive Schwächung des körpereigenen Immunsystems – das Tier verweigert die Nahrungsaufnahme, verliert stark an Gewicht und leidet an Gaumeninfektionen, Durchfall, Erbrechen sowie Haut- und Augenproblemen. Die

▲ *Katzenschnupfen erkennt man an den tränenden Augen. Er ist höchst ansteckend und kann in Tierhandlungen, bei Katzenausstellungen oder beim Tierarzt übertragen werden. Lassen Sie Ihre Katze dagegen impfen.*

Das sollten Sie tun

- ✓ Sobald Sie die Katze bekommen, sollten Sie sie impfen lassen. Geben Sie ihr solange keinen Freilauf, bis der volle Impfzyklus abgeschlossen ist.
- ✓ Sorgen Sie dafür, dass Ihre Katze keinen Kontakt zu nicht geimpften Katzen hat.
- ✓ Frischen Sie die Impfungen jährlich auf.
- ✓ Lassen Sie Ihren Kater kastrieren, dann kämpft er nicht mehr soviel und trägt auch weniger Bisswunden davon.
- ✓ Wechseln Sie die Katzenstreu einmal täglich nur mit Einweg-Handschuhen. Waschen Sie anschließend die Hände.
- ✓ Lassen Sie schwangere Frauen nicht mit der Katzenstreu hantieren.

● *Welche Nebenwirkungen sind bei einer Impfung zu erwarten?*

Manche Katzen wirken für einige Zeit etwas schläfrig. Wenn dieser Zustand länger als einen oder zwei Tage andauert, sollten Sie den Tierarzt benachrichtigen. In seltenen Fällen bilden sich durch den Impfstoff induzierte Geschwulste, aber diese geringe Gefahr steht in keinem Verhältnis zu den Vorteilen der Immunisierung.

● *Bleiben Impfungen manchmal wirkungslos?*

Das kommt manchmal vor, wenn das Immunsystem der Katze angegriffen ist oder weil die natürliche Immunität junger Katzen noch zu stark ist (siehe S. 18-19). Die zweite Impfung ist dann normalerweise erfolgreich.

● *Was passiert, wenn ich die jährliche Auffrischimpfung vergesse?*

Ihre Katze wird den Schutz verlieren und Sie werden das Impfprogamm wie bei einem Jungtier mit zwei ersten Impfungen wieder von vorne beginnen müssen. Üblicherweise schickt der Tierarzt eine Erinnerung.

● *Gibt es homöopathische Alternativen zur üblichen Schutzimpfung?*

Es gibt keinen wissenschaftlich fundierten Nachweis dafür, dass eine homöopathische Behandlung die Wirksamkeit herkömmlicher Impfstoffe ersetzen kann. Man kann sich also nicht darauf verlassen.

▲ *Diese an Chlamydiose leidende Katze zeigt eine Bindehautentzündung und schnupfenähnliche Symptome. Sie kann mit Antibiotika behandelt werden.*

Symptome lassen sich vorübergehend abschwächen, es gibt aber keine Schutzimpfung und der Krankheitsverlauf ist ausnahmslos tödlich. Infizierte Katzen müssen, auch wenn die Krankheit noch nicht ausgebrochen ist, dauerhaft von anderen isoliert werden.

Feline infektiöse Anämie ist eine Erkrankung der roten Blutzellen, die von dem Hämobartonella-Bakterium hervorgerufen wird. Man nimmt an, dass sie durch Flöhe übertragen wird und auch mit der Plazenta von der Mutterkatze auf das Junge übertragen werden kann. Symptome sind Lethargie und Gewichtsverlust. Eine Behandlung mit Antibiotika ist möglich. Geheilte Tiere können weiterhin Träger sein.

Feline Infektiöse Peritonitis (FIP) entsteht durch ein Coronavirus, das durch Lecken von infiziertem Kot oder durch Tröpfcheninfektion übertragen wird und jedes Organ befallen kann. In frühen Stadien sind allgemeine Symptome wie leichtes Fieber, Appetitlosigkeit und Durchfall zu erkennen, später kann es zu Flüssigkeitsansammlungen in Bauch, Brust oder am Herzen kommen. Auch die Augen und das zentrale Nervensystem sind betroffen. Wirksame Impfstoffe gegen die tödlich endende Krankeit gibt es nicht.

Toxoplasmose wird durch einen im Kot enthaltenen Parasiten ausgelöst, der Durchfall verursacht. Etwa jede zweite Katze leidet einmal im Leben an Toxoplasmose, wobei es sich fast immer um Tiere mit schwachem Immunsystem handelt. Der Parasit muss 24 Stunden im ausgeschiedenen Stuhl der Katze verbleiben, bevor er auf Menschen übergehen kann. Wenn die Katzentoilette entsprechend häufig gereinigt wird, besteht für Menschen keine Gefahr. Schwangere sollten jedoch auf keinen Fall mit der Katzentoilette hantieren, da der Parasit dem Fötus schaden kann. Impfung ist nicht möglich, die Behandlung aber meist erfolgreich.

Tollwut schädigt das zentrale Nervensystem. Sie wird durch den Biss eines infizierten Tieres übertragen, auch auf den Menschen. Die Inkubationszeit kann zwischen zehn Tage und sechs Monate betragen. Nach Erscheinen der Symptome – schäumender Mund und Verhaltensveränderung – tritt der Tod in der Regel nach fünf bis sieben Tagen ein. Jährliche Schutzimpfungen sind unerlässlich.

Häufige Parasiten

KATZEN SIND TRÄGER EINER VIELZAHL VON Parasiten. Dazu zählen zum Beispiel Insekten, die auf oder nahe der Haut leben und sich vom Blut des Tieres ernähren, andere sind parasitäre Würmer im Darm oder in anderen Organen. Einige der typischen Parasiten können unter bestimmten Bedingungen auch den Menschen befallen und somit zur Gesundheitsbedrohung für Ihre Familie werden. Tägliche Vorbeugung sollte fester Bestandteil der Katzenpflege sein, statt mit einer Behandlung zu warten, bis sich Anhaltspunkte für einen Parasitenbefall zeigen. Anzahl und Häufigkeit von Parasiten werden von verschiedenen Faktoren beeinflusst wie Klima, Temperatur und die Anzahl von Katzen in der Nachbarschaft. So brauchen zum Beispiel Flöhe eine warme Umgebung, um sich zu vermehren (und können daher durch Zentralheizungen auch in gemäßigten Zonen zum ganzjährigen Problem werden). Spulwürmer sind eher in städtischen Wohngebieten eine Plage und weniger auf dem Land.

Parasiten an Haut und Fell

Flöhe gehören zu den häufigsten Parasiten bei Katzen. Gelegentlich entwickeln die Tiere auch eine Allergie gegen Flohbisse, die für zahlreiche

● **Wie kann ich meine Katze am besten auf Flöhe untersuchen?**

Stellen Sie das Tier auf eine weiße Oberfläche und bürsten Sie gründlich sein Fell. Achten Sie dabei auf herabfallende kleine schwarze Krümel. Wischen Sie diese mit feuchter Watte oder einem Schwamm auf. Wenn sich dabei ihre Farbe zu rötlich braun wandelt, handelt es sich mit Sicherheit um Flohkot, der aus teilweise verdautem Blut besteht. Man kann die Krümel auch manchmal im Fell sehen, jedenfalls sind sie leichter erkennbar als die Flöhe selbst.

● **Was soll ich machen, wenn ich bei meiner Katze eine Zecke finde?**

Entfernen Sie die Zecke sofort mit einer Pinzette oder einem speziellen Zeckenentferner (beim Tierarzt oder in der Apotheke erhältlich), indem Sie sie behutsam herausdrehen. Durch Abtöten mit Alkohol oder Flohspray wird, solange die Zecke noch in der Haut sitzt, nur bewirkt, dass sie umso mehr Sekret mit eventuellen Krankheitserregern in die Wunde absondert.

● **Wie effektiv sind Floh-Halsbänder?**

Ihre Wirkung ist nicht sonderlich gut. Regelmäßige Spraybehandlungen und Staubsaugen der Wohnung können sie nicht ersetzen. Die im Halsband enthaltenen Mittel führen zudem gelegentlich zu Allergien und Reizungen.

Ektoparasiten

PARASIT	LEBENSZYKLUS & SYMPTOME	VORBEUGUNG & BEHANDLUNG
Flöhe	Geschlechtsreife Flöhe suchen Wirt. Bisse verursachen Allergien, Schuppen und Haarausfall	Regelmäßige vorbeugende Behandlung und Suche nach Flohkrümeln. Saugen und Waschen des Lagers. Teppiche besprühen
Läuse	Verbringen gesamten Lebenszyklus im Katzenfell. Reizungen und Jucken, in schweren Fällen auch Anämie	Werden von den meisten Flohbehandlungen mit abgetötet
Zecken	Beißen sich in der Haut fest, fallen nach dem Vollsaugen ab. Lokale Reizungen. Können Krankheiten übertragen	Freilaufende Katzen in Zeckengebieten mit Zeckenmittel behandeln. Tägliche Untersuchung. Zecken sofort entfernen
Milben	Graben sich in die Haut ein, verursachen Reizungen und Schuppen. Bei Ohrmilben kratzt sich die Katze und schüttelt den Kopf	Spezielle Lösungen oder Ohrentropfen nach Anweisung des Tierarztes

Hautprobleme verantwortlich sind (siehe S. 94-95). Die Weibchen legen zwischen 20 und 50 Eier am Tag, die auf Teppiche und Möbel fallen. Bei warmer Witterung schlüpfen die Larven nach 2-12 Tagen. Nach Durchlaufen des Larven- und Puppenstadiums suchen sich die Flöhe einen Wirt. Der Lebenszyklus des Flohs dauert lediglich drei Wochen, doch die Puppen können in kühlen klimatischen Bedingungen bis zu einem Jahr überdauern. Gegen Flohbefall sollten alle Tiere im Haushalt regelmäßig behandelt werden. Die verwendeten Insektizide sind als Spritze, Spray, Lotion und Kapseln erhältlich. Sie töten die Flöhe oder verhindern deren Fortpflanzung, indem sie die Eier unfruchtbar machen. Wenn Ihre Katze Flöhe hat, müssen Sie ihr Lager sowie sämtliche Stoffe, Teppiche und Möbel behandeln, um alle Eier und Larven abzutöten.

Läuse stellen eine für Katzen wesentlich geringere Plage dar als Flöhe. Sie verbringen ihr gesamtes Leben auf dem Wirt und legen ihre Eier in seinem Fell ab. Flohbehandlungen decken in den meisten Fällen eine Behandlung von Läusen mit ab.

Zecken sind biologisch mit Spinnen verwandt. Sie leben auf Pflanzen und verfangen sich im Fell der Katze, wenn diese daran vorbeistreift. Anschließend beißen sie sich in der Haut fest. Zecken saugen sich mit dem Blut des Wirts voll und sehen dann wie kleine graue Erbsen aus. Nach einigen Tagen fallen sie von alleine ab, man sollte sie aber sofort entfernen. Die meisten Zecken verursachen lokale Reizungen und immer häufiger wird das Borreliose-Bakterium, das zu Gelenk- und Herzmuskelentzündungen führen kann, übertragen. Wer in einem Zeckengebiet wohnt, sollte die Katze jeden Tag absuchen. Milben werden durch direkten Kontakt mit einem befallenen Tier übertragen und können mit bloßem Auge kaum erkannt werden. Sie ernähren sich von der Haut vor allem im äußeren Gehörgang und führen zu Schuppen und Reizungen (siehe S. 92-95). Die Behandlung erfolgt mit speziellen Lösungen, Sprays oder Ohrentropfen.

LEBENSZYKLUS EINES FLOHS

Puppe

Ge-schlechts reifer Floh

3. Innerhalb des Kokons entwickelt sich aus der Puppe der Floh

Kokon

1. Der Floh lässt sich auf einem Wirt nieder. Das Weibchen legt Eier

2. Die Eier fallen auf den Boden. Nach 2-12 Tagen schlüpfen die Larven

Eier

Larve

▲ *Der Entwicklungszyklus vom Ei über die Puppe bis zum erwachsenen Floh ist wesentlich länger als die Zeit, die er nach dem Schlüpfen auf ein und demselben Wirt verbringt, wo er sich von dessen Blut ernährt.*

▶ *Die Behandlung mit Flohspray aus einer Pumpflasche. Viele Katzen empfinden das Geräusch einer Spraydose irritierend. Kopf und Ohren wischt man mit einem besprühten Tuch ab.*

Parasiten im Körper

ES SIND VOR ALLEM FREI LAUFENDE Katzen, die von Würmern befallen werden. Sie gelangen über infizierte Beutetiere wie Mäuse, Vögel oder Käfer in den Körper der Katze und leben dort im Darm und anderen Organen. In der Folge leidet die Katze an Durchfall, Anämie, Gewichtsverlust und Bauchschmerzen. Ein ausreichender Schutz vor Würmern ist daher unabdingbar. Die Eier der Würmer werden von der Katze mit dem Kot ausgeschieden. Der Kot sollte immer in der Toilette entsorgt werden.

Spulwürmer sind runde, weiße Würmer, die wie eine „Spule" aufgewickelt sind und bis zu 15 cm lang werden. Im Stuhl erkennt man sie leicht; gelegentlich werden sie aber auch erbrochen. Da auch die Muttermilch Larven enthält, sind fast alle jungen Katzen im Alter von drei bis vier Wochen bereits von Spulwürmern befallen. Betroffene Tiere erkennt man an ihrer Trägheit, begleitet von Durchfall und einem aufgeblähten Bauch. Nach regelmäßiger Entwurmung der jungen Kätzchen reicht eine entsprechende Behandlung im Abstand von sechs Monaten bei freilaufenden Katzen oder einem Jahr bei reinen Wohnungskatzen. Kätzinnen sollten während der Schwangerschaft und der Säugeperiode zusätzliche Entwurmungen bekommen.

Bandwürmer haben einen flachen, segmentierten Körper, dessen kleiner, spitzer Kopf fest in der Darmwand sitzt. Katzen sind bevorzugte Wirte für eine Wurmart namens *Dipylidium*, die eine Länge von bis zu 50 cm erreichen kann. Im Verlauf des Wachstums stößt der Wurm Körpersegmente ab, die mit dem Stuhl ausgeschieden werden. Diese Segmente sind beweglich und enthalten reiskornähnliche Eier. Nach dem Ausscheiden trocknen sie schnell, platzen auf und verstreuen die Eier in der Umgebung. Über Flohlarven, die die Eier verzehren, gelangt der Bandwurm in den Körper der Katze, wenn diese beim Putzen den ausgewachsenen Floh aufleckt. Im Katzendarm entwickelt sich anschließend der Bandwurm. Somit sind Flöhe bei dieser Wurmart die Zwischenwirte – eine Übertragung von Katze zu Katze findet nicht statt.

◄ *Spulwürmer befallen fast alle jungen Katzen. Eine Entwurmungstablette wird mit einem speziellen Tablettengeber verabreicht (unten).*

Taenia, eine weitere Bandwurmart, nimmt die Katze dagegen über Beutetiere auf. Jagende Katzen müssen deshalb regelmäßig entwurmt werden. Die Behandlung gegen Herzwürmer schützt auch vor Bandwürmern. Geben Sie der Katze vorsichtshalber kein rohes Fleisch.

Hakenwürmer und **Peitschenwürmer** werden als Eier vom Boden oder vom Gras aufgeleckt. Die Larven des Hakenwurms beißen sich bisweilen durch die Haut, insbesondere an den Pfoten, und können damit starke Hautreizungen auslösen. Katzenjunge können auch über die Muttermilch infiziert werden. Wenn Sie in einem von dieser Wurmart betroffenen Gebiet wohnen, ist umfassender Schutz notwendig.

Herzwürmer sind kleine Parasiten, die sich im Herz einnisten; sie befallen allerdings häufiger Hunde. Auf Katzen werden sie als Larve durch den Stich infizierter Mücken übertragen. Sie entwickeln sich im Herz weiter, wo sie den Blutfluss zu den Lungen blockieren und schließlich Herzversagen auslösen. Erkennbare Symptome sind Atemschwierigkeiten, Gewichtsverlust und Flüssigkeitsansammlungen im Bauch. Eine vorbeugende Behandlung ist in entsprechenden Regionen auch hier wichtig.

Lungenwürmer leben in den Lungen der Katze. In größerer Zahl sind sie die Ursache von Atemproblemen und Husten. Die Larven werden mit dem Stuhl ausgeschieden, der von Schnecken gefressen wird. Diese sind die Beute von Vögeln und Mäusen, und diese von der am Ende der Nahrungskette stehenden Katze. Eine spezielle Entwurmung beim Tierarzt ist notwendig.

Toxoplasma gondii ist ein winziger Einzeller, der als Parasit im Darm der Katze lebt und zahlreiche Säugetiere, darunter auch den Menschen, als Zwischenwirt benutzt. Die Katze nimmt ihn über befallene Beute oder infiziertes rohes Fleisch auf. Eine Übertragung kann auch über den Kot einer infizierten Katze stattfinden. Häufige Begleiterscheinung ist Durchfall. Benutzen Sie bei der möglichst täglichen Reinigung der Katzentoilette Einweg-Handschuhe, denn der Parasit wird erst nach etwa 24 Stunden aktiv. Er kann zu Fehlentwicklungen im menschlichen Fötus führen, sodass Schwangere auf keinen Fall mit der Katzentoilette hantieren sollten.

● *Wie geben Mutterkatzen Spulwürmer an ihre Jungen weiter?*

Spulwürmer können ruhend im Körpergewebe verbleiben. Bei einer Schwangerschaft der Kätzin wird der Parasit durch die Hormonveränderungen aktiv. Larven im Brustgewebe werden dann mit der Muttermilch übertragen.

● *Ich bin mit meinem Kater zum Tierarzt gegangen, weil er sich ständig am After gekratzt hat. Der Arzt hat den Stuhl auf Bandwürmer untersucht und sagt nun, ich solle den Kater konsequenter gegen Flöhe behandeln. Warum?*

Die im Darm abfallenden Segmente der Würmer können zu Reizungen am After führen, und so ist häufiges Putzen in diesem Bereich oft ein erstes Zeichen dafür. Da die Eier der Würmer durch Flohlarven weitergegeben werden, müssen Sie die Umgebung Ihres Katers frei von Flöhen halten, damit er nicht erneut befallen wird. Neben der Behandlung des Tieres selbst muss auch sein Lager gereinigt und besprüht sowie die ganze Wohnung gründlich gesaugt werden, um alle Floheier zu zerstören.

● *Meine Katze weigert sich beharrlich ihre Entwurmungstabletten hinunterzuschlucken. Was kann ich machen?*

Zerdrücken Sie die Tablette und vermischen Sie sie mit dem Katzenfutter. Entwurmungsmittel gibt es auch in Form von Paste, die dem Katzenfutter beigemengt wird. Mittel gegen Bandwürmer können auch als Injektion verabreicht werden.

Endoparasiten

PARASIT	BEFALLENE ORGANE & SYMPTOME	VORBEUGENDE MASSNAHMEN
Spulwurm	Darm und Lungen. Entzündungen im Bauchbereich, Durchfall, Schmerzen	Regelmäßige Entwurmung ab Alter von 2 Wochen. Jährliche Stuhluntersuchung beim Tierarzt
Bandwurm	Darm. Durchfall, Erbrechen, Gewichtsverlust	Konsequente Flohbehandlung und regelmäßige Entwurmung. Meiden von rohem Fleisch
Hakenwurm	Darm. Entzündungen, Durchfall, Blut im Stuhl, Gewichtsverlust	Teil der regelmäßigen Entwurmung. Stuhluntersuchung bei jährlichem Tierarztbesuch
Peitschenwurm	Darm. Durchfall, Blut im Stuhl, mattes Fell, Gewichtsverlust, Anämie	Teil der regelmäßigen Entwurmung. Stuhluntersuchung bei jährlichem Tierarztbesuch
Herzwurm	Herz und Lunge. Husten, Gewichtsverlust, Schwäche, Bauchschwellungen, Anämie	Tägliche/monatliche Tablette 2 Wochen vor einem Besuch in infizierten Gebieten und 3 Monate danach. Jährliche Blutuntersuchung
Lungenwurm	Lunge. Husten	Spezielle Entwurmung. Luftröhrenspülung und Stuhlprobe oft notwendig
Toxoplasma gondii	Darm. Oft keine Symptome, Herz-, Lungen- und Lebererkrankungen möglich	Vorsichtsmaßnahmen beim Hantieren mit der Katzentoilette

Haut- und Fellprobleme

KATZEN VERBRINGEN VIEL ZEIT MIT DER PFLEGE ihres Fells, und weil sie ohnehin oft mit Lecken und Putzen beschäftigt sind, bleiben Erkrankungen von Haut oder Fell oft lange unerkannt. Auf Probleme werden die Besitzer erst aufmerksam, wenn sich die Katze noch mehr als gewöhnlich zu putzen scheint und häufig Fellballen auswürgt. Weitere Anzeichen können auch vermehrtes Kratzen, Reiben oder Kauen an der Haut sein. Manche Katzen kratzen sich nur dann, wenn sie alleine sind, sodass die Ursache nicht sofort auffällt. Zum Tierarzt kommen viele erst, wenn sich bereits kahle Hautpartien, Schorf, Schuppen oder entzündete Stellen zeigen. Die genaue Diagnose ist keine leichte Sache, da die Symptome nur selten auf eine bestimmte Erkrankung hinweisen. Der Tierarzt wird das Fell auf gebrochene und feste, stoppelige Haare prüfen, diese eventuell mikroskopisch untersuchen und erkennen, ob ein Juckreiz der Auslöser ist. Er wird darauf achten, ob nur bestimmte Bereiche oder die gesamte Hautfläche betroffen sind. Treten die Beschwerden in bestimmten Jahreszeiten auf? Zeigen andere Tiere oder Menschen im gleichen Haushalt ähnliche Symptome? Wird die Katze anders ernährt? Haben sich die Umweltbedingungen geändert?

▶ *Gegen Hautekzeme als Folge von Allergien schützt ein Überzug und eine Halskrause, die verhindern, dass sich die Katze während der laufenden Behandlung leckt.*

Flöhe und Milben

Normalerweise wird der Tierarzt bei der Hautuntersuchung und durch Bürsten des Fells feststellen, ob ein Befall mit Parasiten vorliegt. Häufig wird Juckreiz durch Flöhe verursacht (siehe S. 88-89), deren Stiche zu Hautreizungen führen. Manche Katzen entwickeln aber eine Überempfindlichkeit gegen den Speichel der Flöhe. Ein einziger Stich kann dann eine massive Reizung hervorrufen, die wiederum intensives Kratzen mit tiefen Wunden nach sich zieht. Das Fell wird matt und großflächige fleckige Stellen auf der Haut werden sichtbar. Bei einer Flohkur müssen alle Tiere, die mit der betroffenen Katze Kontakt haben, ebenfalls behandelt werden, ebenso wie das Katzenlager, die Teppiche und Gardinen, um sicherzustellen, dass alle Eier und Larven abgetötet werden. Flöhe befallen auch Menschen, wenn sie keinen anderen Wirt finden.

● *Meine Katze ist allergisch gegen Staubmilben. Kann ich ihr helfen?*

Geben Sie die Textilien ihres Lagers einmal die Woche in die Kochwäsche. Halten Sie die Katze von Wäscheschränken in der Wohnung fern, und nehmen Sie sie aus dem Raum, wenn Sie staubsaugen. Benutzen Sie einen feuchten Wischlappen zum Staubwischen. Vielleicht kann der Tierarzt auch mit Glukokortikoiden und Antihistaminen eine Desensiblisierung erreichen.

● *Unser Kater geht gern auf Feldern Jagen. In diesem Sommer begann er aber sich an den Ohren und im Gesicht zu kratzen, und als wir ihn näher angesehen haben, sahen wir kleine orangefarbene Flecken, die sich bewegt haben. Was ist das?*

Es könnte sein, dass Ihr Kater von Larven der Herbstgrasmilbe befallen ist. Diese setzen sich im Spätsommer auf der Haut von vielen Tieren, darunter auch Hunden und Katzen, fest und führen zu heftigem Juckreiz. Der Kater hat sie sich vermutlich bei seinen Jagdausflügen im Gras eingefangen.

● *Seit kurzem schleift meine Katze mit dem Hinterteil auf dem Teppich herum. Warum tut sie das?*

Dies ist ein Zeichen für eine Hautirritation im Afterbereich. Dafür kann es verschiedene Gründe geben, wie Floh- oder Wurmbefall oder Durchfall. Das beschriebene Verhalten ist aber auch typisch für übervolle anale Duftdrüsen; diese liegen beiderseits des Afters und können sich entzünden und anschwellen. Sie müssen vom Tierarzt entleert werden. Wenn es sich jedoch um einen chronischen Zustand handelt, werden sie oft auch operativ entfernt. Katzen können problemlos ohne diese Drüsen leben.

Eine andere mögliche Ursache für Hautreizungen sind Milben. Sie sind extrem leicht übertragbar, auch auf Menschen. Milbenbefall (Krätze) lässt sich oft an einem von Schuppen begleiteten Ausschlag, besonders am Hals und entlang des Rückens, erkennen. Ohrmilben (siehe S. 102-103) finden sich beispielsweise eher bei jungen Katzen. Das Tier schüttelt den Kopf, kratzt sich an den Ohren und ein schwarzer Belag, der Ohrenschmalz ähnelt, ist im äußeren Gehörgang sichtbar; dieser kann sich manchmal auch auf den gesamten Körper ausbreiten und dort ebenfalls stark jucken. Die Behandlung erfolgt in diesem Fall mit spezifischen Mitteln gegen Parasiten.

Hautallergien

In vielen Fällen liegt einem Juckreiz auch eine Allergie zugrunde. Die Katze verschlimmert dann das Problem, indem sie die betroffene Stelle unablässig leckt und daran kaut, bis sich die Haut entzündet. Katzen können z. B. auf Hausstaub, der auch Milben enthalten kann, bestimmte Nahrungsmittel, Chemikalien oder Flohbisse allergisch reagieren. Auch die in Floh-Halsbändern enthaltenen Insektizide können manchmal Allergien hervorrufen. Dann werden Haut- und Blutuntersuchungen oder Allergietests durch Versuchsdiäten notwendig. Die Behandlung hängt von der spezifischen Art der Allergie ab und kann in einer Nahrungsumstellung und in der Verabreichung von Medikamenten bestehen.

Häufige Hauterkrankungen

SYMPTOME	MÖGLICHE URSACHE	BEHANDLUNG
Schwarze Krümel (Flohkot) im Fell oder im Lager. Kratzen, Kauen. Mattes Haarkleid, schuppige Haut	Flöhe / Flohallergie	Mittel gegen Flöhe und deren Eier und Larven auf der Katze und im Haus
Schuppen, Kratzen. Eventuell Bisse bei Menschen	Fellmilben (*Cheyletiella*)	Spezifische Mittel zur Milbenbekämpfung
Reiben und Kratzen der Ohren. Schwarzer Belag im Gehörgang	Ohrmilben (*Otodectes cynotis*)	Mittel zur Milbenbekämpfung
Intensives lokales Kratzen. Orangefarbene Flecken an Augen, Gesicht, Ohren	Herbstgrasmilben (*Trombicula autumnalis*)	Milbenspray. Befallene Gebiete meiden
Beständiges Lecken und Kauen. Hautausschlag	Allergie	Bestimmung der Allergie. Besserung eventuell durch Glukokortikoide und Antihistamine

Glanzloses Fell

Das Fell gesunder Katzen ist glatt und glänzend. Der Vorteil regelmäßiger Fellpflege ist, dass der Halter mit dem normalen Aussehen des Fells seiner Katze vertraut ist und Veränderungen an Haut und Haaren rasch bemerkt. Wenn das Fell innerhalb kurzer Zeit matt und stumpf wird, deutet das auf eine Krankheit hin, vor allem, wenn sich auch der Appetit ändert und ein Gewichtsverlust oder häufiges Erbrechen zu beobachten sind.

Manchmal liegt es nur an einem Nährstoffmangel im Futter, z. B. an zu wenig Fettsäuren. Das lässt sich leicht durch Nahrungsergänzungen nach Anweisung des Tierarztes korrigieren. Bei älteren Katzen kann ein mattes Fell auch mit einer Überaktivität der Schilddrüse zusammenhängen, besonders wenn das Tier mehr frisst als sonst. Ein Bluttest bringt Ursachen dieser Art schnell ans Tageslicht. Katzen mit Entzündungen im Mund- und Zahnbereich hören unter Umständen auf sich zu putzen, mit der Folge, dass ihr Fell ungepflegt aussieht. Wenn sie auffallend viel Speichel, ein entzündetes Zahnfleisch oder lose Zähne hat, bringen Sie die Katze zum Tierarzt.

Kontrollieren Sie bei der Fellpflege immer auch das Hinterteil – Verfilzungen um den After herum (möglicherweise auch als Folge von Durchfall oder einer Erkrankung der Geschlechtsteile) können zu schmerzhaften Hautreizungen führen. Wenn sie sich nicht mühelos herauskämmen lassen, schneiden Sie die Haarklumpen mit einer Schere ab; achten Sie aber darauf, die Haut nicht zu verletzen. Waschen Sie dann die wunde Hautzone mit warmem Wasser, tupfen Sie sie vorsichtig trocken und tragen Sie eine milde Schutzcreme auf. Lassen Sie sie dann baldmöglichst vom Tierarzt untersuchen.

Haarausfall

Katzen verlieren das ganze Jahr über Haare; deshalb putzen sie sich auch so häufig. Manche Katzen (aber keineswegs alle) wechseln zusätzlich

▲ *Durch regelmäßiges Putzen pflegen Katzen ihr Fell und entfernen abgestorbene Haare. Wenn sich eine Katze so viel putzt, dass ihr Haar deshalb ausfällt und die nackte Haut zum Vorschein kommt, kann das die Folge einer Allergie oder eines Ausschlags sein.*

einmal im Jahr, meist im Frühjahr, ihr Fell. Es kommt auch vor, dass Katzen größere Haarmengen als Reaktion auf einen Schock oder auf eine traumatische Erfahrung verlieren. Dazwischen können einige Wochen vergehen, sodass eine Verbindung zwischen Ursache und Symptom nicht immer nahe liegend ist. Manche Kätzinnen verlieren auch ihr Haar während der Trächtigkeit oder in der Säugezeit. Wenn Sie keinen offensichtlichen Grund dafür erkennen, warum sich ihre Katze ständig putzt, sollten Sie das Tier am besten zum Tierarzt bringen.

In vielen Fällen ist Haarausfall auf übermäßiges Kratzen zurückzuführen, das seinerseits wieder in einer Allergie oder in Parasitenbefall gründet. Da Katzen sich nur selten im Beisein anderer Hausbewohner kratzen, werden Sie als Besitzer das Problem vielleicht nicht rechtzeitig bemerken. Achten Sie bei der Fellpflege auf Flohkot, Ausschlag und Schuppen und führen Sie gegebenenfalls entsprechende Maßnahmen durch.

F & A

● *Unsere Katze ist schon älter. Sie hat immer ein schönes, mittellanges Fell gehabt, das seit 1 Jahr zunehmend an Glanz verliert und trocken und matt wirkt. Die Katze frisst und putzt sich wie immer. Was können wir tun?*

Bekommt Ihre Katze eine ausgewogene Nahrung? Ergänzende essenzielle Fettsäuren, wie eine Mischung aus Nachtkerzenöl und Fischöl, kann oft für eine Besserung sorgen. Die Mischung ist in flüssiger Form oder als Kapseln bei Tierärzten und in guten Tierhandlungen erhältlich und muss zwei bis drei Wochen lang verabreicht werden. Eine genaue tierärztliche Untersuchung wäre anzuraten, um auszuschließen, dass die Katze an einer ernsthaften Erkrankung leidet.

● *Seitdem wir ein neues, junges Kätzchen von einem Bauernhof geholt haben, bekommt unsere erste Katze kahle Stellen an den Hinterbeinen und um den After. Das Fell des neuen Kätzchens erscheint normal. Die beiden haben noch keinen direkten Kontakt gehabt. – Könnte trotzdem das Kätzchen etwas mitgebracht haben?*

Vielleicht sind mit der neuen Katze Flöhe ins Haus eingeschleppt worden, die dann auf Ihre erste Katze übergegangen sind. Diese hätte dann aber offenbar eine Überempfindlichkeit gegen die Parasiten und kratzt und knabbert sich die Haare ab. Unterziehen Sie beide Katzen einer Flohbehandlung. Es könnte auch sein, dass die Ankunft der neuen Katze das angestammte Haustier in eine Stresssituation gebracht hat. Lassen Sie ihr Zeit und schenken Sie ihr viel Aufmerksamkeit, dann wird sich das Problem von selbst lösen. Trifft beides nicht zu, konsultieren Sie den Tierarzt.

● *Vor kurzem mussten wir eine unserer beiden Katzen einschläfern lassen. Seitdem zeigt die übrig gebliebene kahle Hautstellen an den Flanken. Gibt es da eine Verbindung?*

Ja. Stress aufgrund des Verlusts eines Gefährten führt bei Katzen oft zu Verhaltensstörungen. Diese zeigen sich nicht selten in exzessivem Putzen und Haarverlust an symmetrisch verteilten Körperpartien. Orientalische Rassen sind dafür etwas anfälliger. Lassen Sie die Katze vom Tierarzt untersuchen, um eine körperliche Krankheit auszuschließen. Dort können Sie sich auch zu den Verhaltensproblemen beraten lassen.

▶ *Dieses Kätzchen hat eine Dermatophytose auf dem Kopf. Die kahlen Stellen sind am Rand etwas erhaben. Die Übertragung kann vom Boden auf die Katze und von dort auf andere Tiere und Menschen erfolgen.*

Dermatophytose

Haarausfall in Form von meist kreisförmigen kahlen Hautpartien kann die Folge einer Hautpilz-Infektion (Dermatophytose) sein. Sie tritt eher bei jungen Katzen und Langhaarrassen auf und ist leicht übertragbar. Die kahlen Stellen befinden sich meist an Kopf, Ohren, Pfoten und Rücken. Die Pilze, meist *Microsporum canis*, verbreiten sich schnell durch Kontakt auf andere Katzen, auf Hunde und Menschen. Wenn Sie Symptome dieser Art bei Ihrer Katze entdecken, gehört sie in tierärztliche Behandlung. Die Vermutung lässt sich nachprüfen, indem die betroffene Stelle in einem abgedunkelten Raum mit UV-Licht (Woodsche Lampe) bestrahlt wird. Die Sporen des Pilzes sind fluoreszierend und werden dabei sichtbar. Möglicherweise werden Haut- und Haarproben entnommen, um eine Kultur anzusetzen. Behandelt wird mit Lotionen, Salben und Tabletten, die den Pilz abtöten, doch bis die Symptome abklingen, können mehrere Monate vergehen. In einem Mehrkatzen-Haushalt kann so eine Behandlung größere Ausmaße annehmen. Katzenlager, Körbe und Futtergeschirr müssen desinfiziert und Kinder von infizierten Katzen ferngehalten werden.

Verhärtungen und Schwellungen

KATZENHALTER BEMERKEN UNGEWÖHNLICHE Verhärtungen oder Schwellungen bei ihrer Katze meist während der Fellpflege oder wenn sie das Tier streicheln. Verdickungen unter der Haut sind bei Katzen nicht selten, können die verschiedensten Ursachen haben und von unterschiedlichster Gestalt sein. Manche sind groß und weich, andere eher klein und fest; manchmal bemerkt man nur eine einzelne Erhebung, und in anderen Fällen gibt es einen ganzen Hautbereich, der mit winzigen Verhärtungen übersät scheint. Diese können sich auch verkrustet anfühlen oder Eiter absondern und bluten. Gelegentlich ist die Haut an der betroffenen Stelle kahl und schuppig. Die Erhebungen können stark jucken, aber auch völlig schmerzlos sein und das Tier scheinbar auf keine Weise stören.

Eine Zecke kann man leicht für eine Hautschwellung halten. Diese winzigen Parasiten erscheinen oft wie kleine, hellbraune oder graue Erbsen und schwellen schnell an, während sie sich mit dem Blut ihres Wirtes vollsaugen (siehe S. 88-89). Sie sollten möglichst sofort entfernt werden. Der Tierarzt zeigt Ihnen, wie man das am besten macht. Auch Haarverfilzungen lassen sich mit Schwellungen verwechseln, besonders bei Langhaarkatzen. Mit der richtigen Fellpflege kann das nicht passieren (siehe S. 26-29).

Das Problem erkennen

Hauterhebungen richtig zu beurteilen wird für den Katzenbesitzer nicht leicht sein. Derartige Erscheinungen darf man aber keinesfalls auf die leichte Schulter nehmen; bringen Sie die Katze im Zweifelsfall zum Tierarzt. Er wird dabei wahrscheinlich detailliert wissen wollen, was Ihnen aufgefallen ist (siehe Kasten). Manche Verhärtungen lassen sich schon aus einer solchen Beschreibung in Verbindung mit einer kurzen Untersuchung bestimmen. Bestimmte Abszesse, die von einer entzündeten Wunde aus einem Kampf mit einer anderen Katze herrühren, zeigen sich oft erst einige Tage nach dem Kampf. Sie entwickeln sich zu Schwellungen, meist im Kopf- oder Schwanzbereich, die sich warm anfühlen und erkennbar Schmerzen verursachen. Die Katze wird sich extrem ruhig verhalten und das Futter verweigern. Wenn die Entzündung nicht aufbricht und Eiter freigibt, wird sie der Tierarzt in der Praxis öffnen und zusätzlich Antibiotika verschreiben.

Andere Schwellungen und Tumore sind in der Regel schwieriger zu bestimmen. Sie können ihre Ursache in allergischen Reaktionen auf Parasiten oder auf bestimmte Nahrungsmittel haben. Um eine genaue Diagnose zu erstellen wird der Tierarzt Haut- und Haarproben untersuchen und Allergietests durchführen. In manchen Fällen, in denen die Ursache unsicher bleibt, ist die Behandlung der Symptome mit entzündungshemmenden Mitteln trotzdem erfolgreich. Weitere mögliche Auslöser für Schwellungen können unter anderem Zysten und Tumore oder auch Infektionen durch Pilze, Bakterien oder Viren sein. Nicht selten sind Gewebeproben mit anschließenden Labortests notwendig, um die Ursachen zu identifizieren.

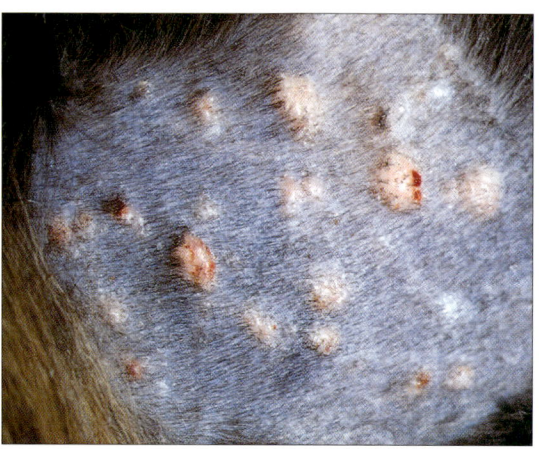

▲ Die Haut dieser Katze zeigt multiple Zelltumore (die Hautpartie wurde kahl rasiert). Für eine genaue Bestimmung von Klümpchen dieser Art ist die Untersuchung einer Gewebeprobe unter dem Mikroskop notwendig.

Das muss der Tierarzt wissen

Für die Diagnosestellung wird Sie der Tierarzt bitten, die Entstehung der Symptome detailliert zu beschreiben. Übliche Fragen sind:

- Wann und wo wurde der Knoten bemerkt?
- Ist er seitdem gewachsen? Wenn ja, wie schnell?
- Verweigert die Katze die Nahrung?
- War sie kürzlich in einen Kampf verwickelt?
- Kratzt oder leckt sie die betroffene Hautpartie?
- Wann wurde die letzte Flohbehandlung durchgeführt?
- Schmerzt der Knoten? Reagiert die Katze aggressiv auf Berührungen?

● *Bei unserem Kater sind die mittleren Ballen der Vorderpfoten extrem weich und geschwollen. Was ist die Ursache dafür?*

Es scheint, als hätte Ihr Kater eine Entzündung der Ballenhaut. Dies ist relativ selten und erscheint bei manchen Katzen jahreszeitlich bedingt. Die Entzündung kann sich von selbst wieder legen, kann aber auch zu eitern beginnen und zu Lähmungserscheinungen führen. Bringen Sie den Kater zum Tierarzt. Für die genaue Diagnose wird eine Gewebeprobe notwendig sein, die ergibt, ob eine Behandlung mit entzündungshemmenden Mitteln oder eine Operation nötig ist.

● *Unser Kater hat oft ein geschwollenes Kinn und hin und wieder Flöhe. Kann es dabei eine Verbindung geben?*

Ich vermute, dass Ihr Kater eine zyklisch wiederkehrende Entzündung hat, die vermutlich auf einer Allergie beruht – entweder gegen Flöhe (wie vielleicht in diesem Fall) oder gegen bestimmte Nahrungsmittel oder inhalierte Stoffe. Nicht immer wird die konkrete Ursache gefunden. Die Behandlung erfolgt mit Medikamenten und begleitenden Maßnahmen.

▶ *Weiße Katzen und solche mit weißen Ohren oder weißem Gesicht sind besonders empfindlich gegen UV-Strahlen, die Hautkrebs auslösen können. Lassen Sie die Katze an Sonnentagen im Haus.*

Krebsgeschwulste

Eine Verhärtung unter der Haut kann sich auch als Krebsgeschwulst herausstellen. Die häufigste Art von Hautkrebs sind schuppige Zellkarzinome, die jene Hautpartien betreffen, die oft der Sonne ausgesetzt sind (Ohren, Augenlider, Nase, Lippen). Am stärksten gefährdet sind Katzen mit weißem Fell und größeren pigmentfreien Hautbereichen. Nach einer Hautrötung entwickeln sich kleine krustige, eitrige Klümpchen. Das betroffene Gewebe wird entfernt, unter Umständen das gesamte Ohr. Nach der Operation sind meist weitere therapeutische Maßnahmen nötig. Klümpchen in den Brustdrüsen älterer Kätzinnen sollten sofort auf einen Brusttumor hin untersucht werden. Das betrifft besonders nichtkastrierte Kätzinnen. Vor der Geschlechtsreife kastrierte Kätzinnen bekommen seltener bösartige Tumore. Brustkrebs breitet sich mit hoher Geschwindigkeit aus und kann nach einer zunächst geglückten Behandlung wiederkehren. Bei frühzeitiger Diagnose erhöht sich aber deutlich die Chance einer erfolgreichen Therapie.

Probleme mit den Augen

DAS MENSCHLICHE AUGE UND DAS AUGE DER Katze sind prinzipiell sehr ähnlich gebaut, aber dennoch gibt es eine Reihe nicht unbedeutender Unterschiede. Katzen können bereits bei etwa einem Sechstel der Lichtmenge, die ein Mensch benötigt, Formen und Bewegungen ausmachen. Durch die stärkere Hornhautwölbung fällt mehr Licht in das Auge. Eine Art Beschichtung des Augenhintergrunds, das so genannte *Tapetum lucidum*, wirkt wie ein Spiegel, der das Licht zurück an die lichtempfindliche Membrane der Netzhaut, auf der das gesehene Bild entsteht, reflektiert. Die Linse ist elastischer und ermöglicht es Katzen die Sehschärfe schneller anzupassen als Menschen, auch wenn sie im Nahbereich weniger gut ist.

Eine weitere Besonderheit des Katzenauges ist die Nickhaut, das „dritte Lid", das wie ein

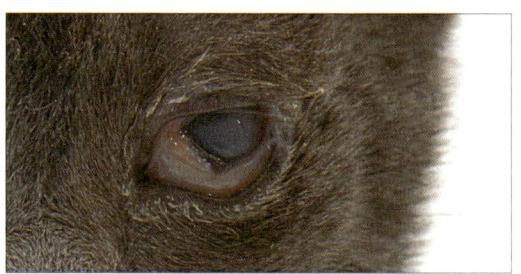

▲ *Eine Bindehautentzündung (oben) wird z.B. durch eine allergische Reaktion oder eine Virusinfektion ausgelöst. Blockierte Tränenkanäle (unten) führen zu Absonderungen, die sich in den Augenwinkeln sammeln.*

Schutzschild wirkt. Ist die Nickhaut sichtbar, kann das auf eine Verletzung oder Infektion des Auges hinweisen. Sobald Sie eine Veränderung an den Augen Ihrer Katze bemerken, sollten Sie unbedingt sofort mit ihr zum Tierarzt gehen. Achten Sie auf etwaige Rötungen, ein halb geschlossenes Auge oder Veränderungen der Pupille und starke, verfärbte Absonderungen (siehe Tabelle auf S. 100).

Äußerliche Beeinträchtigungen

Kämpfende Katzen attackieren in erster Linie die Augen ihres Gegners, und so sind Verletzungen an den Augen die häufigsten Blessuren, die von einem Kampf davongetragen werden. Ein halb geschlossenes Auge muss unverzüglich vom Tierarzt behandelt werden. Oft findet man auch Verletzungen um das Auge herum oder auf der Hornhaut mit der Folge, dass die Augen tränen,

SCHNITT DURCH DAS KATZENAUGE

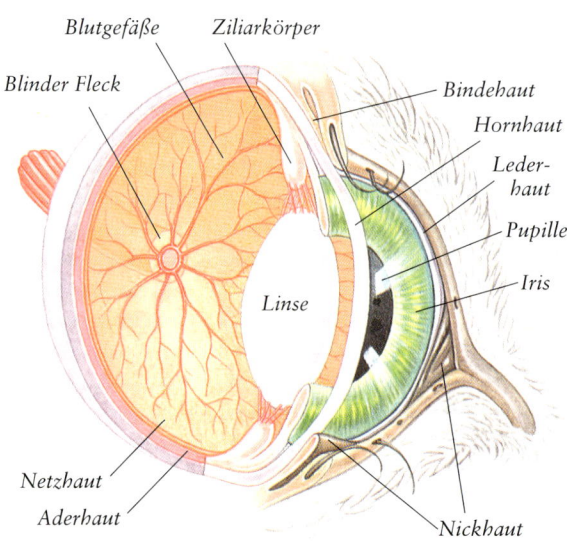

Blutgefäße
Ziliarkörper
Blinder Fleck
Bindehaut
Hornhaut
Lederhaut
Pupille
Iris
Linse
Netzhaut
Aderhaut
Nickhaut

▲ *Das Auge der Katze ist im Verhältnis zum Kopf sehr groß. Die Glaskörperflüssigkeit gibt dem Auge die äußere Form. Verletzungen treten meist außen an den Lidern und auf der Hornhaut auf; eine sichtbare Nickhaut deutet auf eine Erkrankung hin.*

dass sich Rötungen zeigen oder dass die Katze heftig blinzelt. Um mögliche Entzündungen auszuschließen sollte man Kampfwunden an den Augen immer behandeln lassen.

Infolge von Allergien oder auch bei Katzenschnupfen kann sich eine Bindehautentzündung entwickeln, die ein oder auch beide Augen betrifft und an Rötungen sowie oft an begleitenden gelblich grünen Absonderungen erkennbar ist. Die Behandlung durch den Tierarzt wird in der Regel mit Antibiotika und Augentropfen erfolgen. Geben Sie Ihrer Katze nie Augentropfen, die für Menschen gedacht sind.

Langhaarrassen, und besonders jene mit flachem Gesicht und hervorstehenden Augen, wie Perser und deren Kreuzungen, haben häufig blockierte Tränenkanäle. Sofern eine solche Blockade nicht auf einer Infektion beruht, ist sie normalerweise nicht schmerzhaft, doch sollte man trotzdem regelmäßige Augenspülungen vornehmen, damit die umliegenden Fellpartien nicht verkleben. Der Tierarzt kann die Tränenkanäle von der Blockade befreien, wozu aber gewöhnlich eine Narkose notwendig ist.

● **Wie kann ich feststellen, ob meine Katze erblindet?**

Sie können die Sehfähigkeit prüfen, indem Sie einen Papierknäuel oder Wattebausch an einem Faden in ihrer Blickrichtung baumeln lassen. Dann werden Sie sehen, ob die Katze der Bewegung mit den Augen folgt oder nicht. Bei einer älteren Katze erkennt man ein Nachlassen der Sehkraft daran, dass sie sich langsamer als früher bewegt, in der Wohnung immer nahe an der Wand entlang geht, Sprunghöhen falsch einschätzt oder gegen Möbelstücke stößt. Bei Verdacht auf eine drohende Erblindung ist ein Tierarztbesuch anzuraten; eventuell lässt sich das Augenlicht noch retten.

● *Ich habe eine weiße Angorakatze, die sich sehr pflegt, aber immer wieder braune Flecken an den Augen hat. Muss ich etwas unternehmen?*

Die meisten Katzen sondern mehr oder weniger ständig eine klare Flüssigkeit aus den Augenwinkeln ab, die bei weißen Katzen manchmal zu bräunlichen Verfärbungen führt. Wenn keine anderen Unpässlichkeiten vorliegen und die Absonderung nicht zunimmt, gibt es vermutlich keinen Grund zur Sorge. Reinigen Sie die betroffenen Partien mit feuchter Watte.

Das muss der Tierarzt wissen

- Wann trat das Problem zuerst auf?
- Lebt seit kurzem eine neue Katze im Haus?
- Wie viele Katzen sind von dem Problem betroffen?
- Hatte die Katze zu Beginn erkennbar Schmerzen oder war ihr unbehaglich?
- Ist nur ein Auge betroffen oder beide? Traten die Symptome an beiden Augen gleichzeitig auf?
- Welche Farbe und Konsistenz haben etwaige Absonderungen?
- War die Katze in einen Kampf verwickelt?
- Ist sie ausreichend geimpft?
- Gibt es andere Anzeichen für eine Krankheit (Appetitlosigkeit, Unruhe etc.)?

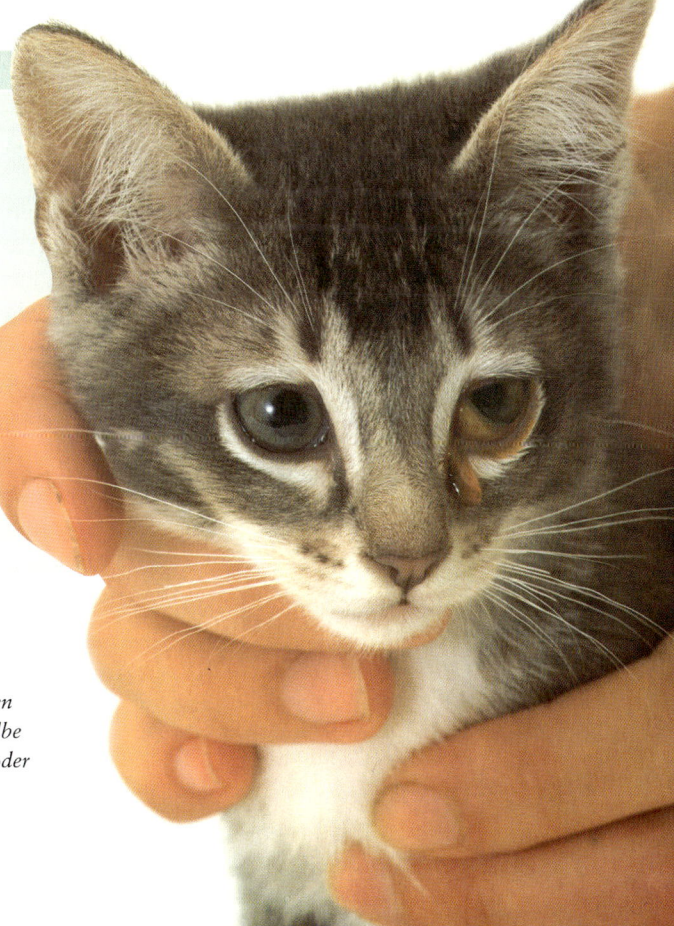

▶ *Dieses Kätzchen hat eine Verletzung am rechten Auge erlitten. Vom Tierarzt wurde eine Spezialsalbe aufgetragen, die zeigt, ob die Hornhaut Kratzer oder andere Schäden davon getragen hat.*

Häufige Augenerkrankungen

SYMPTOME	MÖGLICHE URSACHE	BEHANDLUNG
Trübe Augenoberfläche	Hornhautentzündung nach Verletzung (Kampf) oder Infektion	Auge vorsichtig mit feuchtem Tuch auswischen, dunkel halten
Trübe oder weiße Pupille	Grauer Star, meist altersbedingt. Nach Verletzung, Infektion, Diabetes oder angeboren	Generaluntersuchung beim Tierarzt
Unbewegliche, erweiterte Pupillen	Netzhautprobleme, grüner oder grauer Star, Tumor, Augen- oder Gehirnentzündung; Schlag auf den Kopf	Sofort den Tierarzt aufsuchen
Hervorstehender Augapfel	Augapfelvorfall – meist traumatisch bedingt, möglicherweise aber Tumor hinter dem Auge	Mit feuchter Augenbinde bedecken, sofort zum Tierarzt
Gerötetes Auge	Blutung im Auge, Bindehautentzündung	Sobald wie möglich zum Tierarzt
Nickhaut großflächig sichtbar	Augentrauma, schlechter Gesundheitszustand, Flüssigkeitsverlust nach Durchfall oder Erbrechen; nach Beruhigungsmittel	Genaue Beobachtung, wenn sich der Zustand nach 1-2 Tagen nicht bessert, zum Tierarzt gehen
Auge halb geschlossen	Fremdkörper im Auge, mechanische Reizung, Erkältung, Verletzung	Auge stündlich mit feuchtem Tuch abwischen, Tierarzt aufsuchen, wenn keine Besserung eintritt
Klare Absonderung	Blockierte Tränenkanäle, allergische Bindehautentzündung	Siehe oben
Klebrige gelbe oder grüne Absonderung	Bindehautentzündung, Probleme mit der Tränenflüssigkeit	Siehe oben. Impfungen überprüfen. Katze isolieren und zum Tierarzt

Augenerkrankungen

Katzen können an drei schweren Augenleiden erkranken, die möglicherweise alle zur Erblindung führen. Die diffuse Netzhautdegeneration betrifft Abessinier und Siamkatzen. Bei Abessiniern ist sie erblich und tritt schon bei Jungkatzen auf. Siamkatzen sind erst im mittleren Lebensalter überdurchschnittlich häufig betroffen; ein genetischer Bezug wurde hier nicht festgestellt. Das Leiden verursacht keine Schmerzen, ist aber unheilbar und schreitet daher nach dem Ausbruch unaufhaltsam bis zur Erblindung fort. Der graue Star, auch Katarakt genannt, tritt meist bei älteren und bei Katzen mit Diabetes auf, kann aber auch bei Jungkatzen angeboren sein. Es handelt sich dabei um eine Linsentrübung, die als milchiger Fleck beginnt und sich allmählich ausbreitet. Alte Katzen haben auch Linsentrübungen, bei denen es sich nicht um den grauen Star handelt. Gehen Sie in jedem Fall zum Tierarzt. Eine operative Behandlung kann vielleicht einen Teil der Sehkraft wiederherstellen.

Der grüne Star oder Glaukom ist bei Katzen relativ selten. Durch erhöhten Flüssigkeitsdruck im Inneren des Auges schwillt der Augapfel an, was Druck auf die empfindliche Netzhaut ausübt und Schmerzen auslöst. In der Folge lässt die Sehkraft nach. Rechtzeitig erkannt, sind Glaukome mit Augentropfen, Tabletten oder auch operativ zu behandeln – andernfalls führen sie zur Erblindung. Erkennbare Symptome sind vergrößerte Augäpfel, unbeweglicher Blick und eine getrübte Hornhaut.

Nach einer Operation oder bei Verletzungen ist die Nickhaut oft geschlossen, damit die Hornhaut darunter heilen kann. Alternativ kann man auch durchsichtige Kontaktlinsen einsetzen.

▶ *Um Ihrer Katze Augentropfen zu verabreichen, halten Sie den Kopf mit einer Hand und die Tropfflasche in der anderen. Richten Sie die Tropfflasche etwas über oder parallel zum Augapfel aus. Wenn der Tropfen im Auge ist, halten Sie die Lider vorsichtig etwa eine Minute lang zusammen, damit sich die Lösung gleichmäßig verteilt.*

● *Unsere Katze blinzelt mit einem Auge und reibt es sich ständig. Das Augenlid scheint nicht in Ordnung zu sein. Können wir da etwas tun?*

Vielleicht leidet Ihre Katze an einem *Entropium* – einer Einstülpung des Augenlids nach innen. Dabei reiben die Wimpern gegen die Oberfläche des Auges, was zu einer Reizung und zu Absonderungen sowie in der Folge auch zu dem Blinzeln führt. Zeigen Sie das Auge einem Tierarzt. Sollte ein *Entropium* die Ursache sein, kann es operativ korrigiert werden.

● *Mein Kater ist schon 17 Jahre alt und völlig blind. Abgesehen davon ist er aber kerngesund. Ich kann mir eigentlich gar nicht vorstellen ihn einschläfern zu lassen, aber ist es nicht vielleicht Quälerei, dass er in so einem Zustand existieren muss?*

Nein. Solange Katzen gut hören und riechen, können sie sich auch blind gut zurechtfinden, ihr Umfeld sollte aber stabil und sicher sein. Wenn er schmerzfrei ist und nicht mehr kämpfen muss, ist er bestimmt zufrieden.

▲ *Ein Knopf schützt die Fäden, mit denen die Nickhaut zugenäht ist, sodass die Hornhaut darunter heilen kann. Er beeinträchtigt die Katze nicht und hält sie davon ab, die Fäden durch Kratzen zu entfernen.*

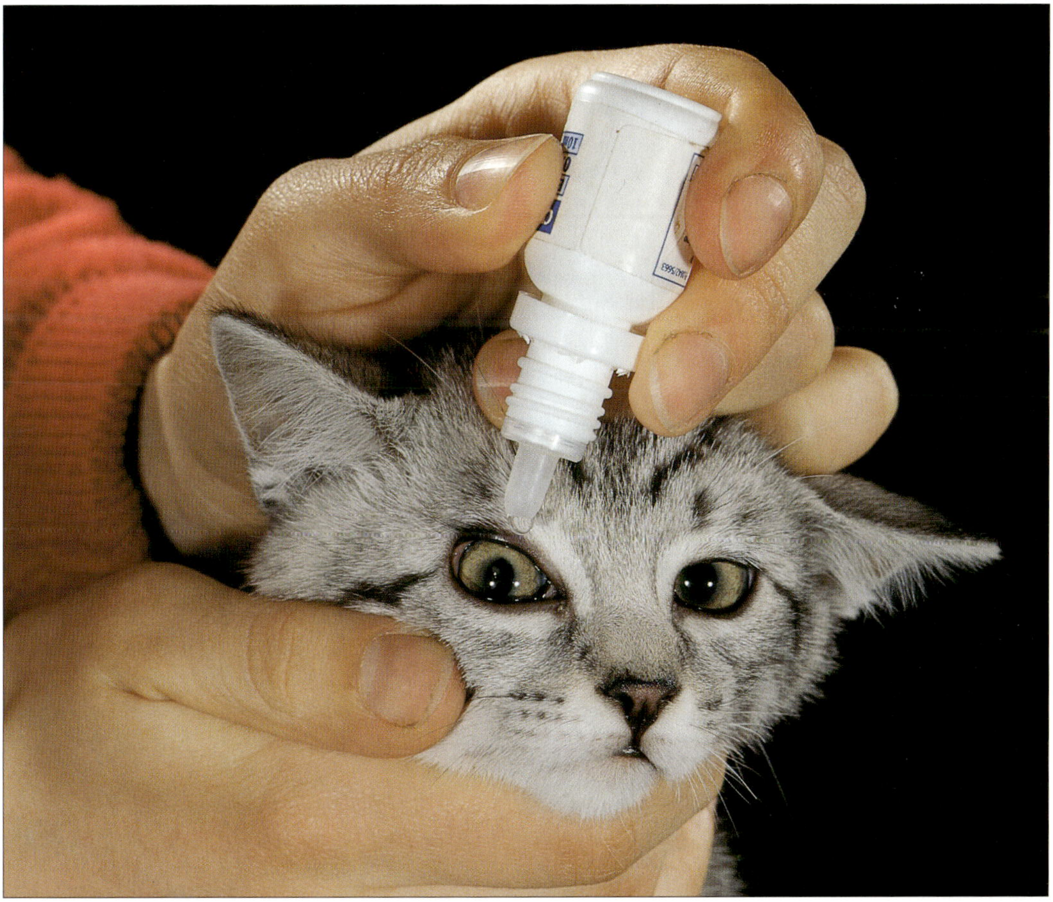

Probleme mit den Ohren

WILDE KATZEN VERLASSEN SICH BEI DER JAGD genauso auf ihr Gehör wie auf ihre Augen. Die beweglichen, aufrechten Ohrmuscheln sind so ausgelegt, dass sie Geräusche mühelos auffangen und ihre Herkunft lokalisieren können. Im Gehörgang treffen die Schallwellen auf das Trommelfell, ein dünnes gespanntes Häutchen, das dabei in Schwingungen versetzt wird. Die Vibrationen werden durch die drei Gehörknöchelchen des Mittelohrs an die Schnecke im Innenohr weitergeleitet, wo sie in Nervenimpulse umgewandelt und als „Nachrichten" über den Hörnerv in das Gehirn gelangen. Im Innenohr befinden sich auch die halbkreisförmigen Kanäle des Labyrinths, die mit Flüssigkeit gefüllt sind und den Gleichgewichtssinn steuern (siehe. S. 126-127). Am Schädel befindet sich beidseitig eine verstärkende Resonanzkammer, durch die das Gehör besonders für hohe Frequenzen, wie sie von kleinen Beutetieren ausgehen, geschärft ist. Katzen können Töne hören, die mehr als zwei Oktaven über denen liegen, die Menschen noch wahrnehmen.

Mögliche Störungen

Ihre Größe und exponierte Lage machen die Ohrmuscheln zu Körperteilen, die häufig von Kampfverletzungen betroffen sind. Katzen mit weißen Ohren oder weißen Ohrenspitzen sind auch anfälliger für Sonnenbrand, der unter Umständen zu Hautkrebs führen kann (siehe S. 96-97). Bei Rötungen, Schwellungen oder Haarausfall an den Ohren sollten Sie die Katze sofort untersuchen lassen: Solche Erscheinungen können bösartig sein. Bei einer Krebserkrankung kann es notwendig werden, das Ohr oder einen Teil davon zu amputieren, damit sich das Geschwür nicht über den Kopf ausbreitet. Den Gehörsinn beeinträchtigt das nicht.

Häufiges Kopfschütteln und Kratzen am Ohr kann auf Ohrmilben hindeuten. Normalerweise hat jede Katze Milben in geringer Zahl, doch wenn sie sich zu stark vermehren, können sie Hautreizungen verursachen; eventuell erscheint dann eine bräunliche Absonderung. Die Behandlung erfolgt durch spezielle Ohrentropfen und sollte auf alle Katzen und auch Hunde ausgedehnt werden, die mit dem betroffenen Tier Kontakt haben (siehe S. 88-89). Behandeln Sie auch den Halsbereich, um Milbeneier abzutöten, die noch im Fell sitzen, und so einen erneuten Befall zu verhindern.

Weitere mögliche Ohrenkrankheiten sind Infektionen durch Pilze oder Bakterien, Fremdkörper, Polypen oder Tumore (siehe Tabelle). Gehen Sie bei verdächtigen Anzeichen zum Tierarzt, da unbehandelte Erkrankungen mitunter mit Taubheit enden können. Infektionen lassen sich mit Antibiotika und entzündungshemmenden Medikamenten behandeln.

◀ *Von Ohrmilben befallene Katze. Das Innere der Ohrmuschel ist gerötet und zeigt eine bräunliche Absonderung. Durch häufiges Kratzen ist das Ohr gereizt.*

Die häufigsten Ohrenerkrankungen

SYMPTOME	MÖGLICHE URSACHE	BEHANDLUNG
Nach unten Drücken des Ohrs, heftiges Kopfschütteln	Kampfverletzung	Wunde mit Desinfektionsmittel reinigen. Tiefe Wunden vom Tierarzt behandeln lassen
Rötung und Schwellung der Ohrenspitzen	Sonnenbrand	Untersuchung und Behandlung durch den Tierarzt
Offene, blutende Ohrenspitzen, Kratzen des Ohres	Schuppiges Zellkarzinom	Amputation des Ohres oder eines Teiles davon
Kopfschütteln und Ohrenkratzen mit Ohrenschmalzabsonderungen	Ohrmilbenbefall	Behandlung mit Ohrentropfen, Fell im Halsbereich mit Flohmittel einpudern
Kopfschütteln und Ohrenkratzen mit hörbaren Flüssigkeitsbewegungen	Tumor oder Polyp im Mittel- oder Innenohr	Operative Entfernung
Kopfschütteln und -neigen, Reiben und Kratzen der Ohren, offensichtliche Schmerzen	Infektion durch Pilze oder Bakterien	Behandlung mit Antibiotika und entzündungshemmenden Medikamenten
Gleichgewichtstörungen, Kopfneigen, im Kreis laufen, Augenzucken	Innenohrerkrankung (siehe. S. 126–128)	Sofort den Tierarzt aufsuchen

● *Als wir unser junges Kätzchen bekamen, hatte es extrem schmutzige Ohren, die offenbar auch juckten. Vor zwei Wochen wurden sie vom Tierarzt gereinigt und dem Kätzchen geht es nun gut. Wir bekamen aber Ohrentropfen mit nach Hause, die wir noch einen Monat lang verabreichen sollen. Warum?*

Die Ohren Ihrer Katze waren von Ohrmilben befallen. Die Tropfen, die Sie bekommen haben, töten die Milben, nicht aber die Eier, die sie bereits im Ohr der Katze gelegt haben. Daraus schlüpfen oft erst nach sechs Wochen die Milben, und daher muss das Medikament über diesen Zeitraum verabreicht werden.

● *Unsere Katze ist 11 Monate alt und seit Wochen schüttelt sie nun den Kopf und kratzt sich an den Ohren. Vor kurzem ist ihr linkes Ohr auch noch angeschwollen. Der Tierarzt sagt, die Schwellung besteht aus Blut und es muss eine Dränage vorgenommen werden. Woher kommt das?*

Bei der Schwellung handelt es sich um ein so genanntes Blutohr (Othämatom), einen Bluterguss zwischen Haut- und Ohrknorpel. Durch das heftige Kratzen sind innere Gefäße geplatzt. Das Kratzen wiederum kann auf eine Infektion oder auf Parasitenbefall zurückzuführen sein. Eine Dränage ist die übliche Behandlungsmethode. Wenn nichts unternommen wird, kann es zu Vernarbungen und zum „Blumenkohlohr" kommen.

▲ *Weiße Katzen mit einem blauen und einem andersfarbigen Auge sind oft auf einem Ohr taub.*

Taubheit

Taubheit kann ein ererbter Defekt sein. In diesem Fall sind meist weiße Katzen (Albinos), speziell jene mit blauen Augen betroffen. Wenn die Katze ein blaues und ein andersfarbiges Auge hat, liegt oft eine einseitige Taubheit vor, die aber meist kein ernsthaftes Problem darstellt. Katzen, die von Geburt an taub sind, lassen sich schwerer erziehen, und es ist besser, sie nicht frei laufen zu lassen, da sie Verkehrsgeräusche nicht wahrnehmen. Wenn eine taube Katze genügend Zuwendung erfährt, wird sie sicher trotz ihrer Behinderung ein glückliches Leben führen.

Zahn- und Mund-
probleme

AUCH BEI EINER GEWISSENHAFTEN PFLEGE DER Hauskatze wird oft der Zahn- und Mundbereich vernachlässigt. Dabei entgeht Ihnen leicht, dass das Tier an Beschwerden oder Schmerzen durch eine Zahn- oder Munderkrankung leidet. Wenn sich die Katze gegen das Öffnen des Mauls wehrt, könnte etwas nicht in Ordnung sein. Sind die Zähne intakt und weiß? Ist das Zahnfleisch gleichmäßig hellrosa? Lässt sich das Tier nicht gern an den Zähnen oder im Gesicht berühren? Sind Gaumen oder Zunge gereizt? Riecht der Atem faulig? Sondert sie Speichel ab und kratzt sie sich am Mund?

Den Ursachen auf den Zahn fühlen

Die Zähne Ihrer Katze sollten Sie aus den gleichen Gründen pflegen wie die eigenen. Bakterien setzen sich auf und zwischen den Zähnen fest und bilden Zahnbelag. Mit der Zeit führt dies zu Zahnfleischentzündungen, die eine Behandlung mit Antibiotika notwendig machen.

Auch andere Erkrankungen, etwa der Niere oder auch Diabetes und verschiedene Virusinfektionen, können indirekt chronische Zahnfleischentzündungen mit schmerzvollen, eitrigen Abszessen im Maul verursachen. Eventuell müssen dann sämtliche Zähne gezogen werden. Bakterielle Infektionen können sich auch zwischen Kieferknochen und Zahnwurzel einnisten und langfristig sowohl den Knochen als auch die Zahnwurzel und das umliegende Gewebe angreifen. Schließlich lockert sich der Zahn und fällt aus.

Mehr als die Hälfte aller Katzen leidet an einer speziellen Form von Karies, bei der der Zahnhals befallen wird, jener Teil des Zahnes, der am Zahnfleisch zwischen Wurzel und Krone liegt. Die entstehenden Löcher fressen sich allmählich durch die Zahnpulpa im Wurzelkanal, bis sich der gesamte Zahn bis hinauf zur Krone auflöst. Zu ähnlichen Zerfallserscheinungen kommt es in der Zahnwurzel. Die Ursachen sind unbekannt, und die einzige wirksame Maßnahme besteht in der Entfernung der betroffenen Zähne. Bis dahin leidet die Katze an starken Schmerzen.

Erkrankungen der Mundschleimhaut sind bei Katzen recht häufig. Entzündetes Zahnfleisch und Geschwüre können auf eine Virusinfektion wie Katzenleukose oder eine Autoimmunkrank-

▶ Putzen Sie die Zähne von jungen Kätzchen mit einem Tuch. So kann man sie früh an Mundhygiene gewöhnen.

Zähne und Mund gesund halten

Mit Zahnschmerzen und wunden Schleimhäuten fällt es der Katze schwer, zu fressen und sich zu putzen. Dem können Sie vorbeugen:

✓ Geben Sie Ihrer Katze gutes Trockenfutter und hartes Kau-Spielzeug.

✓ Putzen Sie ihr 1-mal pro Woche die Zähne. Lassen Sie nach Bedarf Zahnstein entfernen.

✓ Kontrollieren Sie den Mund regelmäßig auf wundes Zahnfleisch, braunen Zahnbelag, lose Zähne und schlechten Atem.

✓ Schmerzhafte Zähne, Schwellungen oder Geschwüre an Lippen, Zahnfleisch oder Zunge vom Tierarzt untersuchen lassen.

✓ Lassen Sie den Mund der Katze alle 6 Monate routinemäßig vom Tierarzt bei den Vorsorgeuntersuchungen anschauen.

✓ Gehen Sie mit der Katze zum Arzt, wenn sie sich dauernd den Mund reibt, viel Speichel austritt oder sie Probleme beim Fressen hat.

● **Wie kann ich meine Katze zum Zähneputzen bringen?**

Am besten gelingt das bei kleinen Katzen, aber auch ausgewachsene Katzen kann man daran gewöhnen. Berühren Sie die Zähne sanft mit Wattestäbchen, damit sie sich daran gewöhnt. Lassen Sie sie Tier-Zahnpasta vom Finger lecken und streichen Sie etwas davon auf den Mund. Nach einigen Wochen können Sie den ersten Putzversuch mit dem Finger unternehmen. Später wechseln Sie dann zu einer weichen Zahnbürste.

● **Meine Katze speichelt ständig und reibt sich mit der Pfote am Mund. Was könnte das Problem sein?**

Kontrollieren Sie im Mund, ob sie einen Fremdkörper, eine Nadel etwa, oder eine Gräte zwischen den Zähnen hat. Kontrollieren Sie auch den Zustand von Zähnen und Zahnfleisch und suchen Sie nach lockeren Zähnen und Geschwülsten an Gaumen oder Zunge.

● **Der Tierarzt meint, die Zähne meiner Katze sind so schlecht, dass sie alle gezogen werden müssen. Wie wird sie dann essen können?**

Noch viel besser! Das Zahnfleisch wird sich stark verhärten und die Katze wird damit sogar Trockenfutter essen können. Nahrung mit hartem Zahnfleisch zu zermalmen ist viel angenehmer als sie mit schmerzenden Zähnen kauen zu müssen.

heit hinweisen. Besonders erschreckend wirkt der Anblick von Erscheinungen wie dem eosinophilen Granulom – einer Geschwulst an der Oberlippe – und Geschwüren auf der Zunge, am Gaumen oder im Rachen. Ihre Ursache ist meist in einer Allergie zu suchen, die der Tierarzt erfolgreich behandeln kann.

Den meisten Grund zur Sorge bereiten Tumore im Maul. Diese können bösartig sein und müssen unbedingt rechtzeitig entfernt werden, wenn die Behandlung erfolgreich verlaufen soll. Regelmäßige Zahnvorsorgeuntersuchungen sind nicht nur in diesem Fall unerlässlich.

Zähne putzen

Versuchen Sie die Zähne Ihrer Katze mindestens ein- bis zweimal pro Woche zu reinigen. Wickeln Sie sie dazu in ein Handtuch, damit sie sich nicht übermäßig wehren kann. Bitten Sie jemanden, die Katze festzuhalten, und ziehen Sie die Oberlippe nach oben. Öffnen Sie ihr Maul, indem Sie den Unterkiefer vorsichtig herunterdrücken, und säubern Sie dann die Zähne mit einer weichen Zahnbürste oder einem in schwacher Salzlösung angefeuchteten Tuch. Man kann auch eine spezielle Tier-Zahnpasta verwenden, nur bitte nicht Ihre eigene normale Zahnpasta.

Wenn sich die Katze zu heftig wehrt, lassen Sie stattdessen einmal im Jahr vom Tierarzt den Zahnstein entfernen.

▼ *Die Zähne dieser Katze müssen dringend behandelt werden. Eine Untersuchung und Behandlung der Zähne muss bei Katzen meist unter Narkose stattfinden.*

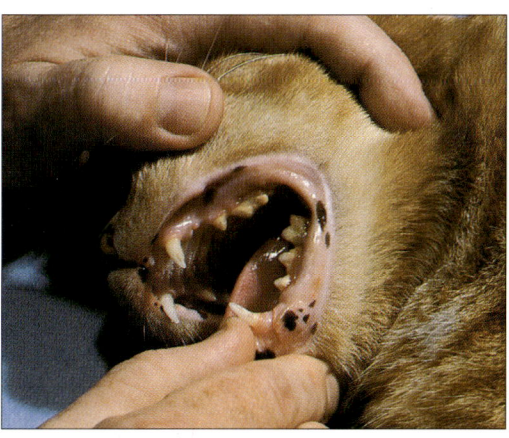

Verdauungsstörungen

DAS ERBRECHEN IST BEI KATZEN EIN NATÜRLICHER Abwehrmechanismus, der sie von schädlichen oder im Übermaß verzehrten Nahrungsmitteln befreit. Für viele Katzen, speziell wenn sie jagen und ihre Beute fressen, ist es normal, sich ein- oder zweimal pro Woche zu übergeben. Dabei würgen sie unbekömmliches Gras, Fellballen im Magen oder eine Übermenge Nahrung aus. Wenn ein junges Kätzchen Spulwürmer erbricht, ist das ein Zeichen dafür, dass ihre Entwurmung vernachlässigt wurde. Sollte Ihre Katze aber sehr oft erbrechen, der Auswurf Blut enthalten (das dann wie Kaffeegranulat aussieht) und vielleicht auch an Gewicht verlieren, könnte ein Darmverschluss oder ein Tumor die Ursache sein. Bringen Sie sie dann schnell zum Tierarzt.

Akutes Erbrechen

Verschiedene Formen von Magenschleimhautentzündungen können die Ursache für akute Anfälle von Erbrechen sein. Wenn sich Ihre Katze in kurzer Zeit mehrfach übergibt, lassen Sie das Tier im Haus und geben Sie ihm kleine Mengen Wasser. Wenn sie dies auch wieder erbricht, geben Sie ihr acht bis zwölf Stunden lang nichts mehr zu trinken und anschließend alle 30 Minuten einen Löffel Wasser, um zu starken Flüssigkeitsverlust zu verhindern. Etwa acht Stunden nach dem letzten Erbrechen können Sie ihr etwas zu fressen anbieten, aber nur eine kleine Menge. Beobachten Sie dann genau den Fortgang. Bei weiterem Erbrechen gehen Sie mit ihr zum Tierarzt. Bei der Katzenseuche (siehe S. 86-87) wird das Tier von häufigem Erbrechen, Durchfall sowie Magen- und Bauchschmerzen geplagt. Diese Erkrankung ist sehr ansteckend und endet nicht selten tödlich. Die beste Vorbeugung ist die Schutzimpfung.

Es kann vorkommen, dass eine Katze sich erbricht, nachdem sie einen kleineren Gegenstand wie ein Stück Stoff oder Plastik verschluckt hat, das den Darm blockiert. Wenn dieser Verdacht besteht, kann eine Röntgenuntersuchung, eine Endoskopie oder ein operativer Eingriff nötig sein, um Klarheit zu schaffen und den Fremdkörper zu entfernen. Dies kommt bei Katzen aber wesentlich seltener vor als bei Hunden. Gelegentlich wird eine Katze auch verschluckte Nahrung, oft in kompakter Form, wieder aufstoßen, bevor diese den Magen erreicht hat. Meist hat die Katze dann schlicht zu schnell gegessen und der Vorfall ist nur von geringer Bedeutung. Wenn dies häufiger vorkommt, sollte man aber doch den Tierarzt um Rat bitten.

▼ *Wenn über eine längere Zeit die Nickhaut sichtbar ist, ist das ein Zeichen dafür, dass die Katze krank ist. Unter anderem kann es sich dabei um zu großen Flüssigkeitsverlust nach starkem Durchfall handeln.*

Das muss der Tierarzt wissen

ERBRECHEN

- Wieviel Zeit verging, bis die Nahrung nach der Aufnahme wieder erbrochen wurde?
- Wie häufig kommt es vor?
- Wie lange hält die Katze Wasser bei sich?
- Welche Farbe und Konsistenz hat das Erbrochene? Enthielt es noch feste Nahrung, Fellreste oder Würmer (weiße Fäden)?
- War Blut im Erbrochenen zu sehen?
- Sind Ihnen andere Symptome wie Durchfall, Gewichtsverlust, Appetitänderungen aufgefallen?
- Wurde die Ernährung in letzter Zeit umgestellt? Hat die Katze etwas Ungewöhnliches gegessen?
- Wird sie zur Zeit medikamentös behandelt?

DURCHFALL

- Wann haben Sie den Durchfall zuerst bemerkt?
- Wie oft hat die Katze Stuhlgang?
- Welche Farbe und Konsistenz hat der Stuhl?
- Ist Schleim oder Blut enthalten?
- Presst die Katze beim Stuhlgang oder scheint sie Schmerzen zu haben?
- Sind Ihnen andere Symptome wie Erbrechen oder übermäßiges Schlafen aufgefallen?
- Frisst die Katze mehr als gewöhnlich?
- Geben Sie der Katze Milch? Wurde die Ernährung in letzter Zeit umgestellt?
- Erhält sie zur Zeit Medikamente (z. B. gegen Würmer oder Flöhe)?

F & A

● *Unsere Kätzin frisst gerne Gras, aber danach übergibt sie sich immer wieder. Ist das normal?*

Ja. Das machen viele Katzen, auch wenn die Gründe dafür nicht ganz klar sind. Solange es nicht mit Chemikalien besprüht wurde, kann es auch nicht schaden. Wohnungskatzen finden es auch sehr gut, wenn sie etwas Gras zum Knabbern bekommen.

● *Meine Siamkatze fährt höchst ungern im Auto. Sie speichelt dabei in großen Mengen und erbricht oft. Wie kann ich ihr helfen?*

Geben Sie der Katze vor einer Autofahrt nichts zu fressen und legen Sie ihre Transportbox mit einem Handtuch aus. Gewöhnen Sie die Katze an das Auto, indem Sie sie zunächst in das stehende Auto setzen oder häufiger kurze Fahrten machen. Lassen Sie sich vom Tierarzt sonst Beruhigungsmittel für längere Fahrten geben.

● *Unser zweijähriger Kater bekommt 2-mal pro Woche etwas Leber und isst sie sehr gerne. In letzter Zeit habe ich aber bemerkt, dass sein Fell im Afterbereich danach verschmutzt war, so als hätte er Durchfall. Sollten wir ihn weiterhin damit füttern?*

Leber ist ein sehr reichhaltiges Nahrungsmittel und scheint in diesem Fall zu einer Verdauungsstörung zu führen. Geben Sie ihm eine Zeitlang nichts davon. Hört der Durchfall auf, können Sie es wieder mit kleinen Stückchen versuchen. Bei erneutem Auftreten sollten Sie Leber von seinem Speiseplan streichen. Wenn der Kater auch ohne Leber zu fressen weiterhin Durchfall hat, sollten Sie ihn vom Tierarzt untersuchen lassen.

Weicher Stuhl

Extrem weicher oder wässriger Stuhl kann ein Hinweis auf verschiedene Ernährungs- oder Verdauungsprobleme wie Überfütterung, plötzliche Nahrungsumstellung, zu fette Ernährung oder Wurmbefall sein. Bei Kätzchen liegt die Ursache oft auch in einer Überempfindlichkeit gegen die in Kuhmilch enthaltene Laktose. Junge Katzen, die länger als zwei Tage Durchfall haben, sollte man zum Tierarzt bringen, auch wenn sie sonst gesund erscheinen.

Wenn Ihre Katze keine Katzentoilette benutzt, kann es schwierig werden, festzustellen, wie ihr Stuhl normalerweise aussieht und ob sie überhaupt ein Verdauungsproblem hat. Sollte sie an Durchfall leiden, kann man dies aber oft am verschmutzten Fell am After erkennen.

Bei akutem Durchfall lässt man die Katze nicht ins Freie und gibt ihr 24 Stunden lang nur frisches Wasser und keine feste Nahrung. Danach bietet man ihr zunächst leicht Verdauliches an wie Babynahrung, gekochtes Fleisch oder gekochten Fisch in kleinen Mengen vier- bis sechsmal am Tag. Am ersten Tag sollte die Nahrungsmenge nur etwa die Hälfte des Üblichen ausmachen; an den folgenden Tagen kann sie langsam gesteigert werden, sofern kein weiterer Durchfall auftritt. Erst wenn das Tier zwei Tage lang wieder normalen Stuhl hat, kann man die gewohnte Nahrung füttern. Wenn der Durchfall länger andauert oder die Katze Blut im Stuhl hat, sollte man möglichst schnell den Tierarzt aufsuchen.

Durchfall in Verbindung mit Gewichtsverlust kann auf eine Hormonstörung, etwa eine Überaktivität der Schilddrüse hinweisen. In diesem Fall würde die Katze einen enormen Appetit entwickeln. Meist sind ältere Katzen von einer Störung der Schilddrüse betroffen, aber Ihr Tierarzt würde gegebenenfalls den Hormonspiegel in einem Bluttest prüfen.

Schwarzer Stuhl, der wie Teer aussieht, ist oft Anzeichen für eine innere Verletzung oder einen Tumor und sollte immer sehr ernst genommen werden. Nehmen Sie nach Möglichkeit eine Stuhlprobe mit zum Tierarzt, um sie daraufhin untersuchen zu lassen.

Nahrungsmittelüberempfindlichkeit

Viele Katzen reagieren überempfindlich auf bestimmte Nahrungsmittel. Milch sollte man nie anstelle von Wasser geben, sondern mit anderen Molkereiprodukten als Teil der „festen" Nahrung betrachten. Wenn Ihre Katze oft Durchfall hat, nehmen Sie Milch und Milcherzeugnisse insgesamt vom Speiseplan. Selbst gekochtes Essen sollte durch qualitatives Katzenfutter ersetzt werden. Achten Sie auch darauf, dass die Katze keine Nahrungsmittel woanders sucht oder erbettelt, da Ihre Bemühungen um die richtige Ernährung damit hinfällig würden.

Verstopfung

Verstopfung erkennt man daran, dass die Katze einen harten, trockenen Stuhl oder gar keinen Stuhlgang hat. Möglich ist auch, dass sie nach mehreren Pressversuchen lediglich etwas Flüssigkeit ausscheidet. Wenn der Stuhl lange zurückgehalten wird, resorbiert der Darm mehr Flüssigkeit als üblich, und die Masse wird zu fest, um ausgeschieden werden zu können. Katzen mögen es nicht, wenn sie eine verschmutzte Katzentoilette benutzen müssen, und werden vielleicht aus diesem Grund den Kot zurückbehalten. Aber auch Stress, Fellballen im Magen, Flüssigkeitsverlust und Tumore oder ein Darmverschluss können zu Verstopfung führen. Diese Art von Verdauungsstörungen zeigen sich häufiger bei älteren Katzen.

◀ *Eine an Verstopfung leidende Katze wird der Tierarzt in der Regel ausführlich untersuchen und dabei den Bauch abtasten (links), eine Rektoskopie vornehmen und eventuell eine Röntgen- oder Ultraschalluntersuchung machen.*

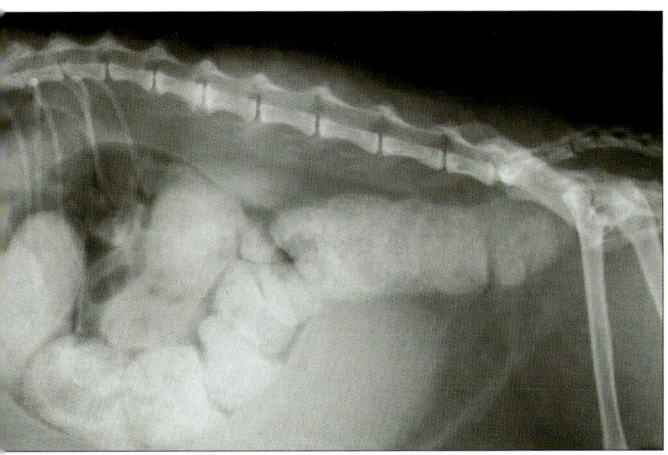

▲ *Das Röntgenbild zeigt die Kotansammlung im Dick-darm einer an Verstopfung leidenden Katze. Vorbeugend kann man sie ballaststoffreich ernähren und oft bürsten, um die Bildung von Fellballen zu vermeiden.*

● Meine Kätzin hat sich bei einem Unfall das Becken gebrochen. Der Tierarzt fürchtet, dass sie davon längerfristig Verstopfung bekommen könnte und möchte ihr regelmäßig Abführmittel geben. Kann sich das negativ auf ihre Gesundheit auswirken?

Ja, eine langfristige Gabe von Abführmitteln kann die Aufnahme von fettlöslichen Vitaminen (A, D, E und K) beeinträchtigen. Diese zählen jedoch zu den lebenswichtigen Nährstoffen. Geben Sie der Katze daher regelmäßig ergänzende Vitaminpräparate. Der Tierazt wird Sie dahin gehend beraten können.

● Der Tierarzt hat mir empfohlen, meinem Kater täglich etwas Mineralöl gegen seine Verstopfung zu geben, aber ich habe große Schwierigkeiten, es ihm einzuflößen – der Kater kann nämlich sehr eigenwillig sein! Haben Sie einen Rat?

Bei der Verabreichung von flüssiger Medizin muss man immer sehr vorsichtig vorgehen – wenn sich die Katze verschluckt, kann das schwer wiegende Folgen haben. Geben Sie Ihrem Kater das Öl in kleinen Portionen (mit einem Teelöffel oder einer Pipette) und lassen Sie ihm viel Zeit eine Portion zu schlucken, bevor er die nächste bekommt. Das geschmacksneutrale Mineralöl mit etwas Leckerem, zum Beispiel Sardinenöl, zu verfeinern kann vielleicht helfen. Oder Sie streichen dem Kater etwas Öl auf die Schnurrhaare oder Pfoten, damit er es beim Putzen ableckt.

Erkennbar wird das Problem, wenn Sie bemerken, dass die Katze mehrere Tage lang keinen Stuhlgang hat oder ohne Erfolg presst. Wenn die Verstopfung längere Zeit andauert, wird die Katze allmählich schwächer und sie wird viel Flüssigkeit verlieren. Eventuell wird sie auch erbrechen. Bringen Sie die Katze dann sofort zum Tierarzt. Dort wird sie wahrscheinlich mit einem Einlauf oder einem Abführmittel behandelt, was gelegentlich unter Narkose geschehen muss. Der Tierarzt wird vielleicht eine Diät gegen Verstopfung verschreiben oder geringe Mengen leicht verdaulicher Nahrungsmittel wie Fisch, Hühnchen, Kleie oder weich gekochtes Ei empfehlen.

Um die Ursache herauszufinden, wird der Arzt Röntgenbilder anfertigen oder einen Bluttest machen. Die Katze wird eine Zeit lang beobachtet und dann werden entsprechende Maßnahmen getroffen. Es ist möglich, dass die Katze dauerhaft auf eine Spezialdiät gesetzt werden muss. Eine schwere Erkrankung, die als Megakolon bezeichnet wird und meist jüngere Katzen (2-9 Jahre) betrifft, führt zu einem Einschluss des Kots und einer Ausweitung des Dickdarms. Medikamente können Abhilfe schaffen, aber gelegentlich muss auch der betroffene Teil des Darms entfernt werden.

Das muss der Tierarzt wissen

VERSTOPFUNG

- Presst die Katze regelmäßig beim Stuhlgang oder scheint sie Schmerzen zu haben?
- Ist ihr Bauch geschwollen oder besonders fest?
- Putzt sich die Katze viel? Fellballen können zu Verstopfung führen.
- Stand die Katze unter Stress durch veränderte Lebensumstände (Krankenhausaufenthalt, Tierpension)?
- Jagt die Katze viel oder wird sie woanders gefüttert? Könnte sie einen Knochen verschluckt haben?
- Hat sie einmal einen Beckenbruch gehabt?
- Zeigt die Katze andere Krankheitsanzeichen?
- Nimmt sie zur Zeit Medikamente ein?

Gewichtsverlust

EINE GESUNDE AUSGEWACHSENE KATZE WIEGT normalerweise zwischen 2,75 kg und 5,5 kg. Am wenigsten wiegen orientalische Kurzhaarrassen, am schwersten sind Langhaarkatzen — die Maine Coon kann sogar ein Gewicht von 8 kg und mehr erreichen. Es gibt Richtwerte für die Rasse Ihrer Katze, aber auch für ihren Typ und ihr Alter, an denen Sie sich orientieren können. Fragen Sie Ihren Tierarzt, wenn Sie unsicher sind. Bedenken Sie auch, dass Katzen, die viel Zeit außerhalb des Hauses verbringen, meist etwas leichter sind als reine Wohnungskatzen.

Eine Katze wiegt man am einfachsten, indem man sie auf den Arm nimmt und sich mit ihr zusammen auf die Waage stellt. Merken Sie sich das Gesamtgewicht und ziehen Sie Ihr eigenes Gewicht davon ab. Da die Messmethode ungenau ist, wiederholen Sie das Wiegen nochmal nach ein oder zwei Wochen. Wenn Sie Gewichtsprobleme bei der Katze vermuten, kann der Tierarzt genauere Werte ermitteln.

Viele Tiere verlieren schnell an Gewicht, wenn sie keine Nahrung zu sich nehmen. Ein innerhalb kurzer Zeit auftretender Gewichtsverlust kann mehrere Gründe haben. Hat sie viel Freilauf, und war sie vielleicht ein oder zwei Tage draußen unterwegs? Möglicherweise war sie irgendwo eingesperrt und hatte keinen Zugang zu Nah-

● **Meine Katze ist praktisch den ganzen Sommer über draußen und frisst dabei auch viele Mäuse. Sie scheint dann trotzdem immer viel dünner zu sein. Ist das normal?**

Vielleicht sieht sie nur dünner aus, weil sie ihr Winterfell verloren hat? Möglich ist auch, dass sie einige Mahlzeiten zu Hause auslässt, weil sie lieber draußen bleibt, und durch die Mäusemahlzeiten werden ihrem Körper weniger Kalorien zugeführt. Beim Jagen wird sie zudem mehr Energie verbrauchen. Solche Schwankungen im Jahresverlauf sind ganz normal, und Sie brauchen sich keine Gedanken zu machen.

● **Ich habe einen sechs Jahre alten kastrierten Kater, der seit unserem Umzug immer mehr Gewicht verliert. Er wirkt auch etwas deprimiert und ist nicht immer da, wenn es Essen gibt. Gibt es einen Zusammenhang mit dem Umzug?**

Das könnte sein – Appetitlosigkeit ist oft ein Symptom von Stress. Widmen Sie ihm mehr Zeit als üblich und geben Sie ihm möglichst viel Zuwendung. Aber lassen Sie ihn auch vom Tierarzt untersuchen, falls es doch ein medizinisches Problem gibt.

● **Meine 14-jährige Kätzin wird merklich dünner. Das Rückgrat kommt schon durch, und die Hüften stehen hervor. Trotzdem frisst sie mehr als sonst, und sie ist auch oft aggressiv und wirkt unruhig. Liegt das am Alter?**

Möglicherweise hat Ihre Katze einen Schilddrüsentumor, was bei älteren Katzen nicht selten vorkommt. Als Folge davon wird zuviel Schilddrüsenhormon produziert. Das beschleunigt den Stoffwechsel und sie nimmt ab, obwohl sie viel isst. Unruhe und Aggressivität sind auch typische Anzeichen. Abhilfe schaffen Medikamente oder zur Not auch eine Operation.

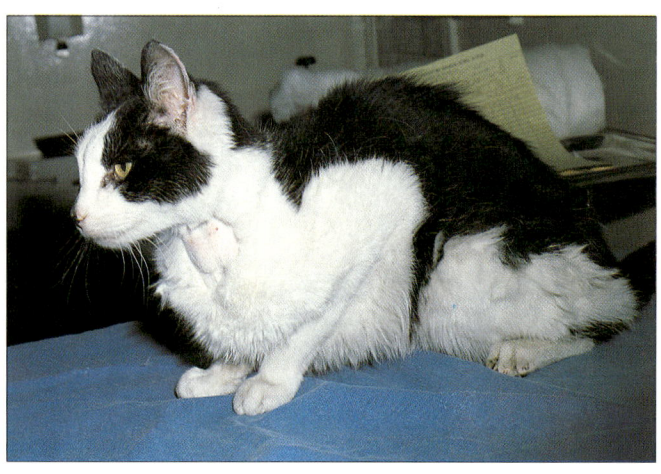

◀ *Die vergrößerte Schilddrüse macht sich als Schwellung am Hals der Katze bemerkbar. Dieses Tier leidet an einer fortgeschrittenen, schweren Schilddrüsenüberfunktion.*

rungsmitteln. Gibt es ein neues Haustier in der Familie? Oder sind die Nachbarn, von denen sie manchmal gefüttert wird, im Urlaub? Gewichtsverlust kann ebenso an einer Umstellung der Nahrung liegen. Katzen fressen lieber gar nichts als etwas, das ihnen nicht schmeckt. Sie brauchen sich keine Hoffnungen zu machen, dass Ihre Katze Futter irgendwann akzeptiert, das ihr nicht schmeckt – kehren Sie am besten einfach zum Gewohnten zurück. Wenn Sie das Tier auf Diät gesetzt haben, weil es übergewichtig war, fehlen ihm vielleicht wichtige Nährstoffe. Fragen Sie vor einer Diät den Tierarzt.

Ungeklärter Gewichtsverlust

Wenn das Rückgrat und die Hüftknochen Ihrer Katze durch das Fell hindurch erkennbar werden, sollten Sie das als Alarmzeichen betrachten.

Das muss der Tierarzt wissen

- Haben Sie Veränderungen im Fressverhalten der Katze wahrgenommen? Lässt sie ihr Futter stehen oder isst sie mehr als üblich?
- Haben Sie die Nahrung umgestellt?
- Haben Sie Anzeichen von Würmern gefunden, zum Beispiel reiskorngroße Glieder am After (siehe S. 90-91)?
- Hat die Katze schlechten Atem? Speichelt sie oder hat sie Probleme beim Essen?
- Hat die Katze erbrochen oder Durchfall gehabt?
- Trinkt sie mehr als gewöhnlich?
- Haben Sie Klümpchen unter der Haut bemerkt?

▶ *Bei krankheitsbedingter Appetitlosigkeit müssen Sie ihre Katze eventuell mit einem Löffel füttern. Der Tierarzt kann dafür eine spezielle, gut schmeckende Diät empfehlen. Es kann auch helfen, das Futter auf Körpertemperatur zu erhitzen.*

Auch das Gesicht ist knochig, die Augen eingesunken oder vorstehend. Der Bauch kranker Tiere kann durch Flüssigkeitsansammlung oder einen Tumor an Größe zunehmen. Das Gesamtgewicht bleibt dann zwar mehr oder weniger unverändert, aber krank ist die Katze trotzdem. Gewichtsverlust, den Sie nicht erklären können, sollten Sie tierärztlich überprüfen lassen. Zu den häufigsten Gründen zählt hier Wurmbefall (siehe S. 90-91). Nehmen Sie gleich eine Stuhlprobe zur Untersuchung mit. Vor allem ältere Katzen wollen oft nicht fressen, weil sie eine Entzündung im Mund oder Zahnschmerzen haben. In Frage kommen aber ebenso Infektionskrankheiten, Dauerschmerzen, Probleme mit Herz, Nieren oder Leber und ebenso ein Tumor. Obwohl die Katze Gewicht verliert, kann es sein, dass sie mehr Nahrung zu sich nimmt als früher. In diesem Fall würde der Tierarzt eine mögliche Störung im Verdauungsapparat (siehe S. 112-113) und im Stoffwechsel etwa durch Diabetes oder durch eine Schilddrüsenüberfunktion (siehe S. 114-115) in Betracht ziehen.

Übermäßiger Appetit

DIE FRAGE DANACH, WAS ALS NORMALER APPETIT gelten kann, ist nicht leicht zu beantworten. Eine kleine, ausgewachsene aber noch junge und aktive Kätzin hat zum Beispiel einen weit höheren Energiebedarf als ein größerer, älterer und trägerer kastrierter Kater. Zudem variiert der Appetit jeder Katze von Tag zu Tag. Manche sind sehr anspruchsvoll bezüglich ihres Futters und fressen vielleicht große Mengen an einem Tag und am nächsten dann gar nichts. Die meisten Tiere werden zweimal am Tag gefüttert, aber viele Katzen fressen trotzdem lieber mehrere, kleine Portionen; es kommt vor, dass sie zehnmal am Tag zu ihrem Napf kommen – auch nachts.

▼ *Aus Hunger wurde diese wohl erzogene Katze zu einer Küchendiebin. Es kann einen einfachen Grund dafür geben, dem man aber auf jeden Fall nachgehen sollte.*

Manchmal müssen Sie damit rechnen, dass Ihre Katze mehr Appetit hat. Gegen Ende der Trächtigkeit und in den ersten Wochen der Säugeperiode werden Kätzinnen einen deutlich erhöhten Nahrungsbedarf haben. Katzen mit viel Freilauf fressen in der Regel ebenfalls mehr. Die zusätzliche Bewegung kompensiert dabei überschüssige Kalorien, sodass kein Fett angelagert wird. Starkes Übergewicht besonders bei älteren, weniger aktiven Tieren ist durchaus üblich. Erste Anzeichen dafür sind ein allmählich wachsendes Fettpolster von den Flanken bis zu den Hinterbeinen. Auch die Taille zwischen den hinteren Rippen und der Hüfte ist oft nicht mehr vorhanden. Wenn Sie Übergewicht bei Ihrer Katze vermuten, sollten Sie die Futtermenge überprüfen und eventuell reduzieren. Der Tierarzt kann Ihnen dazu nützliche Hinweise geben.

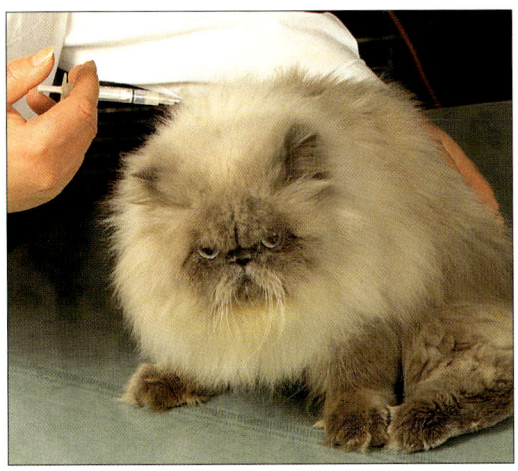

▲ *Ein übermäßig gesteigerter Appetit kann ein Hinweis auf Diabetes sein. Oft kann man die Erkrankung durch tägliche Insulinspritzen in den Griff bekommen.*

Medizinische Gründe

Plötzlich erhöhter Appetit kann auf eine Erkrankung zurückzuführen sein und sollte immer vom Tierarzt untersucht werden. Mögliche Ursachen sind zum Beispiel Nierenprobleme, unausgewogene Ernährung, Verdauungsstörungen oder schlechte Nahrungsverwertung in Verbindung mit einem Krebsleiden. Aber auch eher Alltägliches wie ein Wurmbefall (siehe S. 110-111) ist denkbar. Gesteigerter Hunger kann, muss aber nicht von einem Gewichtsverlust begleitet sein. Wenn die Katze Durchfall hat oder klumpigen, fettigen und stark riechenden Stuhl ausscheidet, der einen hohen Anteil unverdauter Nahrung enthält, liegt eine Erkrankung der Verdauungsorgane, etwa der Bauchspeicheldrüse, nahe. Dabei wird die Nahrung nicht richtig verarbeitet und die Katze hat ständig Hunger.

Diabetes äußert sich ebenfalls in gesteigertem Appetit, da hierbei Zucker – also ein Energiespender – mit dem Urin verloren geht. Weitere Anzeichen für Diabetes sind Gewichtsverlust und großer Durst (siehe S. 114-115). Schilddrüsentumore, die zu einer erhöhten Hormonausschüttung führen und den Stoffwechsel anregen, haben einen ähnlichen Effekt (siehe S. 110).

Schließlich kann es auch an bestimmten Medikamenten liegen, wenn die Katze ständig Hunger hat. Informieren Sie den Tierarzt, falls in letzter Zeit Arzneien verabreicht wurden.

F & A

● *Unser Kater isst und trinkt immer extrem viel. Nun hat man bei ihm Diabetes diagnostiziert. Müssen wir ihn einschläfern lassen?*

Diabetes entsteht, wenn die Bauchspeicheldrüse nicht mehr genügend Insulin produziert, und kommt bei Katzen häufig vor. Wenn es Ihrem Kater grundsätzlich nicht schlecht geht, gibt es auch keinen Grund, ihn einschläfern zu lassen. Die Krankheit ist nicht heilbar, aber ihr Tierarzt wird Sie darüber beraten, wie Sie sie am besten in Schach halten können. Eine Möglichkeit besteht in regelmäßigen Insulinspritzen und Urinuntersuchungen. Wenn das aber nicht mit Ihrem Alltag vereinbar ist, können oft auch orale Medikamente in Verbindung mit einer kontrollierten Diät helfen.

● *In letzter Zeit ist unsere Katze richtig gierig geworden. Sie schlingt ihr Futter hinunter, folgt mir dann durch das ganze Haus und bettelt um mehr. Sie frisst alles, was sie bekommen kann. Sie hat außerdem übel riechenden, hellen und klumpigen Stuhl und verliert Gewicht. Braucht sie mehr Futter?*

Es scheint, als hätte Ihre Katze Probleme mit der Verdauungsenzyme produzierenden Bauchspeicheldrüse. Wenn diese nicht richtig funktioniert, wird unverdaute Nahrung, und zwar besonders die fetthaltigen Anteile, mit dem Stuhl ausgeschieden. Daher kommen der strenge Geruch und die Farbe. Geben Sie Ihr auf keinen Fall mehr Futter, sondern lassen Sie sich vom Tierarzt über eine fettarme Diät für Ihre Katze beraten und ihr Tabletten zur Nahrungsergänzung mit Enzymen verschreiben.

Anzeichen für übermäßigen Appetit

Veränderte Fressgewohnheiten Ihrer Katze können auf eine Erkrankung hinweisen. Achten Sie auf folgende Anzeichen:

● Ihre Katze folgt Ihnen ständig, miaut um Fressen und hat zu ungewöhnlichen Zeiten Hunger.

● Sie nimmt jede Art von Katzenfutter an, obwohl sie bisher eher wählerisch war.

● Sie leert ihren Napf auf einmal, obwohl sie bisher mehrmals kleinere Mengen gegessen hat.

● Sie stiehlt Essen vom Tisch, obwohl sie dazu erzogen wurde, nicht hinauf zu springen.

● Sie bettelt am Tisch, wenn die Familie beim Essen sitzt.

● Sie bettelt bei den Nachbarn.

Übermäßiger Durst

▲ *Vielen gesunden Katzen schmeckt das Wasser aus der Küchenspüle nicht, und sie trinken lieber aus anderen Quellen wie zum Beispiel dem Gartenteich.*

ÜBERMÄSSIG GESTEIGERTER DURST, BESONDERS BEI älteren Katzen, kann ein Hinweis darauf sein, dass mit der Gesundheit der Katze etwas nicht stimmt. Achten Sie deshalb auf Zeichen einer erhöhten Flüssigkeitsaufnahme (siehe Kasten). Entwicklungsgeschichtlich waren Katzen ursprünglich Wüstenbewohner, die dank ihrer äußerst effektiven Nieren einen relativ niedrigen Wasserbedarf hatten. Wenn es warm ist, trinken Katzen etwas mehr, aber sie können gut mit ihren Reserven haushalten und suchen sich dann ein kühles Plätzchen im Schatten. Um die bei der Temperaturregulierung verlorene Flüssigkeit zu ersetzen, brauchen sie nicht soviel zu trinken wie Hunde. Unter bestimmten Umständen steigt der Flüsigkeitsbedarf. Dies ist bei Kätzinnen gegen Ende der Trächtigkeit oder während der Säugeperiode der Fall. Wenn Ihre Katze regelmäßig salzreiche Nahrung zu sich nimmt, wird sie auch

mehr Durst haben. Lassen Sie sich nicht zu der Annahme verleiten, dass Ihre Katze durstig ist, wenn sie viel Milch trinkt. Wenn sie Flüssigkeit brauchen, trinken Katzen Wasser. Milch ist für Katzen nicht sehr geeignet, obwohl sie sie gern trinken, wenn sie ihnen angeboten wird.
Übermäßiger Durst kann auch eine medizinische Ursache haben. Anhaltender Durchfall und wiederholtes Erbrechen führen zu starkem Flüssigkeitsverlust, der durch vermehrtes Trinken ausgeglichen werden muss. Auch Medikamente können den Durst anregen; der Tierarzt wird Sie aber darauf hinweisen und Ihnen raten, immer eine gut gefüllte Wasserschale zur Verfügung zu stellen.

Was kann man tun?

Wenn kein Grund für den erhöhten Durst Ihrer Katze ersichtlich ist und sie auch mehr als gewöhnlich uriniert, sollten Sie möglichst bald mit ihr zum Tierarzt gehen. Beobachten Sie vorher genau, wie viel Flüssigkeit die Katze zu sich nimmt. Füllen Sie die Wasserschale bei Bedarf mehrmals mit einer abgemessenen Menge Wasser und kippen Sie den Rest nach 24 Stunden wieder zurück. Die Differenz ist die getrunkene Menge. Wenn möglich, wiederholen Sie das Ganze, um eventuelle Schwankungen zu berücksichtigen. Um ganz sicher zu gehen, lassen Sie in dieser Zeit die Katze im Haus. Halten Sie auch den Toilettendeckel geschlossen. Empfehlenswert ist es, eine Urinprobe zum Tierarzt mitzunehmen. Wie man an die Probe kommt, ist auf Seite 116 beschrieben – eine nicht ganz einfache Prozedur.

Eine der häufigsten Ursachen für übermäßigen Durst, vor allem bei alten Katzen, liegt in einer chronischen Nierenschwäche. Der Urin wird dann wässrig, die Katze hat kaum Appetit, ihr Atem fängt an streng zu riechen und sie entwickelt Geschwüre im Mund. Weitere möglicherweise zugrunde liegende Erkrankungen sind Leberleiden (ebenfalls meist bei älteren Tieren), tumorbedingte Schilddrüsenüberfunktion, Krebs (besonders des lymphatischen Systems) und Diabetes mellitus. Zur genauen Diagnose dieser Erkrankungen werden Urin- und Blutproben sowie Röntgen- und Ultraschallbilder untersucht.

▲ *Ein tropfender Wasserhahn ist bei übermäßigem Durst sehr willkommen. Wenn Ihre Katze auf einmal neue, ungewöhnliche Orte zum Trinken aufsucht, kann das auf ein gesundheitliches Problem hindeuten.*

Anzeichen für übermäßigen Durst

- Die Wasserschale der Katze muss immer öfter wieder nachgefüllt werden.
- Sie entfernt sich nicht sehr weit von ihrer Wasserschale.
- Sie beginnt Wasser aus anderen Quellen zu trinken, z. B. der Küchenspüle, tropfenden Hähnen oder der Toilettenschüssel.
- Sie trinkt häufiger aus Pfützen und Gartenteichen.
- Sie geht öfter aus dem Haus um zu urinieren.
- Die Katzentoilette ist ständig nass.

● *Mein schon etwas älterer Kater hat seit einiger Zeit immer mehr Durst. Der Tierarzt hat ein fortschreitendes Nierenversagen diagnostiziert. Ist das heilbar?*

Wenn die Erkrankung nicht zu weit fortgeschritten ist, kann man vielleicht mit einer Tropfinfusion jene Gifte, die von der Niere nicht mehr entsorgt werden, aus dem Körper spülen. Medikamente können unter Umständen auch helfen, und begleitend dazu werden oft Spezialdiäten empfohlen. Wenn jede Behandlung aussichtslos ist, sollten Sie erwägen, ihn einschläfern zu lassen. Besprechen Sie das am besten mit Ihrem Tierarzt.

● *Vor kurzem habe ich die Ernährung meiner Katze von Dosen- auf Trockenfutter umgestellt. Nun hat sie wesentlich mehr Durst und hält sich sogar manchmal unter dem tropfenden Duschkopf auf. Gibt es da einen Zusammenhang?*

Ja – Dosenfutter enthält bis zu 87 Prozent Wasser; das reicht um den Flüssigkeitsbedarf vieler Katzen insgesamt zu decken. Katzen, die von Trockenfutter ernährt werden, müssen immer Zugang zu Wasser haben, um das Defizit auszugleichen. Besser wäre es gewesen, die neue Nahrung allmählich einzuführen, um der Katze Zeit zur Umgewöhnung zu geben.

Blasenerkrankungen

ES IST KEINE SELTENHEIT, DASS KATZENBESITZER Blut im Urin ihrer Katze bemerken oder beobachten, wie das Tier beim Harnlassen presst. Beides können typische Anzeichen für eine Erkrankung von Blase oder Harnröhre sein. Die Urinausscheidung trägt entscheidend zum chemischen Gleichgewicht des Körpers bei. Nicht ausgeschiedener Urin kann den gesamten Organismus vergiften; es bedarf also einer möglichst schnellen Klärung des Problems. Alles, was Sie zum häuslichen Verhalten der Katze berichten können, wird die Diagnose beträchtlich erleichtern (siehe Kasten). Manchmal gelingt es dem Tierarzt, eine geringe Menge Urin durch Druck auf die Blase oder durch eine Blasenpunktion zu erhalten. Wenn die Blase nur wenig oder keinen Urin enthält, kann es auch nötig werden, einen Katheter zu legen. Bringen Sie, wenn möglich, eine Urinprobe zur Untersuchung mit.

Daneben sind oft noch weitere Tests notwendig, darunter eine Untersuchung des Blutes auf eventuelle Infektionen und zur Überprüfung der Nierenfunktion sowie eine Ultraschall- oder Röntgenuntersuchung der Blase.

Häufig auftretende Probleme

Von den Beschwerden, die sich im Harnsystem entwickeln können, sind Blasenentzündungen die häufigsten. Diese auch Zystitis genannte Erkrankung entsteht oft durch eine aufsteigende bakterielle Infektion vom Penis

F & A

● *Nachdem mein Kater keinen Harn mehr lassen konnte, wurde sein Penis entfernt. War das nötig?*

Der Penis ist der engste Durchfluss im Harnsystem; deshalb kommt es meist hier zum Verschluss. Wenn eine Spülung nicht hilft, kann man nur noch den Penis entfernen und eine neue Harnöffnung unterhalb des Schwanzansatzes anlegen.

● *Muss ich mit meiner Kätzin wegen einer Blasenentzündung notfalls nachts zum Tierarzt fahren?*

Akute Blasenentzündung ist unangenehm, aber Kätzinnen werden nur extrem selten einen Harnröhrenverschluss bekommen. Wenn sie nicht zugleich auch erbricht, können Sie ruhig bis zum Morgen warten.

● *Wie erhalte ich eine Urinprobe von meiner Katze?*

Die meisten Katzen urinieren in eine leere Katzentoilette, wenn man sie im Haus behält. Reinigen und trocknen Sie die Toilette, bevor die Katze sie benutzt, und füllen Sie dann einen Teil des Urins in ein gut verschließbares Fläschchen oder Glas.

● *Mein 11 Jahre alter Kater hat eine chronische Nierenschwäche. Welche Folgen hat das?*

Viele ältere Katzen leiden an chronischer Nierenschwäche, sind untergewichtig und zeigen nur geringen Appetit sowie einen stark riechenden Atem, und sie urinieren sehr oft. Ihr Tierarzt wird ihn genau beobachten und Medikamente in Verbindung mit einer Spezialdiät verschreiben.

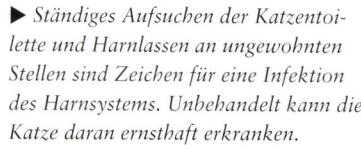

▶ *Ständiges Aufsuchen der Katzentoilette und Harnlassen an ungewohnten Stellen sind Zeichen für eine Infektion des Harnsystems. Unbehandelt kann die Katze daran ernsthaft erkranken.*

▲ *Harnsteine bestehen aus Kristallen, die sich im Urin der Katze bilden. Sie können die Harnröhre blockieren und so zu großen Schmerzen und akuten Infektionen führen. Harnsteine erreichen in seltenen Fällen eine Länge von bis zu 13 mm.*

Das muss der Arzt wissen

- Enthält der Urin Blutspuren?
- Uriniert die Katze öfter als sonst und produziert sie dabei nur geringe Mengen?
- Sind Ihnen Blut- oder Urinflecken in der Wohnung aufgefallen?
- Sucht die Katze zum Harnlassen ungewöhnliche Orte auf?
- Versucht sie oft angestrengt, aber ohne Erfolg zu urinieren? Erscheint sie unwohl oder verstört?
- Leckt sie ihre Genitalien? Sehen Sie Blut an den Genitalien? Ist der Penis oft sichtbar?
- Trinkt die Katze mehr als gewöhnlich?
- Ist sie lethargisch oder hat ihr Appetit nachgelassen? Hatte sie vor kurzem einen Kollaps?

bzw. der Vagina ausgehend über die Harnröhre bis zur Blase, wo sie zur Entzündung führt. Da Kätzinnen kürzere Harnröhren als Kater haben, sind sie auch anfälliger dafür. Die entzündete Blasenwand ist extrem empfindlich, und das Tier verspürt auch dann einen Blasendruck, wenn die Blase leer ist. Im Verlauf der Erkrankung kann es zu Blutungen der Blase kommen und unbehandelt können sich Infektionen auch von der Blase über die Harnleiter ausbreiten und schließlich auf die Nieren übergehen. Dies ist eine lebensbedrohliche Entwicklung.

Einfache Infektionen werden meist durch Antibiotika bekämpft, sodass ein frühes Vorgehen immer ratsam ist. Um sicherzustellen, dass alle Bakterien abgetötet werden, muss das Medikament solange verabreicht werden, wie es der Hersteller vorsieht, und zwar auch dann, wenn das Tier keine akuten Symptome mehr zeigt. Wenn Sie dem Katzenfutter ein wenig Salz hinzufügen, wird die Katze mehr trinken, was dazu beiträgt, die Infektion schneller aus dem Harnsystem zu spülen.

Eine andere häufige Erkrankung des Harnsystems ist das so genannte Feline Urologische Syndrom (FUS), von dem eher Kater als Kätzinnen betroffen sind. Es kann sowohl bakteriell als auch durch Viren ausgelöst werden und geht oft mit der Bildung von Harnsteinen im alkalischen Urin einher. Im stark konzentrierten Harn kristallisieren die enthaltenen Salze aus und bilden winzige Konkremente (Grieß oder Steine), die sich in der Harnröhre festsetzen. Diese ist bei Katern besonders eng und kann durch die Konkremente ganz blockiert werden, sodass die Katze nicht mehr urinieren kann. Jeder partielle oder totale Harnwegverschluss muss so schnell wie möglich behoben werden. In manchen Fällen lässt sich die Blockade herausspülen, sonst ist ein operativer Eingriff nötig.

Schmerzen beim Harnlassen verursachen auch Polypen oder Tumore im Blasenhals. Tumore beginnen oft zu bluten, was dann im ausgeschiedenen Urin sichtbar wird. Polypen kann man entfernen; nicht alle Tumore sind behandelbar.

Blasenerkrankungen vorbeugen

Ihre Katze sollte ständig Zugang zu frischem Trinkwasser haben, vor allem dann, wenn Sie ihr ausschließlich Trockenfutter geben. Obwohl viele Katzen lieber aus Pfützen oder von tropfenden Wasserhähnen trinken, sollten Sie ihre Wasserschale immer gut gefüllt halten (siehe S. 114-115). Der Magnesiumgehalt des Katzenfutters sollte niedrig sein, um den Urin etwas anzusäuern. Fragen Sie den Tierarzt nach den erforderlichen Werten.

Zystitis kommt oft im Winter bei frei laufenden Katzen vor. Wegen der Kälte gehen sie seltener nach draußen zum Urinieren, sodass die Blase übermäßig lange gefüllt bleibt. Bringen Sie sie dazu, eine Katzentoilette zu benutzen.

Schnupfen

ALLE KATZEN NIESEN HIN UND WIEDER, GENAU WIE dies auch Menschen tun. Es handelt sich dabei um eine Reaktion auf eingeatmete Reizstoffe im Nasen-Rachen-Raum. Das Einatmen z. B. von Körperpuder oder Staub (wenn die Katze etwa unter dem Bett herumkriecht) führt oft zu einem Niesanfall. Manche Tiere entwickeln auch eine Überempfindlichkeit gegen bestimmte Sprays. Allergien treten aber nur selten auf. Wahrscheinlich sind starke Niesanfälle eher auf Katzenschnupfen zurückzuführen (siehe S. 86-87). Dies gilt vor allem dann, wenn zugleich Absonderungen an Nase oder Augen festzustellen sind. Klar und wässrig sind sie relativ harmlos. Dickflüssige, gelb-grüne oder mit Blut durchsetzte Sekrete geben Anlass zur Sorge. Eventuell frisst das Tier dann auch nicht und wirkt unruhig.

Wenn die Schutzimpfungen Ihrer Katze nicht auf dem neuesten Stand sind und das Tier mit anderen Katzen Kontakt hatte, sollten Sie in diesem Fall besser den Tierarzt konsultieren. Da Katzenschnupfen höchst ansteckend ist, sollten Sie Ihren Verdacht in der Praxis vorher ankündigen. Sie werden dann bei der Ankunft von anderen ungeimpften Patienten fern gehalten.

In der Zwischenzeit sollte die Katze im Haus bleiben. Die Symptome lassen sich etwas mildern, wenn Sie die Nase vorsichtig mit warmem Wasser waschen. Auf keinen Fall dürfen Sie dem Tier Schnupfenmittel für Menschen geben – sie sind für Katzen meist extrem gefährlich.

Besonders gefährdet sind junge, noch ungeimpfte Kätzchen, deren Mutter die schlafenden Viren in sich trägt. Der Virus wird durch Speichel, Urin und Kot übertragen. Katzenschnupfen lässt sich in der Regel erfolgreich behandeln, aber junge Katzen laufen Gefahr, dass sie nach einer Erkrankung zu Trägern des Virus werden und die Symptome später immer wieder einmal zum Ausbruch kommen.

◀ *Das Kätzchen spürt ein leichtes Jucken (links) und führt die Pfote zum Mund, während die Luft beim Niesen ausgestoßen wird (unten).*

Weitere Ursachen

Wenn Ihre Katze plötzlich häufige Niesanfälle entwickelt, ansonsten aber gesund erscheint, kann auch eine Verstopfung im Nasenraum der Grund sein – besonders wenn nur eine Nasenöffnung Sekrete absondert. Eine mögliche Ursache wäre zum Beispiel eine durch einen erkrankten Zahn im Oberkiefer hervorgerufene Schwellung, die sich auf die Nasenwände auswirkt. Manchmal bleibt auch ein Stückchen Gras im Rachen hängen, das sich im hinteren Nasenraum festsetzt. Meistens kann die Katze solche Grashalme aber herausniesen. Versuchen Sie nie, eine Verstopfung in der Nase mit einem spitzen Gegenstand selbst zu entfernen – dies könnte die empfindliche Nasenschleimhaut beschädigen. Gehen Sie in solchen Fällen besser zum Tierarzt.

Dickflüssige, gelbe, grüne oder mit Blut durchsetzte Absonderungen aus der Nase sind immer ein Grund, um sofort den Tierarzt aufzusuchen. Ursachen können Pilzinfektionen und Nasentumore sein; die genaue Diagnose wird in aller Regel mit Hilfe von Röntgenbildern und einer Untersuchung von Gewebeproben gestellt.

▲ *Eine starke Reizung in der Nase hat zu einem heftigen Niesanfall mit einer blutigen Absonderung geführt. Solange die Ursache nicht geklärt ist, sollte das Tier von anderen Katzen fern gehalten werden.*

▼ *Nach dem Niesen werden Nase und Gesicht mit der Pfote trocken gewischt.*

● Meine Katze niest immer wieder, hat aber keine Absonderungen und scheint auch sonst gesund zu sein. Sie hat aber eine kleine Schwellung unter dem rechten Auge. Könnte das Niesen daher kommen?

Ja. Die beschriebenen Symptome legen einen Abszess am Gaumen nahe, der die Schwellung verursacht und zu Reizungen im Nasengang führt. Sehen Sie nach, ob Sie an den oberen rechten Zähnen oder am Gaumen Rötungen, Eiter oder Zahnstein entdecken. Vielleicht riecht der Atem auch sehr streng? Wenn kein Abszess festzustellen ist, kann eine Röntgendiagnose oder eine Gewebeuntersuchung notwendig werden.

● Vor einiger Zeit haben wir einen herrenlosen Kater aufgenommen, den wir dann kastrieren und gegen Katzenseuche impfen ließen. Er hat sich gut eingelebt, niest aber häufig und zeigt eine cremige Absonderung. Ist das eine Reaktion auf die Impfung?

Vielleicht kam er als junger Kater mit einem bestimmten Virus in Kontakt, den er heute noch in sich trägt. Der durch die Kastration entstandene Stress kann die Symptome wieder hervorgerufen haben. Die Impfung schützt ihn vor anderen Viren, aber er wird weiterhin immer wieder mal verschnupft sein. Wenn die Absonderungen nicht klar werden oder stärker werden, wird der Tierarzt vielleicht Antibiotika verschreiben und einen FIV-Test durchführen (siehe S. 86-87).

Atemprobleme

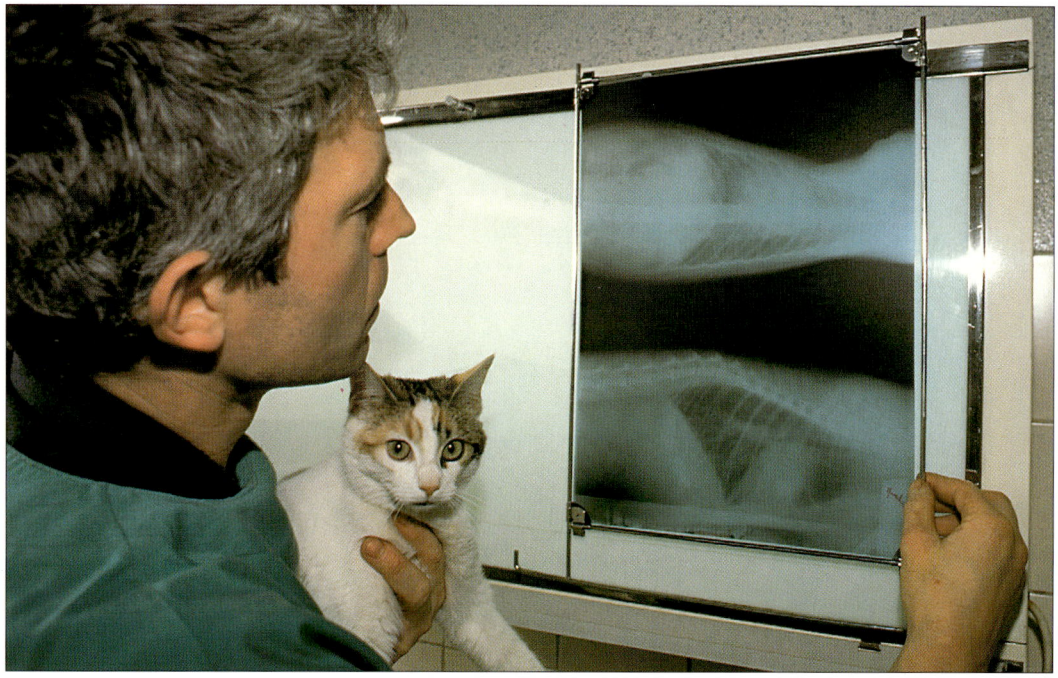

KATZEN HUSTEN NUR SELTEN UND WENN, DANN liegen dem meist Lungen- oder Herzprobleme zugrunde, gelegentlich auch ein Problem mit der Luftröhre. Sporadisches, trockenes Räuspern ist kein Grund zur Sorge, doch ein anhaltender, häufiger oder auch stärker werdender Husten sollte vom Tierarzt untersucht werden. Sie sollten den Husten dann beschreiben können: wann Sie ihn zuerst bemerkt haben, ob er eher trocken oder schleimig ist, wie oft er vorkommt, ob er häufiger bei Bewegung oder beim Ruhen auftritt, ob die Katze andere Krankheitszeichen zeigt, wie zum Beispiel Appetitlosigkeit, und ob andere Katzen im Haushalt auch betroffen sind. Wahrscheinlich müssen Sie auch den Impfpass vorlegen (siehe S. 86-87). Vermutlich wird bei der Diagnosestellung ein Röntgenbild der Brust gemacht. Der Tierarzt wird auch Rachen und Atemwege der Katze mit einem Endoskop betrachten und Schleimproben für eine bakteriologische Untersuchung entnehmen.

▲ *Röntgenbilder können Aufschluss über die Ursachen von anhaltendem Husten geben. Die Katze bekommt dazu eine Narkose oder ein Beruhigungsmittel.*

Akute Atemnot

Eine ruhende Katze atmet normalerweise unhörbar durch die Nase mit einer Frequenz von etwa 25-30 Atemzügen in der Minute. Das typische Schnurren hat mit der Atmung nichts zu tun, gelegentlich aber hört man einen lauteren, tieferen, dem normalen Schnurren ähnlichen Ton, wenn die Katze Schmerzen hat oder krank ist. Eigentlich weist jedes Geräusch in Verbindung mit der Atmung auf ein Problem hin. Auch Luft holen durch den offenen Mund ist bei Katzen nicht normal. Es kommt meist nur bei Schmerzen und in Notlagen vor, kann aber auch Zeichen einer Infektion oder einer Herz- oder Lungenerkrankung sein. Kontrollieren Sie die Nasenöffnungen auf Schleim, Eiter oder Blut, und säubern Sie sie vorsichtig mit angefeuchteter Watte.

Eine an Kurzatmigkeit oder Atemnot (Dyspnoe) leidende Katze wird sich niederkauern, den Hals nach vorne recken und bei seitlich abgewinkelten Ellenbogen mit der Bauchmuskulatur Luft in die Lungen und wieder heraus pumpen. Gehen Sie mit ihr in diesem Zustand äußerst vorsichtig um, denn jeder zusätzliche Stress oder gar Panik wird die Atemnot nur verstärken. Wenn es zum scheinbaren Atemstillstand kommt, legen Sie sie auf die Seite, ziehen Sie behutsam die Zunge nach vorne, um die Atemwege frei zu halten, und stellen Sie sicher, dass der Rachen nicht blockiert ist (Vorsicht vor Bissen!). Auch ein leichtes Ziehen an der Zunge kann die Atmung stimulieren (siehe S. 136-137).

Bringen Sie die Katze so schnell wie möglich zum Tierarzt. Dort müssen Sie genaue Angaben über den Anfall machen: Kam er plötzlich oder hat er sich allmählich entwickelt? Trat der Anfall auf, als sich die Katze bewegt hat? War die Katze kürzlich in einen Unfall oder Kampf verwickelt? Hat sie an anderer Stelle Schmerzen? Gibt es weitere Anzeichen einer Atemwegserkrankung wie wässrige Augen oder tropfende Nase, Husten oder Appetitlosigkeit? Zum Röntgen der Brust wird der Tierarzt der Katze ein Beruhigungsmittel geben, da eine Narkose bei Atemproblemen zu riskant ist. Bei operativen Eingriffen, wie z. B. bei einem Zwerchfellriss, ist eine Narkose jedoch unumgänglich.

● *Meine zweijährige Katze atmet im Frühling kurzzeitig immer wieder durch den Mund und ihre Zunge wird dabei blau. Woran könnte das liegen?*

Eventuell ruft eine Pollenüberempfindlichkeit asthmatische Anfälle hervor. Bis jetzt scheint das nicht gravierend zu sein, aber die Symptome können jedes Jahr etwas stärker werden. Eine Steroidbehandlung im Frühjahr kann die Anfälle verhindern oder reduzieren.

● *Wir haben einen 18 Monate alten Kater, der an Dauerhusten leidet. Als er sechs Monate alt war, hat der Tierarzt beim Abhören gesagt, dass alles normal klingt. Er ist sonst gesund, hat klare Augen und viel Freilauf. Ist der Husten besorgniserregend?*

Da der Kater schon so lange Husten hat und dieser ihn anscheinend nicht sehr stört, ist es nicht nötig ihn dem Stress umfangreicher Tests auszusetzen. Da er viel Freilauf hat und bestimmt jagt, würde ich ihn aber auf Lungenwürmer untersuchen lassen (siehe S. 90-91).

● *Meine schon ältere Kätzin hat viel abgenommen und einen trockenen Husten. Unter der Haut am Bauch hat sie einige kleine Klümpchen, die sie aber offenbar nicht schmerzen. Was kann ich tun?*

Sie könnte ein Krebsleiden in den Brustdrüsen haben. Dies würde sich schnell ausbreiten, auch auf die Lungen. Lassen Sie die Klümpchen möglichst bald untersuchen. Wenn der Befund bösartig ist, wird der Tierarzt die Brust röntgen und dann die Behandlungsmöglichkeiten mit Ihnen durchsprechen.

Ursachen von Atemproblemen

SYMPTOME	MÖGLICHE URSACHEN	BEHANDLUNG
Plötzlicher Husten; wässrige Augen und Nase, Schnupfen	Katzenschnupfen, eingeatmete Reizstoffe (Spray)	Schutzimpfungen überprüfen, Tierarzt aufsuchen
Hustenanfall, Niesen	Reizstoffe	Katze von betreffender Umgebung fern halten
Dumpfes Husten, Nahrungsverweigerung, Atemnot	Lungenentzündung, Flüssigkeitsansammlung in der Brust, Tumor	Katze beruhigen, sodass sie sich entspannt. Sofort Tierarzt aufsuchen
Mundatmung, Lippen und Zunge bläulich	Asthma	Katze in gut gelüfteten Raum bringen, beruhigen, sodass sie sich entspannt. Sofort zum Tierarzt
Mundatmung bei 60-90 Atemzügen pro Minute	Hitzschlag, Vergiftung, Brustverletzung, Fremdkörper im Nasenraum, Herzerkrankung	Katze mit lauwarmem Wasser kühlen (siehe S. 134-137). Fremdkörper im Rachen entfernen. Tierarzt aufsuchen
Geräuschvolles Atmen (Schnauben, Röcheln oder Würgen)	Fremdkörper oder Tumor in Nase oder Rachenraum	Tierarzt aufsuchen, notfalls Fremdkörper im Rachen mit Pinzette entfernen (siehe S. 134-137)

Schwächeanfälle

VEREINZELT KANN ES VORKOMMEN, DASS EINE Katze ohne Vorwarnung und ohne ersichtlichen Grund ohnmächtig wird – der Besitzer findet das Tier erschlafft, bewusst- und regungslos; es atmet sichtbar, aber schneller oder auch langsamer als normal (siehe S. 120-121). Merken Sie sich in einem solchen Fall alle Vorkommnisse und sämtliche Einzelheiten der Umstände, um sie dem Tierarzt später wiedergeben zu können.

Bewahren Sie vor allem Ruhe. Bringen Sie das Tier zunächst aus einer möglichen Gefahrenzone – zum Beispiel wenn es auf der Straße liegt – und entfernen Sie alle Gegenstände, die die Atmung behindern könnten. Bringen Sie die Katze dann in die rechte Seitenlage mit leicht ausgestrecktem Hals und tiefer als der Körper liegendem Kopf. Ziehen Sie die Zunge zur Seite heraus. Prüfen Sie den Herzschlag und ob die Katze atmet. Notfalls müssen Sie sie künstlich beatmen (siehe S. 134-137). Halten Sie die Katze warm und rufen Sie sofort einen Tierarzt an. Geben Sie dem Tier keinesfalls Medikamente oder Alkohol.

Ein plötzlicher Zusammenbruch wird oft durch einen Schock ausgelöst. Dieser kann als Reaktion auf zum Beispiel innere Blutungen nach einem Verkehrsunfall eintreten oder nach einem Sturz. Er kann auch die Folge eines akuten

Stoffwechselversagens sein. Bei einem Kreislaufzusammenbruch wird die Blutzufuhr in die äußeren Körperteile, wie Ohren, Schwanz und Füße, unterbrochen, um die Sauerstoffversorgung von Herz und Gehirn weiterhin aufrechtzuerhalten. Deshalb fühlen sich die Extremitäten kalt an. Ohne rasche Behandlung kann ein Schock tödlich sein, besonders für ältere Katzen und solche mit angegriffener Gesundheit.

Das muss der Arzt wissen

- Wie lange hat der Kollaps gedauert?
- Hat die Katze vorher geschlafen oder war sie ungewöhnlich aktiv?
- Wurde sie kürzlich bei einem Sturz, Kampf oder Unfall verletzt?
- Benahm sie sich in letzter Zeit ungewöhnlich?
- Wird sie zur Zeit medikamentös behandelt?
- Hat die Katze früher schon einen Kollaps erlitten? Wenn ja, wann? Wie lange dauerte er?
- Wie lange brauchte sie, um sich zu erholen?
- Gab es Nachwirkungen? Wirkte die Katze benommen?
- Hatte sie nach dem Anfall Hunger oder Durst?

◀ *Bei einem durch Schock bedingten Zusammenbruch ist Wärme wichtig. Legen Sie die Katze in einer Jacke oder einem Pullover auf die rechte Seite und holen Sie sofort tierärztliche Hilfe.*

Warum Katzen ohnmächtig werden

Ein vorübergehender Schwächeanfall ist Folge einer Unterversorgung des Körpers mit lebenswichtigen Substanzen wie Sauerstoff oder Traubenzucker (Glukose). Wird zum Beispiel die Sauerstoffzufuhr zum Gehirn durch Kreislaufversagen oder einer Blockade der Atemwege unterbrochen, werden alle weniger wichtigen Organe nicht mehr mit Blut versorgt und das Tier bricht zusammen. Dadurch kann das Herz leichter Sauerstoff direkt ins Gehirn pumpen und die Katze erholt sich nach wenigen Minuten wieder. Wenn keine ernsthafte Erkrankung zugrunde liegt, bleiben normalerweise keine Schäden zurück. Solche Schwächeanfälle können hin und wieder vorkommen, sind aber eher selten.

Die genauen Ursachen eines Zusammenbruchs lassen sich oft nur schwer feststellen. Bei Blutuntersuchungen werden u.a. Glukosewerte gemessen, die aber nur dann aussagekräftig sind, wenn man die Blutprobe während des Anfalls entnimmt. Wenn die Katze immer wieder einen Kollaps erleidet, kann es notwendig werden, sie zur Beobachtung in eine Klinik zu bringen, um die Körperfunktionen unmittelbar während eines Zusammenbruchs messen zu können. Erst dann ist es für den Tierarzt möglich, eine zuverlässige Diagnose zu stellen und eine adäquate Behandlung zu beginnen.

● *Unser drei Jahre alter Maine-Coon-Kater hatte einige Tage lang Schnupfen und begann, immer wieder hinzufallen, nachdem er ein Stück gelaufen war. Schmerzen hat er wohl nicht, und er isst auch normal, aber sein Miauen ist anders geworden. Der Tierarzt meint, er leidet wahrscheinlich an Myasthenie. Was ist das?*

Myasthenie ist eine seltene neurologische Erkrankung, die die Muskeln betrifft und die von Ihnen beschriebenen Symptome zeigt. Sie lässt sich meist mit Steroiden behandeln. Ihr Tierarzt wird wahrscheinlich einige Bluttests zur Bestätigung der Diagnose machen wollen und dann entsprechende Medikamente verschreiben.

● *Vor zwei Jahren begann meine achtjährige Kätzin kurze Schwächeanfälle zu erleiden. Sie kommen seitdem ungefähr viermal im Jahr vor. Der Tierarzt konnte bisher nichts feststellen, und ein Bluttest fiel kürzlich auch negativ aus. Inzwischen bin ich sehr besorgt. Kann ich noch etwas anderes tun?*

Es ist schwer eine Diagnose zu stellen, wenn die Anfälle so kurz sind, dass die Katze währenddessen nicht beobachtet werden kann. Dies gilt besonders, wenn das Tier ansonsten gesund erscheint. Sie könnten die Katze in eine Tierklinik bringen, um eine Beobachtung während eines Anfalls zu ermöglichen – was kaum praktikabel ist, wenn die Anfälle in so großen Abständen vorkommen. Warum zeichnen Sie nicht den nächsten Anfall auf Video auf? Dann könnte der Tierarzt genauer einschätzen, was dabei tatsächlich passiert.

Mögliche Gründe für Schwächeanfälle

SYMPTOME	MÖGLICHE URSACHEN	BEHANDLUNG
Erschlaffter Körper, kalte Extremitäten, blasses Zahnfleisch, Atmung verändert	Schock	Warmhalten und sofort den Tierarzt aufsuchen
Erschlaffter Körper, Blutungen aus Nase u.a. Stellen, gebrochene Krallen	Verkehrsunfall	Warmhalten und sofort den Tierarzt aufsuchen
Erschlaffter Körper, Lage in der Nähe einer Stromquelle	Elektroschock	Nicht berühren, bis der Strom abgeschaltet ist. Unverzüglich Tierarzt aufsuchen
Erschlaffter Körper, schnelle Atmung, heiße Extremitäten	Hitzschlag nach Aufenthalt in einem heißen Auto oder Raum	Körpertemperatur mit lauwarmem oder kaltem Wasser senken. Zum Tierarzt, auch wenn rasche Erholung eintritt
Kurze Erschlaffung mit schneller Erholung	Mangeldurchblutung des Gehirns. als Folge körperlicher Verausgabung oder nach Hustenanfall	Katze bequem betten. Nach Erholung Tierarzt aufsuchen

Anfälle und Krämpfe

VIELE KATZEN ZUCKEN ODER ZITTERN gelegentlich im Schlaf. Das ist völlig normal und von ganz anderer Natur als die motorischen Entladungen, die bei einem krampfartigen Anfall auftreten. Anfälle sind durch Hirnstörungen bedingt, die unwillkürliche und nicht kontrollierbare Muskelbewegungen auslösen. Manchmal zeigt die Katze nur kleine Verhaltensauffälligkeiten, wenn sie z. B. nach nicht vorhandenen Objekten schnappt. In anderen Fällen sind die motorischen Störungen stärker ausgeprägt und die Katze führt Paddel- und Laufbewegungen aus oder krümmt den Rücken übermäßig und wird ohnmächtig. Gleichzeitig speichelt sie viel und verliert die Kontrolle über Blase und Darm. Solche Anfälle sind zwar äußerst erschreckend, doch die Katze hat dabei meist keine Schmerzen und nimmt die Geschehnisse selbst nicht wahr. Bei einem Anfall greifen Sie am besten nicht ein. Versuchen Sie lediglich zu verhindern, dass sich das Tier verletzt. Bleiben Sie ruhig und schalten Sie alle Lichter sowie Radio und Fernsehen aus. Wenn Sie sich draußen befinden, gehen Sie in den Schatten. Entfernen Sie alle spitzen oder harten Gegenstände aus der unmittelbaren Umgebung und beobachten und notieren Sie genau, was passiert und wie lange es dauert. Mit diesen In-

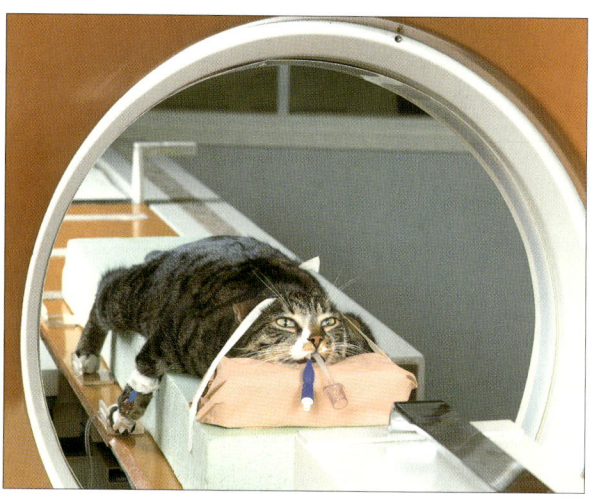

▲ Bei manchen neurologischen Leiden kann eine Computertomographie zur genauen Diagnose notwendig sein. Die Katze bekommt bei diesem Verfahren eine Narkose, damit sie vollkommen still bleibt.

formationen können Sie später dem Tierarzt den Anfall detailliert beschreiben (siehe Kasten). Normalerweise dauert ein Anfall nicht länger als ein bis drei Minuten. Geben Sie der Katze Zeit sich zu erholen, und bringen Sie sie dann einige Stunden später zum Tierarzt. Sollte der Anfall länger als zehn Minuten andauern, fragen Sie sofort den Arzt um Rat.

Charakteristische Zeichen eines Krampfanfalls

STADIUM 1: AURA
Vorzeichen

- Die Katze wirkt desorientiert.
- Sie läuft wacklig und unsicher.
- Sie wird eventuell aggressiv.
- Sie bekommt großen Hunger.
- Sie miaut und ruft häufiger.

STADIUM 2: IKTUS
Während des Anfalls

- Der Körper erstarrt.
- Muskelzuckungen setzen ein. Die Katze macht rudernde Beinbewegungen und krümmt den Rücken.
- Sie wird eventuell ohnmächtig.
- Unter Umständen lässt die Katze Kot und Urin und speichelt stark.

STADIUM 3:
Nach dem Anfall

- Die Katze scheint verwirrt und sucht Zuspruch.
- Sie hat Hunger und Durst.
- Sie scheint eventuell eine Zeit lang desorientiert.

● *Mein 16 Jahre alter Kater benimmt sich merkwürdig. Er knurrt die Wand an, nimmt Unmengen von Nahrung zu sich und läuft ziellos durch die Wohnung. Im vergangenen Monat hat er drei kurze Anfälle gehabt. Er ist auf die Seite gefallen, hat die Beine in der Luft bewegt und die Kontrolle über seine Blase verloren. Hat er vielleicht einen Gehirntumor?*

Ein Gehirntumor kann durchaus zu den Symptomen führen, die Sie beschreiben, aber sie können ebenso andere Ursachen haben. Lassen Sie beim Tierarzt eine Blutuntersuchung machen. Nieren- oder Schilddrüsenprobleme sind bei älteren Katzen nicht selten und können auch die Ursache sein. Anfälle sind oft nur von Spezialisten zu diagnostizieren. Besprechen Sie mit dem Tierarzt alle denkbar möglichen Ursachen und die bei einer Katze in diesem Alter sinnvollen Therapiemöglichkeiten.

● *Vor etwa sechs Monaten wurde bei meiner 6-jährigen kastrierten Siamkätzin Epilepsie festgestellt. Sie bekommt nun zweimal am Tag zur vorgeschriebenen Zeit eine Tablette. Es geht ihr sehr gut und sie scheint glücklich zu sein, aber trotzdem hat sie ungefähr alle zwei Wochen einen leichten Anfall. Wirkt die Medizin überhaupt?*

Vielleicht wird die Medizin nicht vollständig im Blut aufgenommen und die Konzentration im Gehirn ist zu niedrig. Der Tierarzt kann dies mit einem Bluttest in der Zeit zwischen der Einnahme zweier Tabletten überprüfen. Wenn die Dosierung angepasst werden muss, dauert es ungefähr zehn Tage, bis dies eine Wirkung zeigt. Manche Formen von Epilepsie sind nicht durch Medikamente vollständig zu kontrollieren, und Sie müssen mit dem Tierarzt besprechen, welche Häufigkeit von Anfällen akzeptabel ist. Als alternative Behandlungsmethode käme zum Beispiel auch eine Akupunktur in Frage.

● *Wir haben ein 14 Wochen altes kleines Kätzchen, das seit kurzem sehr viel speichelt und gelegentliche Anfälle hat, meistens etwa eine Stunde nach den Mahlzeiten. Das Kätzchen frisst gut, nimmt aber nicht zu und wächst auch nicht richtig. Eine Wurmbehandlung hat daran nichts geändert. Müssen wir uns Sorgen machen?*

Bringen Sie die Katze möglichst bald zum Tierarzt für eine ausführliche Untersuchung. Anfälle bei so jungen Tieren können ein Zeichen für einen angeborenen Defekt, wie zum Beispiel ein Leberschaden sein. Je schneller Sie das Problem klären, desto besser für alle Beteiligten.

Das muss der Tierarzt wissen

- Wann haben Sie den ersten Anfall bemerkt?
- Wie oft kommen die Anfälle vor und wie lange dauern sie?
- Ändert sie kurz vor einem Anfall ihr Verhalten? Wird sie aggressiv? Ist sie desorientiert?
- Verliert sie bei einem Anfall das Bewusstsein?
- Haben sich Nahrung und Lebensumstände der Katze kürzlich geändert?
- Wurde sie kürzlich gegen Würmer oder Flöhe behandelt?
- Kann sie Ratten- oder Schneckengift geschluckt haben?
- Wurde sie vom Auto angefahren? Wurde sie gebissen oder ist sie aus großer Höhe gefallen?

Die Ursache von Anfällen

Krampfartige Anfälle können auf viele Ursachen zurückzuführen sein. Die Katze kann z. B. Ratten- oder Schneckengift geschluckt haben. Auch manche Floh- und Wurmmittel können, unsachgemäß angewandt, Anfälle auslösen. Als weitere mögliche Ursachen kommen anormale Kalzium- oder Glukosewerte im Blut (Diabetes) sowie Nieren-, Leberversagen und Herzerkrankungen in Frage.

Es kann auch eine Epilepsie vorliegen. Dann würden die Anfälle über längere Zeit regelmäßig wiederkehren. Vor einer eindeutigen Diagnose von Epilepsie müssen aber erst andere mögliche Ursachen wie zum Beispiel Funktionsstörungen der Leber oder der Nieren und Vergiftungserscheinungen untersucht und ausgeschlossen werden. Sollte der Tierarzt einen Gehirntumor oder eine neurologische Erkrankung vermuten, wird die Katze einige aufwendige Tests über sich ergehen lassen müssen. Eine Epilepsiebehandlung wird in der Regel erst dann unternommen, wenn alle anderen denkbaren Ursachen so weit wie irgend möglich ausgeschlossen werden konnten.

Auch wenn die Diagnose erschreckend ist, können Katzen, die an einer Epilepsie mit unbekannter Ursache leiden, oft ein normales Leben mit ebenso normaler Lebenserwartung und nur wenigen Einschränkungen im Alltag führen. Voraussetzung dafür ist die richtige Dosierung der Medikation.

Gleichgewichtsstörungen

KATZEN BEWEGEN SICH MIT KRAFTVOLLER Eleganz und auch nie ungeschickt oder schwankend, es sei denn, es handelt sich um ein sehr altes oder krankes Tier. Wenn Ihre Katze unsicher auf den Beinen wirkt, obwohl sie gesund und noch relativ jung ist, dann sollten Sie sie gut beobachten, denn das könnte ein Alarmzeichen sein. Achten Sie speziell darauf, ob die Katze Probleme beim Springen hat oder schwerfällig aufsetzt. Nimmt sie vielleicht sogar Wände zu Hilfe um das Gleichgewicht zu halten? Wenn Sie Beobachtungen dieser Art machen oder die Katze unsicher wirkende Bewegungen zeigt, sollte sie am besten vom Tierarzt untersucht werden. Dort wird man Sie nach den Schutzimpfungen fragen sowie nach dem Beginn der Gleichgewichtsprobleme und wie schnell sie sich entwickelt haben, ob sie zu bestimmten Tageszeiten auftreten oder dann stärker sind, ob die Katze Schmerzen hat, ob sie in einen Kampf oder Unfall verwickelt war und ob Sie weitere Krankheitszeichen bemerkt haben.

Verschiedene Ursachen

Das Gleichgewicht wird von den Organen des Innenohrs gesteuert (den halbkreisförmigen Kanälen des Labyrinths); sie dienen der Orientierung und registrieren Kopfbewegungen. Die Informationen werden dann über den Hör- und Gleichgewichtsnerv an das Kleinhirn übertragen, das für die Koordination der Körperbewegungen zuständig ist. Jede Beeinträchtigung der Ohren oder des Gehirns kann damit auch den Gleichgewichtssinn durcheinander bringen.

Mögliche Gründe für Gleichgewichtsstörungen

SYMPTOME	MÖGLICHE URSACHEN	BEHANDLUNG
Unsichere Fortbewegung, Kopf zur Seite geneigt, ruckartige Augenbewegungen	Tumor oder Infektion im Ohr Vestibuläres Syndrom	Ohrenschmalz mit angefeuchtetem Wattebausch entfernen. Unverzüglich Tierarzt aufsuchen
Unsichere Fortbewegung, verwirrtes Verhalten, Seh-, Gleichgewichtsstörungen	Tumor oder Infektion im Gehirn, Gehirnverletzung	Unverzüglich Tierarzt aufsuchen
Phasen von Bewegungsunsicherheit	Stoffwechselstörungen leichte Epilepsie	Tierarzt aufsuchen
Schwankende Fortbewegung, Erbrechen, erweiterte Pupillen	Vergiftung	Giftquelle feststellen. Unverzüglich Tierarzt aufsuchen
Unsichere Fortbewegung, gesenktes Kinn, Appetitlosigkeit	Mangel an Vitamin B1 oder Kalium (speziell ältere Katzen)	Möglichst bald Rat vom Tierarzt zur Ernährung der Katze einholen

Ohrinfektionen bedingen zum Beispiel oft einen unsicheren Gang; sie sind aber mit Antibiotika gut zu behandeln. Das so genannte Vestibuläre Syndrom bedingt eine einseitige Körperneigung und zusätzlich ruckartige Augenbewegungen. Oft bleibt davon ein leichtes Kopfneigen zurück. Gehirnverletzungen, Tumore, Vergiftungen und Epilepsie führen in wechselndem Ausmaß zu Störungen des Gleichgewichts und der Motorik; Begleiterscheinungen sind oft ein unvermittelter Kollaps, Krampfanfälle und Depression. Eine weitere mögliche Ursache ist ein Vitamin- oder Kaliummangel – beides hat Auswirkungen auf die normalen Gehirnfunktionen. Angesichts der Vielzahl möglicher Ursachen gehen Sie bald für eine Diagnose zum Tierarzt, der die korrekte Behandlung festlegt.

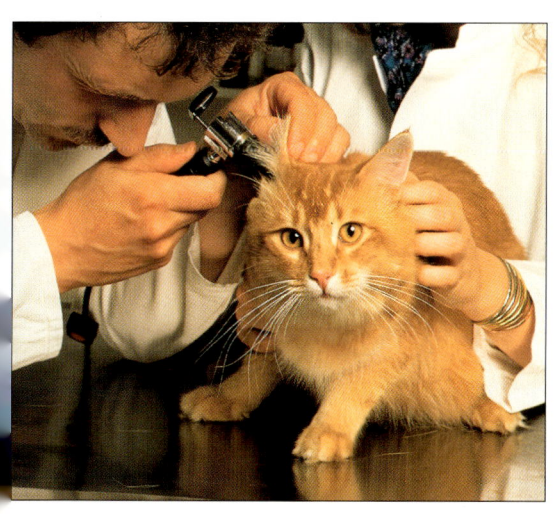

● *Ich habe unser Kätzchen gegen Flöhe eingepudert. Danach war es sehr wacklig auf den Beinen. Sollte ich lieber etwas anderes gegen die Flöhe nehmen?*

Ja. Das Kätzchen scheint überempfindlich gegen das von Ihnen verwendete Insektizid zu sein – oder die Dosis war zu hoch für die Größe der Katze. Diese Mittel greifen das Nevensystem der Insekten an, können aber das der Katze ebenso beeinflussen. Das verwendete Mittel muss ausdrücklich als für Katzen geeignet gekennzeichnet sein. – Die Leber der Katze verträgt einige Substanzen nicht, die für Hunde kein Problem sind.

● *Ich habe gehört, dass roher Fisch bei Katzen zu Gehirnschädigungen führt. Stimmt das?*

Roher Fisch enthält ein Enzym, das das für die normale Gehirnfunktion wertvolle Vitamin B1 (Thiamin) zerstört, bevor die Katze es im Körper aufnehmen kann. Zu langes Kochen von Nahrungsmitteln kann das enthaltene Thiamin ebenso zerstören. Am besten ist eine ausgewogene Fertignahrung; etwas gekochten Fisch können Sie ihr aber ruhig geben.

● *Was ist die Ursache für das Vestibuläre Syndrom und wie gefährlich ist es?*

Das ist eine unvermittelt einsetzende Störung mit unbekannter Ursache, die ausgewachsene Katzen oft in den Sommermonaten befällt. Die meisten Tiere erholen sich restlos innerhalb von zwei bis vier Wochen.

◀ *Zuerst untersucht der Tierarzt bei Gleichgewichtsstörungen die Ohren auf eine Infektion. Auch die Augenbewegungen wird er prüfen.*

Lähmungen

KATZENHALTER ERKENNEN NICHT IMMER GLEICH, wenn sich ihr Haustier nicht mehr wie gewohnt bewegen kann – viele Katzen ziehen sich dann zurück und vermeiden es, ein verletztes Bein zu belasten. Seien Sie behutsam, wenn Ihre Katze humpelt oder mehr hüpft als geht und Sie sie hochheben wollen: So gutmütig sie sonst auch sein mag, bei plötzlichen Schmerzen kann sie selbst den Besitzer unvermittelt beißen und kratzen. Wickeln Sie die Katze in ein dickes Tuch, sodass nur das verletzte Bein frei liegt. Tasten Sie das Bein vorsichtig ab, dort beginnend, wo es sie offenbar am wenigsten schmerzt. Achten Sie auf heiße oder empfindliche Stellen, Schwellungen, abgebrochene oder beschädigte Krallen und andere Anzeichen einer möglichen Verletzung. Eingerissene Krallen sind oft ein Zeichen, dass die Katze in einen Verkehrsunfall verwickelt war.

Manchmal erledigt sich Lahmen von selbst, und das Tier trägt keine weiteren Schäden davon. Ist das nicht der Fall oder tritt das Lahmen später noch einmal auf, sollten Sie den Tierarzt aufsuchen. Beobachten Sie, welches Bein betroffen ist und wie die Katze damit umgeht;

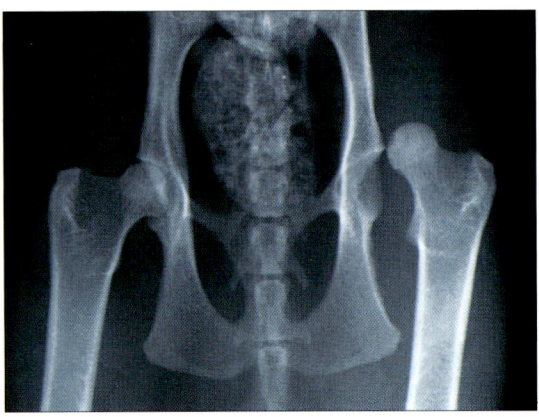

▲ Das Röntgenbild zeigt eine schwere Dislokation der linken Hüfte. Katzen haben nur selten angeborene Hüftmissbildungen. Meist sind diese auf Verkehrsunfälle und Stürze aus großer Höhe zurückzuführen.

F & A

● *Nach einem Verkehrsunfall musste meinem Kater ein Bein amputiert werden. Davor ist er immer gerne auf Bäume geklettert. Wie wird er nun zurechtkommen?*

Katzen können sich problemlos auf drei Beinen bewegen. Eine Amputation ist bei schweren Verletzungen auch immer eine annehmbare Option. Ihr Kater wird sicher bald wieder so eifrig klettern wie früher.

● *Meine letzte Katze bekam plötzlich eine Lähmung und brach zusammen. Der Tierarzt meinte, sie habe eine Thrombose gehabt, und sie musste eingeschläfert werden. Jetzt habe ich einen Kater. Wie kann ich verhindern, dass ihm das gleiche passiert?*

Thrombosen entstehen im Zusammenhang mit einer Herzerkrankung. Dabei setzt sich ein Blutgerinnsel in einer Arterie der Hinterbeine fest und lähmt die Beine. Die Chancen einer Besserung sind bei Thrombosen sehr gering. Betroffene Katzen müssen oft eingeschläfert werden. Die beste Vorsorge besteht darin, das Tier qualitativ gut und ausgewogen zu ernähren und ihm genügend Bewegungsmöglichkeiten zu geben.

● *Mein 14 Jahre alter Kater hinkt seit kurzem. Mir ist aufgefallen, dass seine Krallen immer ein Stück ausgefahren sind. Hängt das damit zusammen?*

Schneiden Sie dem Kater regelmäßig die Krallen? Es klingt, als ob sie vielleicht einfach zu lang sind und in die Pfotenballen wachsen. Das schmerzt und lässt ihn hinken. Es ist auch möglich, dass er ein Problem mit den Sehnen hat und die Krallen nicht richtig einziehen kann. Gehen Sie am besten bald mit ihm zum Tierarzt.

● *Unsere Katze wurde von einem Auto angefahren. Nun hat sie eine Metallplatte und Schrauben im Bein, um einen Bruch zu heilen. Das Bein sieht sehr geschwollen aus und inzwischen humpelt sie etwas. Woran könnte das liegen?*

Gehen Sie schnell mit der Katze zum Tierarzt. Die meisten modernen Einsätze können während und nach der Heilung eines Bruchs permanent im Körper bleiben. Vielleicht haben sich die Schrauben gelockert, was die Schwellung des Beins erklären würde. Eventuell muss die Katze noch einmal operiert werden, um die Implantate zu entfernen.

viele Katzen verhalten sich in der Arztpraxis ängstlich und bleiben dann regungslos, so dass der Arzt nicht beobachten kann, wie sie sich bewegen. Geben Sie der Katze vor dem Arztbesuch nichts zu essen, denn sie wird unter Umständen eine Narkose bekommen, damit das Bein richtig untersucht und eventuell Röntgenaufnahmen gemacht werden können.

Die meisten Verletzungen des Bewegungsapparats sind eine Folge von Verkehrsunfällen (siehe S. 132-133), Stürzen aus großen Höhen und infizierten Bisswunden (siehe S. 130-131). Wenn die Katze oft über unebene und sehr raue Oberflächen läuft oder auf Bäume klettert, kann auch die Haut der Pfotenballen rissig und schmerzempfindlich geworden sein. Geringe Abschürfungen kann man zu Hause mit einem Bad in Salzlauge behandeln. Bei Verbrennungen an den Pfotenballen durch Sprünge auf den heißen Herd halten Sie in die Pfoten sofort unter fließendes kaltes Wasser und bringen Sie die Katze zum Tierarzt. Gebrochene Krallen und ein entzündetes Krallenbett führen auch oft zum Lahmen.

Knochen- und Gelenkerkrankungen
Katzen leiden weniger an Erkrankungen der Knochen und Gelenke als Hunde, auch wenn bei manchen Rassen wie zum Beispiel der

▲ *Verletzte Beine müssen sehr vorsichtig untersucht werden. Wenn die Katze ängstlich oder verstört ist oder eine offensichtliche schwere Verletzung zu erkennen ist, sollten Sie dies lieber dem Tierarzt überlassen.*

Maine Coon Anomalien der Hüfte vorkommen (Hüftdysplasien), die zu Steifheit und einem etwas hüpfenden Gang führen; andere Knochenmissbildungen treten besonders bei Siamkatzen auf. Gelenkentzündungen (Arthritis) findet man am häufigsten bei älteren Katzen mit vorgeschädigten Gelenken. Das Gelenk ist besonders beim Aufwachen, steif. Junge Katzen können hin und wieder eine infektiöse Arthritis entwickeln, die mit hohem Fieber einhergeht. Ähnlich verläuft die Lyme-Borreliose auf, die durch Zecken übertragen wird. Die begleitenden Lähmungserscheinungen treten etwa einen Monat nach der Ansteckung auf. Manche Bewegungsprobleme weisen auch auf Knochenerkrankungen hin, die von Fehlernährung oder Funktionsstörungen der Nieren herrühren. Die dünnen, schwachen Knochen brechen leicht. Störungen des Nervensystems und der Blutgefäße können bis zur völligen Lähmung führen. Die Beine erschlaffen und fühlen sich kalt an; der Zustand ist sehr schmerzhaft – halten Sie die Katze warm und gehen Sie mit ihr zum Tierarzt.

Kampfverletzungen

KATZEN RESPEKTIEREN BEGRENZUNGEN DURCH einen Gartenzaun in keiner Weise und werden daher immer wieder Kämpfe um die Beherrschung eines Reviers austragen. Auseinandersetzungen gibt es auch um Futter oder den Inhalt eines Mülleimers – und manchmal, so scheint es, wird lediglich um des Kampfes willen gekämpft. Wenn sich zwei Katzen aus der Nachbarschaft nicht sonderlich mögen, werden zwischen ihnen regelmäßig die (Fell-)Fetzen fliegen.

In Reibereien werden meist nicht kastrierte Kater verwickelt, die eine gewisse Position in der Hierarchie der umliegenden Katzengemeinschaft einnehmen. Kastrierte Kater sind dagegen meist etwas friedlicher, außer wenn sie erst als ausgewachsene Tiere kastriert wurden und schon an Revierkämpfe gewöhnt waren (siehe S. 74-75). Eine Kastration wirkt sich nur allmählich durch eine Senkung des Hormonspiegels aus, sodass ein junger Kater nicht sofort nach dem Eingriff seine Kampfeslust verlieren wird. Es ist aber

▼ *Das Gesicht dieser Katze ist von zahlreichen Auseinandersetzungen gezeichnet. Kleinere Kratzer lassen sich zu Hause behandeln, Bisse und Augenverletzungen müssen aber vom Tierarzt behandelt werden.*

nicht ausgeschlossen, dass auch Kätzinnen an Kämpfen beteiligt sind. Besonders wenn es um die Verteidigung der Jungen geht, wird eine Mutterkatze nicht zögern, es mit dem stärksten Kater aufzunehmen. Alle frei laufenden Katzen sind potenzielle Kämpfer und zugleich potenzielle Opfer. Nur reine Wohnungskatzen sind davor gefeit, was aber viele Besitzer für Freiheitsberaubung halten. Bei geimpften Katzen ist auch die Gefahr von Infektionen sehr eingeschränkt.

Verbissene Gegner

Katzen können einem Gegner mit ihren scharfen Zähnen und kräftigen Kiefern erhebliche Verletzungen zufügen. Bisswunden werden zudem oft durch eine nachfolgende Infektion der Verletzung noch verschlimmert – Bakterien im Mund der Katze werden durch den Biss mitunter tief in das Gewebe eingebracht.

Wie gravierend die in einem Kampf davongetragenen Verletzungen sind, hängt auch von der betroffenen Körperpartie ab. Bisse in die Pfoten, die Beine oder den Schwanz verursachen eine schmerzhafte, heiße Schwellung im Bereich der Wunde. Im Gesicht, Rumpf oder am Schwanzansatz ist ein eitriger Abszess die häufigere Folge (siehe S. 96-97).

Kratzwunden sind im Gegensatz zu Bissen meist nur oberflächlich. Kratzer auf dem Augapfel oder eine verletzte Hornhaut können aber dauerhafte Vernarbungen nach sich ziehen und schließlich zum Verlust der Sehkraft auf dem betroffenen Auge oder zum Verlust des Auges selbst führen. Katzen mit Augenverletzungen müssen sofort zum Tierarzt gebracht werden.

Auch Bisswunden durch andere Katzen sollte man dem Tierarzt zeigen. Leichte Kratzer kann man aber versuchen selbst zu behandeln. Dazu wäscht man die Wunde zweimal am Tag mit einer schwachen Salzlösung und beobachtet sie aufmerksam zwei oder drei Tage lang, um etwaige Schwellungen oder Infektionen sofort zu erkennen. Wenn die Wunde gut abheilt, erübrigt sich meist der Tierarzt. Offene Wunden entzünden sich leicht und müssen dann mit Antibiotika behandelt werden. Nicht rechtzeitig erkannte Infektionen können sich unbehandelt zu Abszessen weiterentwickeln, die durch den Tierarzt geöffnet werden müssen.

Zeichen für Kampfverletzungen

Wenn Ihre Katze öfter in Auseinandersetzungen verwickelt ist oder wenn Sie in den vergangenen zwei bis drei Tagen einen Kampf zwischen Katzen gehört haben, achten Sie auf Folgendes:

- Plötzliches Hinken auf einem oder mehreren Beinen.
- Allgemeine Teilnahms- und Energielosigkeit.
- Fieber oder heiße, trockene Nase.
- Knurren und Fauchen bei Berührungen.
- Sichtbare Wunden (die einzeln jedoch oft schwer zu lokalisieren sind).
- Schwellungen, speziell an Kopf, Rumpf und Pfoten.
- Risse, Kratzer und Bisse am Ohr.
- Geschlossene oder geschwollene Augen.

● *Mein 2-jähriger Kater kämpft ständig und hat oft Abszesse. Wie soll ich die behandelen?*

Abszesse müssen immer vom Tierarzt geöffnet werden. Sie enthalten Eiter, der dank einer Umhüllung nicht in den Körper gelangen kann. Das erschwert aber auch eine medikamentöse Behandlung des Abszesses. Wird der Abszess nicht geöffnet und der Inhalt ausgespült, kann sich die betreffende Stelle wiederholt entzünden. Die toxischen Substanzen in dem Abszess sind zudem auf Dauer schädlich.

● *Gestern kam mein Kater humpelnd nach Hause, aber er ließ mich nicht seine Füße genauer ansehen und jetzt hat er offensichtlich leichtes Fieber. Eine Wunde kann ich nicht entdecken. Was soll ich tun?*

Versuchen Sie noch einmal ihn zu untersuchen – aber seien Sie vorsichtig, damit er nicht beißt. Es ist möglich, dass er einen Pfropfen aus verfilztem Haar auf einer zahngroßen Wunde an der Pfote oder am Bein hat. Wenn Sie nichts finden, sollten Sie ihn trotzdem zum Tierarzt bringen. Wenn er Fiebr hat, könnte sich in der Wunde bereits eine Entzündung entwickelt haben, die eventuell mit Antibiotika behandelt werden muss.

● *Kann ich Desinfektionsmittel aus meinem eigenen Erste-Hilfe-Kasten verwenden, um Verletzungen bei meiner Katze zu behandeln?*

Ja, sofern sie mit Wasser verdünnt werden, damit sie nicht zu stark sind. Bei Bisswunden sollten Sie die Katze trotzdem vorsichtshalber noch zum Tierarzt bringen.

Verkehrsunfälle

VERKEHRSUNFÄLLE STEHEN ALS URSACHE FÜR DEN Tod junger Katzen und für schwere Verletzungen von Tieren jeden Alters an erster Stelle. Katzen sind von Natur aus neugierig und gehen gerne auf Entdeckungstouren. Ständig überqueren sie auch verkehrsreiche Straßen in Städten und Vororten, und wenn plötzlich eine Katze direkt vor ein fahrendes Auto huscht, ist der Fahrer besonders bei Dunkelheit oder Regen oft nicht mehr in der Lage, einen Unfall zu vermeiden.

Eine angefahrene Katze läuft normalerweise davon, wenn sie kann. Sie wird Stunden oder gar Tage lang verschwunden sein. Wenn sie dann nach längerer Zeit heim kommt, ist es nicht unbedingt offensichtlich, dass sie in einen Unfall verwickelt war. Sie wird vielleicht zerzaust, nass und schmutzig sein oder auch Ölflecken auf dem Fell haben. Deutliche Anzeichen für einen Unfall können eingerissene oder abgebrochene Krallen, Beinverletzungen und Humpeln sein.

Erste Hilfe

Sollte Ihre Katze tatsächlich einmal von einem Auto angefahren werden, ist eine umgehende medizinische Notfallversorgung durch den Tierarzt erforderlich. Wenn das nicht sofort möglich ist, sollten Sie zunächst entsprechende Erste-Hilfe-Maßnahmen unternehmen (siehe S. 134-137). Bewahren Sie die Transportbox der Katze und einen Erste-Hilfe-Kasten immer leicht erreichbar auf. In einem Notfall spart man dadurch wertvolle Zeit. Sie können die Katze auch auf eine größere, feste Unterlage legen; gleichzeitig wird sie in die Decke oder alternativ in einen Mantel oder eine Jacke gewickelt, damit sie nicht kratzt oder beißt. Auch wenn die Katze

▼ *Ein fester Verband hindert die Katze daran, die Wunde zu lecken und zu kratzen und dabei die Fäden zu lockern oder herauszuziehen. Schwerwiegende Verletzungen sollte ein Tierarzt regelmäßig kontrollieren.*

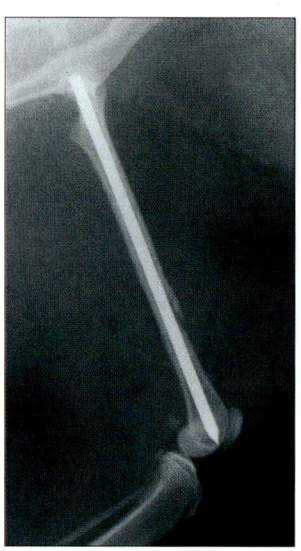

▲ *Durch einen Metallstift wird der bei einem Verkehrsunfall gebrochene Beinknochen in Ruhestellung gehalten, damit er ungestört heilen kann.*

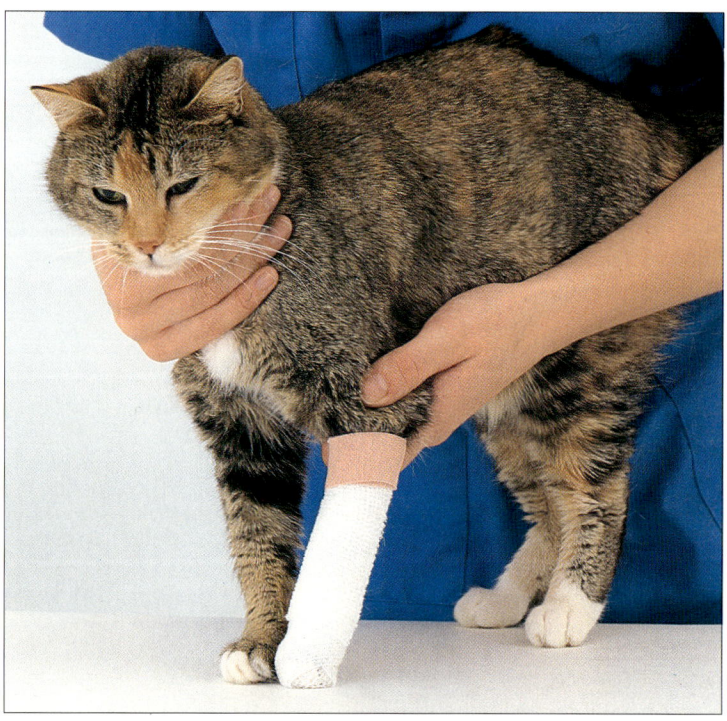

nicht schwer verletzt zu sein scheint, sollte sie zu einem Tierarzt gebracht werden. Innere Verletzungen sind nicht immer gleich erkennbar und können tödlich sein, wenn sie nicht rechtzeitig behandelt werden.

Nach einem Unfall werden sich Katzen zunächst in ein Versteck zurückziehen. Sollte die Suche erfolglos bleiben, hilft vielleicht ein Aushang bei Tierärzten und in der näheren Umgebung. Tödlich verletzte Katzen werden manchmal von Mitarbeitern der Straßenreinigung gefunden.

Häufige Verletzungen

Die Wahrscheinlichkeit, dass eine Katze beim Zusammenprall mit einem Fahrzeug im Straßenverkehr schwerste, lebensbedrohliche innere Verletzungen davon trägt, ist extrem hoch. Eine Katze, die nach einem Unfall zum Beispiel Atemprobleme hat, könnte eine Lungenverletzung erlitten haben. Wenn die Blase gerissen ist, wird sich Urin in der Bauchhöhle sammeln, und wenn das Zwerchfell ähnlich betroffen ist, verlagern sich die Organe im Bauch nach vorne in die Brust und zerquetschen die Lungen. Solche inneren Verletzungen sind deshalb so gefährlich, weil ihre konkreten Auswirkungen sich in der Regel erst einige Stunden später zeigen, wenn es oft bereits zu spät ist.

Kopfverletzungen müssen ebenfalls sofort behandelt werden, um Gehirnschädigungen auszuschließen. Ähnlich gravierend sind Verletzungen des Rückgrats, die nicht selten zu einer Lähmung der Hinterbeine führen. Ist der Schwanzansatz der Katze betroffen, muss unter Umständen der gesamte Schwanz amputiert werden.

Brüche werden oft äußerlich mit Schienen oder auch operativ eingesetzten Stiften, Platten oder Drähten aus Metall ruhig gestellt. Das hängt davon ab, ob es sich um einen einfachen oder mehrfachen, um einen geschlossenen oder offenen Bruch handelt. Häufig sind auch Kieferbrüche, die aber meist problemlos heilen. Nach einem Unfall braucht die Katze intensive Pflege und muss eventuell mit einem Gummischlauch gefüttert werden. Langwierig ist die Heilung bei großflächigen Hautverletzungen. Sie müssen über lange Zeit wiederholt verbunden werden und nicht selten ist anschließend noch eine abschließende Operation nötig.

Vermeidung von Unfällen

Frei laufende Katzen sind immer der Gefahr ausgesetzt, von einem Auto angefahren zu werden. Das Risiko können Sie aber vermindern:

- Lassen Sie Ihre Katze kastrieren; sie wird dann häuslicher.
- Legen Sie ihr ein reflektierendes Halsband an.
- Lassen Sie die Katze eine Identifizierungsmarke tragen, damit Sie im Notfall schnell informiert werden können, wenn sie verletzt wird.
- Machen Sie einem Kätzchen das Spielen im Garten schmackhaft und lassen Sie es nicht vor den Mahlzeiten hinaus. Die Katzentür sollte nicht auf die Straße zeigen.
- Bauen Sie ihr einen geschlossenen Auslauf.
- Sehen Sie unter das Auto, bevor Sie wegfahren. Katzen sitzen gerne unter Autos und kriechen der Wärme wegen auch in den Motorraum.

● *Mein Kater ist zwei Jahre alt und schon 2-mal angefahren worden. Wird das noch öfter vorkommen?*

In den ersten zwei Jahren eines Katzenlebens pssieren Unfälle häufig – später scheinen sie vorsichtiger und an Erfahrung reicher zu werden. Wenn Ihr Kater aber viel Freilauf hat, wird die Gefahr eines Verkehrsunfalls immer bestehen.

● *Mein Kater hatte vor kurzem einen Verkehrsunfall. Sein Schwanz ist nun gelähmt, aber ansonsten geht es ihm gut. Der Tierarzt sagt, es könnte aber noch eine Inkontinenz bleiben. Warum?*

Wenn der Schwanz zum Beispiel unter den Autorädern eingeklemmt und mit großer Kraft gezogen wird, überdehnt das die Nerven am Ansatz, was sich auch auf die Nerven erstrecken kann, von denen die Blasen- und Darmfunktionen gesteuert werden. Die Folge kann eine Blasenschwäche sein. Kurz nach einem Unfall ist es nicht leicht, langfristige Auswirkungen auf die Blasenfunktion einzuschätzen.

● *Der Tierarzt hat empfohlen, dass unsere Katze sich nach ihrem Verkehrsunfall ausruhen soll. Aber wie bringe ich sie dazu sich auszuruhen?*

Die beste Methode ist, die Katze in einen kleinen, mit einer Decke ausgelegten Drahtkäfig zu setzen, in dem sie genügend Platz hat unbehindert zu liegen, zu stehen und sich umzudrehen. Wenn Sie ein sehr aktives Tier haben, kann es notwendig sein, ihm ein Beruhigungsmittel zu geben.

Erste Hilfe bei Notfällen

BEI SCHWERER VERLETZUNG ODER PLÖTZLICHER Erkrankung Ihrer Katze müssen Sie vor allen Dingen Ruhe bewahren – durch Panik verschwenden Sie nur wertvolle Zeit. Gehen Sie mit einer verängstigten Katze behutsam um, damit Sie nicht gebissen werden. Leisten Sie nur dann erste Hilfe, wenn Sie genau wissen, was Sie tun, und holen Sie einen Tierarzt zur Hilfe. Die folgende Anleitung macht Sie mit grundlegenden Methoden der ersten Hilfe vertraut. Bedenken Sie, dass Techniken wie künstliche Beatmung oder Herzmassage auch gefährlich sein können und nur im Notfall in Frage kommen.

- Stellen Sie sicher, dass die Katze atmen kann. Entfernen Sie etwaige Gegenstände aus ihrem Mund und ziehen Sie die Zunge nach vorne.
- Bringen Sie die Katze in Seitenlage (linke Seite oben) und halten Sie sie warm.
- Suchen Sie den Puls (siehe Bild rechts). Wenn Sie keinen finden, suchen Sie den Herzschlag an der linken Brustseite hinter dem Ellenbogen. Notfalls ist eine Herzmassage nötig.
- Stoppen Sie etwaige Blutungen.
- Bringen Sie die Katze in einem Transportbehälter so schnell wie möglich zum Tierarzt.

Eine verletzte Katze transportieren

Fassen Sie die Katze am Nackenfell und mit der anderen Hand unter dem Rumpf (siehe unten) und heben Sie sie vorsichtig in einen mit weichem Material ausgelegten Transportbehälter. Wickeln Sie die Katze in ein Handtuch, sodass nur der Kopf herausragt und sie nicht kratzen kann. Sollte die Katze schwer verletzt sein, heben Sie sie auf eine feste Unterlage, etwa ein

Tablett, Holzbrett, oder auf einen Straßenatlas, falls Sie gerade im Auto unterwegs sind. Vermeiden Sie unnötige Bewegungen, falls die Katze Knochenbrüche oder innere Blutungen hat; dies ist besonders wichtig, wenn Sie vermuten, dass sie Rückgratverletzungen erlitten hat. Fahren Sie dann möglichst vorsichtig zum Tierarzt und vermeiden Sie dabei Stöße, die für das Tier schmerzhaft sind und die Verletzungen verschlimmern können.

Künstliche Beatmung

Wenn die Katze Blut, Erbrochenes oder Wasser einatmet, kann das zum Atemstillstand führen.
1. Ziehen Sie die Zunge vor und leeren Sie den Mund. Falls die Katze zu ertrinken drohte, halten Sie sie kopfüber an den Hinterbeinen und schwingen Sie sie hin und her. Das leert die Lungen und regt die Atmung an.
2. Bei anderen Unfällen legen Sie die Katze auf die rechte Seite mit leicht nach vorne gestrecktem Hals, um die Atemwege frei zu machen.
3. Wölben Sie die Hände um den Mund der Katze und blasen Sie ihr etwa drei Sekunden lang kräftig Luft in die Lungen. Warten Sie zwei Sekunden, und beatmen Sie sie erneut, bis die Katze wieder von alleine atmet.

▶ *Richtiges Hochheben kann bei Verletzungen entscheidend sein.*

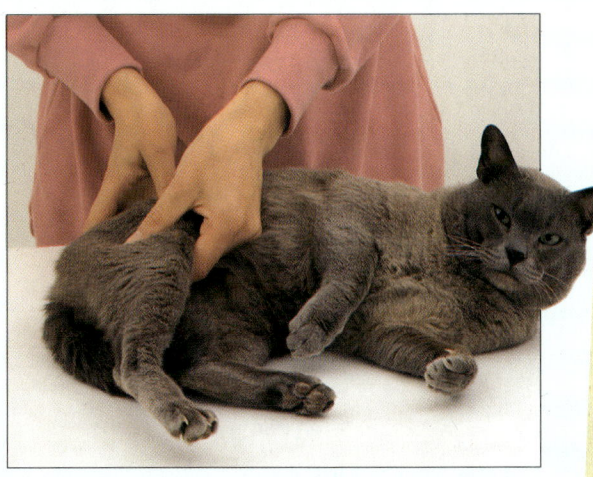

▲ *Den Puls der Katze fühlen Sie am besten an der Innenseite des Hinterbeins. Gesunde Katzen haben 120–140 Pulsschläge pro Minute; unter Schockeinwirkung werden sie darüber liegen.*

Der Erste-Hilfe-Kasten

Es empfiehlt sich, einen Erste-Hilfe-Kasten für die Katze im Haus oder Auto zu haben; Tierkliniken bieten oft entsprechende Ausrüstungen an. Er sollte Folgendes enthalten:

- ✓ Verschieden breite Mullbinden, einschließlich einer selbstklebenden.
- ✓ Sterile Gaze und Verbandszeug.
- ✓ Desinfektionscreme
- ✓ Verbandwatte
- ✓ Einen längeren Stoffstreifen zum Abbinden starker Blutungen.
- ✓ Schere und Pinzette.
- ✓ Eine kleine Decke zum Warmhalten, Einwickeln und Hochheben.
- ✓ Einweg-Handschuhe.

Herzmassage

Wenn der Herzschlag aussetzt, sollten Sie sofort eine Herzmassage machen:

1. Bringen Sie die Katze in rechte Seitenlage. Legen Sie eine Handfläche auf die linke Seite, direkt hinter dem Ellenbogen.

2. Legen Sie Ihre Hand an der stärksten Stelle um die Brust, mit dem Daumen an einer Seite und den Fingern an der anderen. Pumpen Sie dreimal den Brustkorb fest und schnell, beatmen Sie wieder und pumpen erneut. Der Pumpvorgang darf höchstens eine Sekunde dauern.

3. Wiederholen Sie diese Sequenz etwa 15–20-mal pro Minute, bis Sie den Herzschlag spüren. Beatmen Sie die Katze anschließend nur noch und bringen Sie sie zum Tierarzt.

Akute Thrombose

Unaufhörliches Miauen, unbewegliche Hinterbeine und Atemprobleme, sowie bläuliche Färbung von Zahnfleisch und Zunge.

1. Legen Sie die Katze auf die rechte Seite mit leicht nach vorne gestrecktem Hals und Kopf, um die Atemwege frei zu machen.

2. Legen Sie die Katze vorsichtig in ihre Transportbox und fahren Sie sofort zum Tierarzt.

Elektroschock

Wenn die Katze ein Strom führendes Kabel durchkaut, führt das zu schweren Verbrennungen von Lippen und Mund und in manchen Fällen zu Herzstillstand und Tod.

1. Schalten Sie den Strom aus, bevor Sie die Katze bewegen, oder benutzen Sie einen nichtleitenden Stock (z.B. einen Besenstiel), um die Katze von der Stromquelle wegzuschieben.

2. Wenn die Katze ohnmächtig ist, setzen Sie sich sofort mit dem Tierarzt in Verbindung. Halten Sie die Katze warm; prüfen Sie Herzschlag und Atmung. Beatmen Sie sie notfalls.

3. Bringen Sie die Katze zum Tierarzt.

Blutungen

Ungestillte Blutungen können schnell einen Schock verursachen und zum Tod führen. Bringen Sie die Katze sofort zum Tierarzt.

Äußere Wunden

1. Pressen Sie den Daumen auf die Wunde. Mit Mull als Unterlage den Druckverband anlegen.

2. Um extrem starke Blutungen an Beinen oder Schwanz zu stoppen, binden Sie einen schmalen Stoffstreifen (niemals einen Strick oder Gummi) herzwärts über der Verletzung möglichst eng fest. Wenn Sie einen Bleistift in den Knoten schieben und drehen, können Sie den Druck erhöhen. Druckverbände dürfen höchstens 15 Minuten lang angelegt bleiben.

Innere Blutungen
Ein Verdacht darauf besteht, wenn das Zahnfleisch blass ist und die Katze lethargisch wirkt.
1. Halten Sie die Katze ruhig und warm.
2. Vermeiden Sie Bewegungen und holen Sie sofort medizinische Hilfe.

Schnitte und Bisswunden

Kleine Wunden kann man selbst versorgen, Bisse und größere Schnittverletzungen sollte wegen der Infektionsgefahr ein Tierarzt untersuchen.
1. Entfernen Sie Schmutz aus der Wunde.
2. Waschen Sie die Wunde mit warmem Wasser.

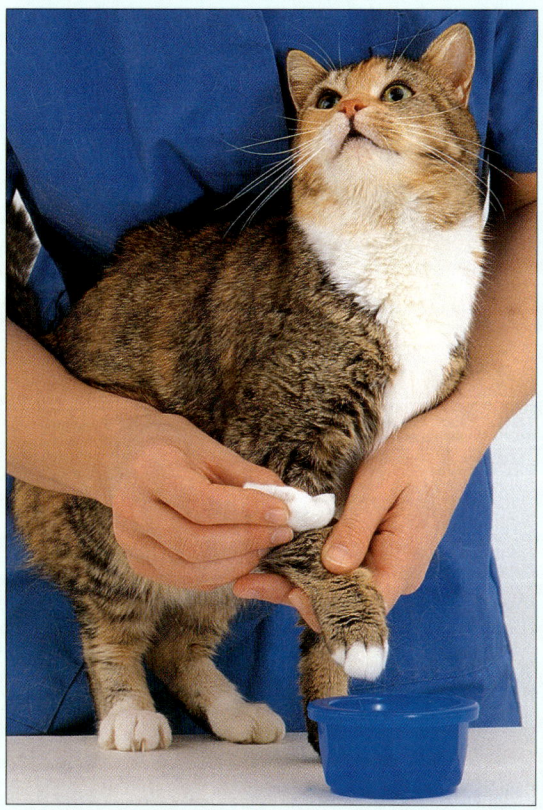

▲ *Kleinere Schnittverletzungen reinigt man erst mit warmem Wasser und anschließend mit einem Desinfektionsmittel. Bisswunden sollte der Tierarzt behandeln.*

Nasenbluten

Mögliche Gründe sind ein Schlag, heftiges Niesen oder gesundheitliche Probleme.
1. Halten Sie die Katze ruhig.
2. Legen Sie eine Eispackung auf die Nase um die Blutung zu stillen.
3. Sofort zum Tierarzt, wenn Blutung andauert.

Verbrennungen

Um Hautschädigungen zu vermeiden, muss bei Verbrennungen schnell gehandelt werden.

Kochendes Wasser oder heißes Öl
1. Kühlen Sie die Haut sofort mit einem in kaltem Wasser getränkten Schwamm. Wenden Sie keine Salben oder Lotionen an.
2. Legen Sie kalte Kompressen in Form von nassem Stoff oder einer Eispackung auf.
3. Bringen Sie die Katze sofort zum Tierarzt.

Chemikalien
Verursacht durch ätzende Stoffe wie z. B. Abbeizmittel
1. Entfernen Sie die Chemikalie mit einem Schwamm und viel Wasser.
2. Suchen Sie sofort einen Tierarzt auf.

Verunreinigtes Fell

Verursacht z. B. durch Öl, Teer oder Schmiermittel.
1. Reinigen Sie das Fell mit unverdünntem Spülmittel.
2. Spülen Sie gründlich mit klarem Wasser.
3. Falls die Katze sich abgeleckt hat, spülen Sie den Mund vorsichtig mit in lauwarmem Wasser getränkter Watte. Fahren Sie zum Tierarzt.

Fremdkörper in Mund und Rachen

Scharfe Gegenstände wie Gräten oder Nähnadeln sind in Mund oder Rachen gelangt.
1. Legen Sie einen Bleistift zwischen Ober- und Unterkiefer, damit sie nicht zubeißen kann.
2. Fremdkörper mit Fingern oder Pinzette entfernen.
3. Falls die Entfernung nicht möglich ist, sollten Sie zum Tierarzt gehen.

Angelhaken

Angelhaken in Mund oder Haut dürfen keinesfalls herausgezogen werden; das würde die Katze nur noch stärker verletzen. Führt ein Stück Angelleine in den Mund, fahren Sie zum Tierarzt.
1. Schieben Sie den Haken durch die Haut bis er ganz durchgewandert ist, oder schneiden Sie ihn mit einer Zange in zwei Stücke und schieben Sie das Ende mit dem Widerhaken durch die Haut.
2. Wenn Sie den Haken nicht entfernen können, bringen Sie die Katze zum Tierarzt.

Bienen- und Wespenstiche

Die Katze kratzt oder leckt die Einstichstelle. Wenn Mund oder Rachen anschwellen, gehen Sie sofort zum Tierarzt.
Wespenstiche: Wespen ziehen ihren Stachel wieder heraus. Waschen Sie die Einstichstelle mit einer sauren Lösung wie z.B. Essig.
Bienenstiche: Der Stachel bleibt in der Einstichstelle stecken. Waschen Sie den Stich mit Lauge (in Wasser aufgelöstes Backpulver).

Hitzschlag

Katzen bekommen recht schnell einen Hitzschlag, der innerhalb von Minuten zum Tod führen kann. Erstes Anzeichen ist schwere Atmung. Die Katze wirkt erregt, speichelt, schnappt nach Luft und kollabiert. Sperren Sie nie eine Katze an heißen Tagen ohne ausreichende Belüftung in ein Auto.
1. Fahren Sie das Auto in den Schatten.
2. Tauchen Sie die Katze in kaltes oder lauwarmes Wasser, bis sich die Atmung normalisiert – meist innerhalb von fünf Minuten.
3. Bieten Sie ihr Wasser zum Trinken an.
4. Wenn sich die Katze nicht sofort erholt, bringen Sie sie schnell zum Tierarzt.

Versehentliche Vergiftungen

Gelegentlich schlucken Katzen Ratten- oder Schneckengift. Auch manche Pflanzen sind für Katzen giftig. Andere gefährliche Stoffe können über die Atmung oder die Haut aufgenommen werden. Anzeichen einer Vergiftung sind starkes Speicheln, plötzliches Erbrechen, Koordinationsschwierigkeiten und Krämpfe.
1. Rufen Sie sofort einen tierärztlichen Notdienst an und erzählen Sie dem Arzt, womit die Katze in Berührung gekommen ist (wenn Sie es wissen). Halten Sie die Katze ruhig und warm.
2. Bringen Sie die Katze nicht zum Erbrechen, außer der Tierarzt rät dazu.
3. Wenn es ein Gegenmittel gibt, bringen Sie die Katze sofort zum Tierarzt in Behandlung.

Alltägliche Giftstoffe und ihre Auswirkungen

SUBSTANZ	VERGIFTUNGSANZEICHEN	VORGEHENSWEISE
Alkohol	Depression, Erbrechen, Kollaps, Flüssigkeitsverlust	Sofort Tierarzt aufsuchen. Art von Alkohol angeben
Frostschutzmittel: Katzen mögen den Geschmack	Koordinationsstörungen, Erbrechen, Krämpfe	Sofort Tierarzt aufsuchen. Bestimmte Mittel können helfen
Desinfektions- und Reinigungsmittel: Mittel ist ausgelaufen	Heftiges Erbrechen, Durchfall, unsicherer Gang, Zuckungen	Sofort Tierarzt aufsuchen. Genaues Mittel angeben
Insektizide: Durch Inhalation oder Berührung	Muskelzuckungen, starkes Speicheln, Krämpfe	Sofort Tierarzt aufsuchen. Kein Gegenmittel bekannt
Schmerzmittel (Aspirin usw.)	Orientierungsstörungen, Erbrechen, blaues Zahnfleisch	Sofort Tierarzt aufsuchen
Ratten- und Mäusegift (Arsen, Strychnin u.a.): Katze verzehrt vergiftete Beute	Unruhe, Magenschmerzen, Erbrechen, Blutungen, Durchfall	Sofort Tierarzt aufsuchen. Eventuell gibt es ein Gegenmittel
Schneckengift: Katzen mögen den Geschmack	Strakes Speicheln, Muskelzuckungen, Erbrechen, Durchfall, Koordinationsstörungen, Krämpfe	Sofort Tierarzt aufsuchen. Rasches Handeln ist erfolgversprechend

KATZENRASSEN

KATZEN WURDEN VOR GAR NICHT SO LANGER ZEIT domestiziert. Ihre Zuchtwahl begann sehr viel langsamer als bei Hunden. Hauskatzen weisen noch viele Eigenschaften von Wildkatzen auf und die Auswahl an Rassen ist verhältnismäßig klein. Die Durchschnittskatze wiegt zwischen 3,5 und 6 kg; nur die größte Rasse, die Ragdoll, bringt etwa 10 kg Gewicht auf die Waage.

Ursprünglich waren alle Katzen kurzhaarig. Erst als einige Tiere in nördliche Regionen wanderten, entwickelten sie ein langes Fell, um gegen die kalten Winter geschützt zu sein. Felllänge und -typ sind das wichtigste Merkmal der Rassen. Aber auch der Körpertyp ist markant: die langen, schlanken Siam- oder Oriental-Katzen und der kürzere muskulöse Typ sind Kurzhaarkatzen. Ein langer, kräftiger Körperbau ist am häufigsten unter Langhaarkatzen zu finden. Jeder Typ hat eine andere geografische Herkunft und eine spezielle Persönlichkeit. Die Eleganz und Schönheit von Katzen kommt bei Mischlingen aber ebenso zum Tragen wie bei reinrassigen Tieren.

Rassekatzen

DIE KATZEN ENTWICKELTEN SICH IN DEN 4000 Jahren ihrer Domestizierung von der ursprünglichen kleinen, gefleckten Afrikanischen Wildkatze, der Falbkatze, zu verschiedenen Rassen von Kurz- und Langhaarkatzen, die im 17. Jahrhundert in Europa und Asien heimisch waren. Diese Vielfalt entstand auf natürliche Weise, als die Katzen sich an andere Klimazonen und neue Umweltbedingungen, wie z. B. die Größe ihrer Beute, anpassen mussten. Die neuen Rassen wurden zur Zeit der großen Entdeckungsreisen aus ihren Heimatländern nach Europa gebracht. Die Perser (siehe. S. 182-185) und die Türkisch Angora (siehe S. 186-187) wurden so zu den Vorläufern der meisten Langhaarkatzen in Europa.

Erst im ausgehenden 19. Jahrhundert begann man mit der planmäßigen Zucht und Ausstellung von Katzen – zunächst in England, später auch in den USA und im übrigen Europa. Zu den damaligen Rassen gehörten Siam, Perser, Manx, Abessinier, Angora und Maine Coon (nur in USA). Heute gibt es über 50 verschiedene Rassen, wobei nicht immer internationale Einigkeit herrscht über deren Zuordnung und Abstammung.

Weshalb eine Rassekatze?

Viele Katzenliebhaber fühlen sich wegen der äußeren Merkmale zu einer bestimmten Rasse hingezogen. Andere wählen Rassen wegen ihrer speziellen Eigenschaften, die sich durch Zuchtwahl entwickelt haben. Im allgemeinen haben schlanke Siamkatzen den Hang, laut und extrovertiert zu sein, während große, stämmige Katzen, wie die Perser und die Maine Coon, ruhiger und weniger extrovertiert sind. Auch wenn von einer bestimmten Rasse behauptet wird, dass es unendlich viele Unterschiede zu allen anderen Rassen gibt, ist es doch fraglich, ob dies Züge der ganzen Rasse oder einzelner Individuen sind.

▲ *Die Siamkatze war eine der ersten Rassekatzen und ist noch immer äußerst beliebt wegen ihrer eleganten Erscheinung und ihrer extrovertierten Persönlichkeit, obwohl manche Siamkatzen ziemlich nervös sind.*

Vielleicht spielen Sie mit dem Gedanken, Ihre Rassekatze auf Ausstellungen zu präsentieren, doch sollten Sie dies vorher sorgfältig überlegen und planen. Der Kauf und die Sorge für eine Katze von Ausstellungsqualität erfordern beträchtliche Investitionen an Zeit und Geld und es gibt keine Garantie, dass ein kleines Kätzchen zu einem ausgewachsenen Champion heranwächst. Es ist Einstellungssache, ob Sie einer Katze lange Reisen zu fremden Örtlichkeiten und den Stress, von völlig fremden Personen berührt und hochgenommen zu werden, zumuten wollen. Sie sollten nur an Wettbewerben teilnehmen, wenn es weder für Sie noch für Ihre Katze eine Belastung wird und wenn Sie sich auf die unvermeidlichen Misserfolge eingestellt haben.

F & A

● *Ich hätte gern eine reinrassige Birma, aber sie sind alle zu teuer für mich. Was kann ich tun?*

Bitten Sie Ihren Tierarzt oder jemand, der sich mit Rassekatzen auskennt, nach einem Birma-Züchter. Fragen Sie nach einer gesunden Katze ohne Ausstellungsqualität, die nicht dem Rassestandard entspricht. Die Katze wird vermutlich ohne Rassenachweis verkauft und Sie müssen schriftlich zustimmen, sie kastrieren zu lassen, aber dafür ist sie nicht so teuer. Möglich wäre auch, dass der Züchter Ihnen vorschlägt, dass Sie Ihre Katze zur Paarung zur Verfügung stellen und die Jungen an ihn verkaufen. In jedem Fall wird darüber ein Vertrag geschlossen den Sie erfüllen müssen.

● *Kann Inzucht bei Katzen ebenso negative Folgen haben wie bei Menschen? Macht es etwas aus, wenn ich mir eine Rassekatze anschaffe, deren Mutter mit ihrem eigenen Bruder verpaart wurde?*

Im Allgemeinen ist Inzucht nicht günstig, doch ist sie der einzige Weg, um wünschenswerte erbliche Züge herauszuarbeiten. Es können aber auch unerwünschte und gesundheitsschädigende Eigenschaften weitergegeben werden sodass schon gute Gründe für Inzucht vorliegen sollten. Die Jungen dürfen jedenfalls keine Schäden davongetragen haben. Kontaktieren Sie den entsprechenden Rasseverband, um Rat zu bekommen.

Wenn Sie eine Rassekatze möchten

✓ Fragen Sie Ihren Tierarzt, Freunde oder einen Rasseverband nach einem Züchter.

✓ Besuchen Sie den Züchter persönlich um Ihr Kätzchen oder Ihre Katze auszuwählen.

✓ Besuchen Sie mehrere Züchter und vergleichen Sie die Einrichtungen und Preise.

✓ Bei der Auswahl einer Ausstellungskatze lassen Sie sich von jemand beraten, der die Rasse kennt.

✓ Achten Sie darauf, dass beide Eltern im Rassezuchtbuch eingetragen sind.

✓ Fragen Sie nach Erbkrankheiten bei beiden Elternteilen.

✓ Vereinbaren Sie eine Regelung, falls Ihr Junges krank ist oder sich nicht eingewöhnt.

✓ Ihr Junges sollte bereits im Zuchtbuch eingetragen sein (mit fünf Wochen). Denken Sie daran, die Übergabedokumente fertig auszufüllen und zurückzugeben.

▼ *Eine Perser-Zuchtkatze mit ihren Jungen. Perser werden seit langem auf Ausstellungen gezeigt und sind noch immer die beliebteste Katzenrasse.*

Mischlingskatzen

WELTWEIT GIBT ES MEHR ALS 100 MILLIONEN Hauskatzen. Davon ist die große Mehrheit nicht rasserein oder aus Kreuzungen entstanden: Ihre Abstammung kann unbekannt sein, oder wenn sie bekannt ist, sind beide Elternteile keine Rassekatzen mit Stammbaum. Bis ins ausgehende 19. Jahrhundert hielten die Menschen sich Katzen, um ihre Häuser und Scheunen von Nagetieren freizuhalten; das Aussehen spielte keine Rolle. Aber wie jeder stolze Katzenbesitzer weiß, kann eine gesunde, zufriedene Mischlingskatze genauso ansprechend sein wie eine Rassekatze.

Bunte Farbenvielfalt

Da das Gen für die Kurzhaarigkeit dominant ist, sind die meisten Mischlingskatzen kurzhaarig. Einen „Standard"-Mischlingstyp gibt es nicht, nur alle vorstellbaren Fell- und Farbvarianten. Viele Mischlinge sind gefleckt (Tabbies), die Varietät, die den Vorfahren der Katze unter den afrikanischen Wildkatzen am nächsten kommt. Das Mackerel oder gestreifte Tabby-Muster ist das ursprüngliche, aber das klassische Blotched (gefleckte) Tabby ist weiter verbreitet. Eher selten ist das Spotted Tabby, das heute bei neuen Rassen (wie der Ocicat, siehe S. 176-177) bewusst gezüchtet wird, um ein „wildes" Aussehen

● *Jeder macht Bemerkungen darüber, wie schön meine 2 Jahre alte Schildpatt-Katze ist. Kann ich sie auf Ausstellungen zeigen?*

Es gibt eine spezielle Kategorie, die auch nicht rassereinen Katzen offensteht. Der örtliche Katzenverband weiß, an wen Sie sich deshalb wenden müssen.

● *Unsere weiße Katze hat fünf unterschiedlich gefärbte Junge zur Welt gebracht, obwohl deren Vater auch weiß ist. Eines weiß, zwei Tabby, eines Tabby und weiß und eines schwarz. Wie kommt das?*

Das Gen für ein weißes Fell dominiert über die Gene für die anderen Farben. Von zwei weißen Katzen kann jede rezessive Farbgene tragen, und Junge, die zwei rezessive Farbgene besitzen, haben andere Farben.

● *Kann man Wild- und Hauskatzen kreuzen?*

Nicht alle. Die Afrikanische Wildkatze kann sich nicht mit Hauskatzen paaren, die Europäische Wildkatze schon. Tatsächlich hat die Verpaarung von Wildkatzen mit streunenden Hauskatzen dazu geführt, dass es nur noch ganz wenig Populationen von „echten" Wildkatzen in Europa gibt.

zu erzielen. An einheitlichen Farben gibt es z. B.: Schwarz, Weiß, Rot oder Creme und das in der Zucht als „Blau" bezeichnete Hellgrau. (Rot ist geschlechtsgebunden; da es durch das X-Chromosom vererbt wird, handelt es sich immer um Weibchen). Ähnlich verhält es sich mit dem Schildpatt- oder Calico-Muster in Orange und Schwarz, das nur bei Weibchen vorkommt (und selten bei sterilen Männchen). Weiß ist gängig, sowohl einfarbig als auch mit anderen Farben. Tabby Points wie bei den Siamkatzen gibt es bei Mischlingen nur selten, aber sie kommen ebenfalls vor. Abgesehen von Farbe und Fell unterscheiden sich Mischlingskatzen viel weniger voneinander als reinrassige Katzen. Die meisten haben den einfachen Körperbau, der für die Britisch und Amerikanisch Kurzhaar (siehe S. 146-149) typisch ist; sie sind weder so schlank wie die Siam noch so schwer wie die Perser oder

Vorteile von Mischlingskatzen

✓ Egal, ob Sie ein junges oder ein älteres Tier suchen, Sie werden wohl eine große Auswahl in Ihrer Gegend finden.

✓ Sie brauchen nicht zu einem Züchter zu gehen. Mischlingskatzen können aus Tierheimen oder von privat bezogen werden.

✓ Sie müssen nur sehr wenig bezahlen. Die meisten Mischlinge werden verschenkt.

✓ Mischlingskatzen sind robust und langlebig.

✓ Sie haben weniger erblich bedingte Gesundheitsprobleme als Rassekatzen.

die Maine Coon. Obwohl Mischlingskatzen aus warmen Klimazonen meist schlanker sind als die kälterer Regionen, tendieren sie nicht zu der extremen Gestalt, die bei Rassekatzen durch Zuchtwahl gefördert wird. Keilförmige Köpfe und abgeflachte Gesichter treten bei Mischlingen kaum auf, und wenn dann nur über Vorfahren, die Siam- oder Persergene trugen.

Das beste Haustier der Welt

Zufallszucht bedeutet, dass die Mischlingskatze kein bestimmtes Aussehen oder Temperament hat. Kurzhaarige Hauskatzen sind anhänglich, gesellig und leben gern in einer Familie, aber sie bewahren sich wesentlich mehr Unabhängigkeit als Haushunde. Sie passen sich dem Leben in der Wohnung an, nutzen aber auch jede gebotene Freiheit zu gehen und zu kommen, wann sie wollen. Schließlich sind Hauskatzen auch Jäger,

▲ *Mischlingskatzen sind meist stämmig und kommen in großer Farbvielfalt vor. Im Bild sieht man Tabby (links und vorne), Schwarz-Weiß (Mitte) und Rot (rechts).*

und selbst wenn sie gut gefüttert werden, bringen die meisten Hauskatzen hartnäckig ihre Jagdtrophäen mit nach Hause.

Auch bei Mischlingskatzen funktioniert die natürliche Selektion – die geeignetsten und erfolgreichsten Merkmale setzen sich durch. Die Konzentrationen unerwünschter Gene ist äußerst gering (eines der Probleme der Zuchtwahl, siehe S. 140-141). Bei richtiger Haltung sind Mischlinge robust und langlebig. Wenn man sie sorgfältig auswählt, sind sie hübsch, intelligent, verspielt, pflegeleicht und werden treue Freunde. Sie sind zutrauliche und freundliche Mitglieder Ihres Haushalts und lieben dennoch ihre Unabhängigkeit. Was wollen Sie mehr?

Lilac Burma

KURZHAAR-KATZEN

DA DAS GEN FÜR KURZES HAAR ÜBER DAS Gen für langes Haar dominiert, bilden Kurzhaarkatzen die große Mehrheit unter den Hauskatzen. Bis zum Ende des 19. Jahrhunderts waren sie der gängige Typus, bis es durch Zuchtwahl auch eine größere Auswahl an langhaarigen Katzen gab. Das Fell einer Katze hat dreierlei Arten von Haaren: längere Deckhaare im Oberfell und zwei Arten dichterer Haare in der Unterwolle – härtere Grannenhaare und gekräuselte, weiche Unterwolle. Das Deckhaar wird etwa 4,5 cm lang und die Dicke des Fells variiert je nach Mischung der drei Haartypen. Britisch, Europäisch und Amerikanisch Kurzhaar haben ein sehr dichtes, gegen Nässe schützendes, einfaches Fell; „foreign" Arten wie die Russisch Kurzhaar haben ein plüschiges, doppeltes Fell mit sehr dichter, weicher Unterwolle; während orientalische Rassen ein kurzes, seidiges, glänzendes, eng anliegendes, einfaches Fell aufweisen. Ein kurzes Fell ist leichter zu pflegen als ein langes. Die Fellpflege benötigt meist nur ein paar Minuten am Tag und oft reicht das Streichen mit der Hand, wenn Bürste oder Kamm nicht griffbereit sind. Verfilzungen treten nur selten auf, es haart auch weniger, und Parasiten wie Flöhe können sich im kurzen Fell nicht so gut verstecken.

Egal, ob Ihre Vorliebe eher den stämmigen ernsthaften Bauernkatzen gilt, den raffinierten Siamkatzen und deren verschiedenen Kreuzungen oder den „wilden" Typen der Ocicat, sie werden bestimmt eine Kurzhaarkatze finden, die gut zu Ihnen passt.

Scottish Fold (rechts)
Seal Point Siamkatze (unten)

Amerikanisch und Exotisch Kurzhaar

Schwanz: dicker und etwas länger als bei den britischen und europäischen Rassen, mit einer abgerundeten Spitze

Kopf: oval, im Gegensatz zum runden Kopf der Britisch Kurzhaar

Körper: groß und kräftig, aber eher athletisch als massig

Beine: mittellang, aber kräftig

Die älteste anerkannte amerikanische Rasse ist der Britisch und der Europäisch Kurzhaar sehr ähnlich und in ihrem Heimatland genauso populär. Nach einigen Quellen kamen die ersten Hauskatzen im frühen 17. Jahrhundert mit europäischen Siedlern nach Nordamerika. Daraus entwickelten sich die Amerikanisch Kurzhaarkatzen. Zwar waren auch Mischlingskatzen in der Lage, den Nagetierbestand in gewünschter

▲ *Die Amerikanisch Kurzhaar ist ein anspruchsloses Familientier, braucht aber Freilauf . Das Fell kann sehr auffallend sein, wie bei dieser blauen Tabby.*

Weise zu reduzieren lange bevor eine Rasse eingeführt wurde. Doch als es im 19. Jahrhundert die ersten Ausstellungen gab, bevorzugten die amerikanischen Preisrichter und Züchter die auffälligere heimische Langhaarrasse, die Maine Coon. Erst 1965 wurde eine Amerikanisch Kurzhaar im eigenen Land preisgekrönt.

Von der Haus- zur Rassekatze

In Amerika wurden an der Wende zum 20. Jahrhundert importierte Britisch Kurzhaar mit den heimischen Kurzhaarkatzen verpaart, um eine neue Rasse zu entwickeln. Zunächst hieß sie schlicht Shorthair, dann Domestic Shorthair, bis ihr Name 1965 in American Shorthair geändert wurde, nachdem eine Silver Tabby Shorthair zur Katze des Jahres gekürt worden war. Ursprünglich konnte jede Katze, die dem Rassestandard entsprach, ins Zuchtbuch eingetragen werden, was zu einer großen Genvielfalt führte, aber dies ist heute nicht mehr zugelassen.

Rasseprofil

Lebenserwartung:	14 Jahre
Gewicht:	3,5 – 8 kg
Durchschnittliche Wurfgröße:	4

Temperament: Gelassen, freundlich zu Menschen. Liebt Auslauf im Freien. Geschickter Jäger. Pflegeleichtes Fell, tägliches Kämmen nötig.

Farben: Einfarbig, Schildpatt; Smoke, Shaded, Tipped, Tabby, Shaded Tabby, Zweifarbig; Smoke, Shaded und Tipped Zweifarbig; Tabby Zweifarbig; Silver Tabby Zweifarbig.

BEKANNTE GESUNDHEITSPROBLEME

Spezielle Gesundheitsprobleme sind bei der Amerikanisch Kurzhaar nicht bekannt

● *Ich möchte eine Amerikanisch Kurzhaar anschaffen, aber bei uns gibt es Giftschlangen. Wird die Katze die Schlangen jagen?*

Ihre Amerikanisch Kurzhaar wird sich zu einem tüchtigen Jäger entwickeln, aber nur geeignete Beutetiere erlegen: Nagetiere, Kaninchen und Kleinvögel. Katzen greifen gewöhnlich Schlangen nicht an und haben auch seltener Schlangenbisse als Hunde.

● *Nero, unser schwarzer Kurzhaarkater, hat angefangen, sich die ganze Zeit zu kratzen. Ich kann keine Flöhe an ihm entdecken. Was könnte das sein?*

Auf einer schwarzen Katze Flöhe oder Flohkot (winzige schwarze Flecken) zu sehen, ist kaum möglich. Betupfen Sie Nero kurz mit einem feuchten, weißen Tuch. Wenn darauf kleine schwarze Flecken sind, die sich rot färben, handelt es sich um Flohkot. Wenn sich keine Flecken abzeichnen, bringen Sie den Kater zum Tierarzt damit er die Ursache herausfindet (mehr über Hautprobleme auf den Seiten 92-95).

● *Ich habe ein Exotisch-Kurzhaar-Junges. Braucht es so häufige Fellpflege wie eine Langhaarkatze?*

Ja, aber die Fellpflege wird viel weniger Zeit in Anspruch nehmen. Tägliches Kämmen oder leichtes Bürsten reichen aus und Probleme mit dem Stumpfwerden des Fells oder mit Verfilzungen werden Sie wahrscheinlich nicht bekommen.

▲ *Exotisch Kurzhaar mit plüschigem Fell und dem Gesicht einer Perserkatze. Sie vereinigt die besten Wesensmerkmale der Perser- und Kurzhaarkatzen.*

Die Amerikanisch Kurzhaar hat sich etwas anders entwickelt als ihre britischen und europäischen Verwandten. Ihr Körperbau ist weniger kompakt, mit einem länglicheren Kopf, längerer Nase, größeren Ohren und längeren Beinen. Ihr schlanker und kräftiger Körper zeugt noch von der Anpassung an das Pionierleben früherer Generationen von Besitzern. Rassekatzen der Amerikanisch Kurzhaar werden so gezogen, dass diese Eigenschaften erhalten bleiben, aber nicht überzüchtet werden – dieser Fehler wurde häufig bei beliebten Rassen gemacht, als man noch zu wenig über die genetischen Abläufe wusste.

Das Fell der Amerikanisch Kurzhaar ist dick, rau und dicht, sodass dieser Katze strenge Winter ebenso wenig anhaben wie der Maine Coon. Es gibt mehr als 30 Fellfarben und Muster und ständig neue. Tabby ist am geläufigsten, entweder die klassische Chocolat Tabby oder die auffällige Silber Tabby. Beliebt ist auch Calico (Schildpatt und Weiß) und Zweifarbig.

Die Amerikanisch Kurzhaar ist ein guter Jäger, und ihr robustes und gelassenes Wesen machen sie zum idealen Tier für einen lebhaften Haushalt mit Kindern. Obwohl sie sehr genügsam ist, sollte man sie nicht nur im Haus halten.

Exotisch Kurzhaar

Diese Rasse wurde Mitte der 1960-er Jahre durch die Kreuzung von Perserkatzen (siehe S. 182-185) mit Amerikanisch Kurzhaar und anderen Kurzhaarrassen entwickelt. Ihr Fell ist kürzer und flauschiger und der Kopf ist runder, kürzer und hat ein Persergesicht. Wie Perserkatzen entwickeln auch sie eine Neigung zu verstopften Tränenkanälen und Zahnproblemen, haben aber auch deren sanftes Gemüt.

Das Fell hat die bei Persern und Amerikanisch Kurzhaar üblichen Farben. Rassereine Katzen dürfen nur Perser, Exotisch- oder Amerikanisch-Kurzhaar-Vorfahren haben. Der Standard entspricht mit Ausnahme des Fells dem der Perser.

Britisch und Europäisch Kurzhaar

BRITISCHE UND EUROPÄISCHE KURZHAARKATZEN stammen von Katzen ab, die von den Römern auf den Britischen Inseln eingeführt wurden. Ihre runde Form erinnert etwas an einen Teddybären und sie gehören zu den besten Jagdrassen. Sie sind kompakter, schwerer und viel ruhiger als die Orientalisch Kurzhaar. Obwohl sie wegen ihres dichten Fells, der gedrungenen Erscheinung und ohne exotischen Ursprung bei Züchtern weniger beliebt sind, sind ihre Gene bei vielen Mischlings-Kurzhaarkatzen auf der Welt beteiligt.

Die Britisch Kurzhaar gewann Ende des 19. Jahrhunderts in Großbritannien mehrere Preise, bevor sie durch langhaarige Rassen wie Maine Coon und Perserkatzen verdrängt wurde. Alle Kurzhaarrassen (siehe S. 146-147) haben die gleiche Abstammung und hatten zunächst die gleichen Rassestandards; 1982 bekam die Europäisch Kurzhaar aber einen eigenen. Weltweit ist sie immer noch selten, wohl aufgrund ihrer großen Ähnlichkeit mit der Britisch und Amerikanisch Kurzhaar.

Fast identische Verwandte

Trotz verschiedener Rassestandards sind Britisch und Europäisch Kurzhaar eigentlich identisch. Beide sind ausgewogene, kompakte Katzen mit gutem Körperwachstum und vollem, breitem Brustkorb. Sie haben kurze, kräftige Beine, runde Pfoten und einen dicken Schwanz mit abgerundeter Spitze. Der Kopf ist groß und rund, mit weitem Abstand zwischen den kleinen Ohren. Ihre Augen sind groß und rund, ohne eine Spur der orientalischen Schrägstellung und meist kupferfarben, orange oder tief golden. Gesicht und Nase sind kurz, breit und gerade mit fla-

▶ Britisch und Europäisch Kurzhaar sind fast gleich und treten in vielen Farben auf; gezeigt sind Blau-Creme und zweifarbig SchwarzWeiß. Bis etwa 1950 waren sie rückläufig, doch seit den 1950-er Jahren nehmen sie an Zahl wieder zu. Die meisten nicht rassereinen Kurzhaarkatzen sind Britisch Kurzhaar.

Rasseprofil

Lebenserwartung:	14–15 Jahre
Gewicht:	3,5–7 kg
Durchschnittliche Wurfgröße:	4

Temperament: Ruhig, unabhängig, pflegeleicht, meist nicht sehr launisch, obwohl sie nicht gerne hoch genommen werden mag. Sehr gesellig, aber nicht anspruchsvoll – ein guter Einstieg zur Zucht. Als Wohnungskatze geeignet, hat gerne Freilauf. Ausgezeichneter Jäger. Das Fell ist leicht zu pflegen, es sollte nur täglich gekämmt werden.

Farben: Alle Farben in Einfarbig, Schildpatt, Tabby, Smoke, Tipped und Zweifarbig.

BEKANNTE GESUNDHEITSPROBLEME

Bis auf Taubheit, ein erbliches Leiden, das oft bei weißen Katzen vorkommt, gibt es weder bei der Britisch noch der Europäisch Kurzhaar spezielle Gesundheitsprobleme.

Fell: dick, um gegen Kälte, Regen und Hautverletzungen zu schützen

▶ *Tabby-Muster sind bei rassereinen und nicht rassereinen Kurzhaarkatzen gleichermaßen beliebt. Man erkennt es an der m-förmigen 'Stirnrunzel-Zeichnung'. Das silberne Fell dieser Britisch Kurzhaar kontrastiert mit ihren tief goldenen Augen. Das Fell ist pflegeleicht.*

chem, aber deutlichem Nasenansatz. Das kräftige Kinn hat einen ebenmäßigen Biss.

Das kurze, dichte und drahtige Fell schützt gut vor kaltem Klima. Regen oder Schnee wird diese Katzen nicht davon abhalten, ihrer Lieblingsbeschäftigung nachzugehen, der Jagd. Tägliches Kämmen und viel Streicheln wird das Fell in einem ausgezeichneten Zustand erhalten.

Große Farbenvielfalt

Kurzhaarkatzen gibt es fast in allen Farben. Klassische einfarbige Varietäten sind Blau (manchmal auch noch als gesonderte Rasse British Blue geführt), Schwarz, Rot, Creme und Weiß. Seit kurzem gibt es auch Chocolate und Lilac, und das klassische Tabby-Muster ist auch noch sehr beliebt. Bemerkenswert ist die Silber Tabby, mit dichter schwarzer Zeichnung auf silbrigem Untergrund. Schildpatt, zweifarbig Schildpatt und Weiß gibt es nur bei Weibchen, da das Schildpatt-Muster an dieses Geschlecht gebunden ist. Tipped, Smoke und Zweifarbig gibt es ebenfalls, und das Muster Spotted Tabby gibt es heute in vielen Farben. Die meisten Kurzhaarkatzen haben goldene oder kupferfarbene Augen, weiße Katzen können blaue oder verschiedenfarbige Augen haben. Eng verwandt mit der British Blue ist die Kartäuser (Chartreuse), eine seit dem 16. Jahrhundert existierende fran-

Kopf: groß und rund, mit vollen Wangen und einer breiten Nase

Körper: kräftig und niedrig über dem Boden, mit einem langen Rücken. Weibchen sind etwas kleiner als Kater

Schwanz: kurz und dick wie die Gliedmaßen und an der Spitze abgerundet

▲ *Die französische Kartäuser (Chartreuse) sieht so aus wie die British Blue Kurzhaar, aber sie war ursprünglich größer. Ihre Abstammung geht fast 500 Jahre zurück.*

zösische Rasse. Sie hat einen weniger runden Kopf und etwas mehr Silber im Fell.

Beide Rassen haben das Siammuster angenommen, bei dem sich die Farbe auf Points im hellen Fell beschränkt. Die Untergrundfarbe ist dunkler als bei Siam und wird im Alter noch etwas kräftiger. Diese Variation ist als Seal Colourpointed Britisch Kurzhaar in Großbritannien und Seal Point Kurzhaar in Europa bekannt.

Bloß nicht hochheben

Diese Katzen sind robust, zärtlich und intelligent, aber nicht so temperamentvoll, laut und anspruchsvoll wie die Orientalisch Kurzhaar (siehe S. 164-165). Es ist bekannt, dass sie nicht gerne hoch genommen werden, doch das hindert sie nicht daran, zum Schmusen auf Ihren Schoß zu klettern – solange sie das selber wollen. Sie können leicht gezüchtet werden und haben robuste Jungen. Kurioserweise hat etwa die Hälfte der Britischen Rasse Blutgruppe B, anders als die meisten Kurzhaarkatzen.

● Wir erwarten demnächst ein Baby und machen uns Sorgen, wie unser Kater darauf reagiert. Er ist ein 2 Jahre alter Silber Tabby und hatte nie Kontakt zu Babys.

Die meisten Kurzhaarrassen sind recht gelassen und vermutlich wird er das Baby ohne große Schwierigkeiten akzeptieren. Erlauben Sie ihm aber nicht den Zugang zum Kinderbett und lassen Sie ihn nicht mit dem Baby allein. Sie sollten feste Grundsätze einführen, die Sie beibehalten können, wenn das Baby da ist. So sollte er zum Beispiel nicht mehr in Ihrem Bett schlafen, falls er das bisher durfte. Sehr wichtig ist auch, dass Sie ihm nach der Geburt des Babys nicht weniger Aufmerksamkeit schenken.

● *Camilla, unsere weiße Europäisch Kurzhaar, liegt sehr gerne in der Sonne. Ich habe gehört, dass sie davon Sonnenbrand bekommt. Ist das wahr?*

Ja, das stimmt. Weiße und weißgesichtige Katzen und solche mit weißen Ohren leiden sehr leicht unter Hautproblemen, wenn sie zu oft der Sonne ausgesetzt sind. Am empfindlichsten sind die Ohrmuscheln und die Nase. Wenn sie zu viel Sonne abbekommen, können sich rote, verkrustete Stellen bilden, die möglicherweise zu Krebs führen. Versuchen Sie, Camilla an strahlenden Sonnentagen im Haus zu behalten. Fragen Sie Ihren Tierarzt wegen einer Sonnenschutzcreme um Rat.

Russisch Kurzhaar

RUSSISCH KURZHAARKATZEN SIND WÜRDEVOLL und schön und gelten als perfekte Wohnungskatze. Die Rasse stammt vom Weißen Meer in Nordrussland und kam im 19. Jahrhundert zuerst nach Großbritannien. Obwohl in Nordamerika bereits um 1900 bekannt, wurde sie erst in den 1950-er Jahren weiter verbreitet. Blau war ihre ursprüngliche Fellfarbe , die von Traditionalisten immer noch bevorzugt wird, aber es gibt auch Katzen mit schwarzem und weißem Fell, besonders in Europa und Neuseeland.

Diese Rasse ist ein „foreign" oder orientalischer Katzentyp. Ihr Bau ist geschmeidig, mit feinerer Knochenstruktur und einem längeren keilförmigen Kopf als bei anderen Kurzhaarkatzen. Trotz ihrer Beliebtheit starb sie während des Zweiten Weltkrieges fast aus, lebte aber erneut auf, als man Finnisch Blau mit Blau Point Siamkatzen kreuzte. Dabei entstanden Tiere mit sehr fremdartigem Aussehen. Der Rassestandard wurde 1965 neu geschrieben, um eine Wiederkehr der ursprünglichen Russisch Blau zu fördern.

Rasseprofil

Lebenserwartung:	14 Jahre
Gewicht:	3,5–5 kg
Durchschnittliche Wurfgröße:	4

Temperament: Ruhig, zärtlich, scheu gegenüber Fremden. Empfindlich gegenüber Veränderungen und kaum Zerstörungstrieb; eine ideale Wohnungskatze. Pflegeleichtes Fell, Streichen mit der Hand und Reiben mit einem weichen Ledertuch reichen. Man sagt, das Fell sähe am besten aus, wenn es nie gebürstet oder gekämmt wird.

Farben: Blau, Schwarz, Weiß.

BEKANNTE GESUNDHEITSPROBLEME

Es sind keine speziellen Gesundheitsprobleme bei Russisch Kurzhaar bekannt.

▼ *Die traditionelle Russisch Kurzhaar ist eine blaue Katze mit silbernem Schimmer im Fell. Sie ist elegant und nicht sehr geeignet für lebhaftes Familienleben.*

Körper: *ist lang und schlank, aber muskulös, mit einem plüschigen Fell*

Schwanz: *mittellang, verjüngt sich zur Spitze und ist nicht so dick wie das Fell*

Hinterbeine: *etwas länger als die vorderen*

Kopf: *kurz und keilförmig mit langen Schnurrhaaren*

Pfoten: *schmal und rund, am Ende der langen Beine*

Korat

Ohren: *an der Spitze abgerundet mit breitem Ansatz*

Körper: *fest, beweglich, muskulös und erstaunlich schwer*

Brustkorb: *breit mit großem Abstand zwischen den Vorderbeinen*

Hinterbeine: *etwas länger als die Vorderbeine*

DIE KORAT IST EINE ORIENTALISCHE KATZE, DIE AUS Thailand stammt und in ihrer Heimat als Glücksbringer gilt. Ihr Thai Name „Si-Sawat" bedeutet „glückliches Schicksal". Ihren Namen hat sie von der Region Korat, einem Hochplateau im Nordosten des Landes, wo man sie mindestens seit dem 14. Jahrhundert kennt und sie in einem Buch mit Katzengedichten aus dem Ayuttha-Reich (1350–1757) erwähnt wird. Obwohl die Korat eine alte Rasse mit einer langen Abstammung ist, kennt man sie außerhalb Thailands und Asiens erst seit kurzem. Man glaubt, dass die erste Korat, beschrieben als Einfarbig Blaue Siam, wohl im späten 19. Jahrhundert in Großbritannien auftauchte. Die neuere Geschichte der Rasse begann 1959, als das erste Paar aus Bangkok in die USA importiert wurde. Die Korat bekam die gebotene Aufmerksamkeit und erhielt 1966 die offizielle Anerkennung. In Europa wurde sie erst 1972 bekannt.

▲ *Die silbrig blaue Korat ist selbst in Thailand, ihrer Heimat, eine seltene Katze; dort gilt sie als Glücksbringer. Sie wird ebenso wegen ihrer Persönlichkeit wie ihrer zärtlichen Veranlagung geschätzt.*

Ein herzförmiger Kopf

Korat und Russisch Blau sind sich äußerlich sehr ähnlich. Beide sind sehr attraktiv, haben durchdringende grüne Augen und kurzes silbrig blaues Fell. In der Kopfform unterscheiden sie sich aber stark. Bei der Korat erscheint er wesentlich weicher und ist von vorn herzförmig. Im Profil ist er kürzer als der der Russisch Blau und der Übergang zwischen der Stirn und der Nase ist etwas kantig. Die Augen erscheinen ein wenig zu groß für das Gesicht. Geöffnet sind sie rund und leuchtend; halb geschlossen wirken sie orientalisch. Die brillante grüne Augenfarbe zeigt sich erst mit zwei bis vier Jahren. Junge Katzen haben gelbe oder bernsteinfarben bis bernstein-grüne

● *Unsere Korat hat eine sehr empfindliche Haut und mag nicht gekämmt werden. Was können wir tun, um ihr Fell gut zu pflegen?*

Versuchen Sie es mit einem feuchten Ledertuch. Polieren Sie ihr Fell nur damit. Behutsames Streichen wird ihr bestimmt gefallen, und ihr Fell wird glänzen.

● *Wir haben eben einen Wurf von elf Wochen alten Korat-Jungen angesehen, weil wir eines kaufen möchten. Obwohl die Mutter eine schöne Katze ist, waren die Jungen ziemlich hässlich, und wir haben doch keines ausgewählt. Ist das normal?*

Seltsamerweise scheinen die Korats beim Heranwachsen eine „hässliche" Phase zu haben – so wie das hässliche Entlein, das sich erst zum schönen Schwan entwickelt. Lassen Sie sich nicht abschrecken. Ihr Korat-Junges wird genauso schön werden wie seine Mutter.

● *Meine Korat folgt mir auf Schritt und Tritt. Sie ist sehr anhänglich, und obwohl ich ihre Aufmerksamkeit mag, fürchte ich, dass sie gelangweilt und einsam ist, während ich arbeite. Soll ich eine zweite Katze besorgen?*

Ja, das ist eine gute Idee. Korats entwickeln eine sehr starke Bindung zu Menschen und ihre Katze vermisst Sie bestimmt. Zwei Korats vertragen sich normalerweise sehr gut und werden sich Gesellschaft leisten. Sie sind nicht mehr so anhänglich, aber ihre Lebensqualität und -freude ist dann größer.

▲ *Die runden Linien des herzförmigen Kopfes und die großen, leuchtend grünen Augen geben der Korat eine weiche und sanfte Erscheinung. Sie schaut mit einem wachen und intelligenten Ausdruck in die Welt.*

Augen. Die großen Ohren stehen hoch am Kopf, wodurch die Korat aufmerksam wirkt. Der Körper ist muskulös und kräftig.

Das blaue Fell ist kurz und ohne Unterwolle. Die silberfarbenen Haarspitzen geben ihm einen intensiven Glanz. Das doppelte Fell der Russisch Blau ist in der Farbe ähnlich, richtet sich aber schnell wieder auf, wenn man es glatt streicht. Das feine, eng anliegende Fell der Korat muss nur gekämmt oder mit einem Tuch gestrichen werden, um glatt zu bleiben.

Korats haben leise Stimmen und sind empfindsam und intelligent. Sie brauchen viel Zuneigung und Aufmerksamkeit, um eine enge Bindung einzugehen. Sie können anspruchsvoll und willensstark sein und setzen gern ihren Kopf durch. Sich selbst überlassen, werden sie stur und Besitz ergreifend. Sie bleiben bis ins hohe Alter verspielt und sind sehr lernfähig. Obwohl sie gute Mütter sind, sind ihre Würfe klein.

Rasseprofil	
Lebenserwartung:	16 Jahre
Gewicht:	2,5–4,5 kg
Durchschnittliche Wurfgröße:	1–3

Charakter: Ruhige Stimme, aber starke Persönlichkeit – verlangt Aufmerksamkeit und setzt gern ihren Kopf durch. Kann fordernd sein. Von Natur aus gesellig, hat starke Bindungen zu Menschen. Verspielt und sehr gelehrig.

Farben: Blau ist die einzige Farbe.

BEKANNTE GESUNDHEITSPROBLEME

GM1 und GM2 sind seltene neuromuskuläre Krankheiten, die Korats manchmal befallen. Blutuntersuchungen werden zeigen, ob ein Tier daran leidet.

Devon und Cornish Rex

ALS EINZIGE HABEN DIE BEIDEN REX-RASSEN EIN kurzes, samtiges, regelmäßig gekräuseltes oder welliges Fell. Dies und die Tatsache, dass ihre Ursprungsorte an der Südwestküste Englands nahe beieinander liegen, würde vermuten lassen, dass sie Varianten einer Rasse sind. In Wirklichkeit gehören sie zu zwei völlig unterschiedlichen Rassen, die im Abstand von zehn Jahren durch zwei nicht miteinander verwandte Katzen begründet wurden, die unabhängig voneinander die gleiche genetische Mutation aufwiesen. Ähnliches ist auch von Mäusen, Ratten, Kaninchen und Pferden bekannt. Schon wegen ihrer äußeren Merkmale wurde die Zucht fortgesetzt. Nur drei Jahre nachdem die Devon Rex spontan aufgetaucht war wurde sie 1963 anerkannt. Bis 1979 wurde aber nicht zwischen den beiden Rassen unterschieden. Eine dritte Rasse, die German Rex, die genetisch identisch mit der Cornish Rex ist, wurde ebenfalls anerkannt.

Beide Rex-Rassen sind schlank, mit gebogenem Rücken, unproportioniert kleinen Köpfen und vergleichsweise großen Ohren. Ihre Beliebtheit verdanken sie ebenso sehr ihrem Temperament wie ihrem Aussehen – sie sind zärtlich, intelligent und extrovertiert. Im Gegensatz zu den meisten Katzen wedeln sie auch mit dem Schwanz, wenn sie sich freuen. Sie sind sehr lebhaft, gewandt, leicht zu züchten und für gewöhnlich gute Mütter.

▶ *Junge Devon Rexkatzen sind sehr neugierig. Sie entwickeln sich sehr schnell und behalten ihr vorwitziges Wesen ein ganzes Leben lang.*

● *Wieviel Fellpflege braucht eine Rex?*

Sie braucht nur tägliches Bürsten: kräftige Striche vom Hals bis zum Schwanz, um das Fell weich und glänzend zu erhalten, oder leichtes Abreiben mit einem Tuch.

● *Wir würden gern eine Katze haben, doch unsere Tochter leidet an Asthma und wir befürchten, dass sie auf Katzenhaar allergisch reagiert. Wäre in diesem Fall eine Rex eine gute Lösung?*

Da Rexkatzen kaum haaren, eignen sie sich für Leute mit Katzenhaarallergie. Asthma kann aber schon durch das Streicheln eines Tieres oder Kontakt mit seinem Speichel ausgelöst werden. Ihre Tochter sollte einen Allergietest machen, ehe Sie sich eine Katze zulegen.

● *Wir werden mit Ringo, unserem Cornish Rex, in eine kühlere Klimaregion umziehen. Ich weiß, dass Rexkatzen leicht frieren. Können wir ihm helfen?*

Vermutlich wird sich Ringo drinnen aufhalten, bis er sich an die kälteren Temperaturen gewöhnt hat. Ein Baby-T-Shirt oder ein kleiner, eng anliegender Pullover könnten ihn warm halten, wenn er ins Freie geht. Bestimmt wird er mehr fressen und Gewicht zulegen, um sich an die Kälte anzupassen.

▼ *Cornish und Devon Rex sind als zwei unterschiedliche Rassen im Zuchtbuch eingetragen. Die Cornish Rex (im Bild) hat längere Gliedmaßen und einen stärker gebogenen Rücken.*

Kopf: *oval mit großen Ohren*

Schwanz: *lang und sich verjüngend*

Körper: *fest und muskulös, mit einem schlanken Torso und langen Beinen*

Fell: *kurz und weich, mit regelmäßigen Wellen ähnelt es einem Persianer-Pelz*

Wie ein Pudel

Die Devon Rex wird wegen ihrem lockigen Fell und der Angewohnheit, mit dem Schwanz zu wedeln, oft mit einem Pudel verglichen. Das Fell ist rauer als das weiche, seidige der Cornish Rex. Noch größer ist der Unterschied in der Körperform. Der lange, dreieckige Kopf und die orientalischen Augen der Cornish Rex erinnern ebenso wie der Körper an eine Siam (Siamkatzen wurden oft eingekreuzt, als die ersten importierten Cornish Rex in den 1950-er und 1960-er Jahren in den USA weitergezüchtet wurden.). Sie hat lange Beine und der Bogen des Rückens ist sehr ausgeprägt. Das zwergenhafte Gesicht der Devon Rex ist breiter mit großen, tief angesetzten Ohren, großen, runden Augen, auffälligen Schnurrhaaren und einer kurzen Nase. Beide haben schmale, lange Schwänze. Es kommt fast jede Fellfarbe und -musterung vor.

Das Fell beider Rassen braucht nur wenig Pflege und haart fast gar nicht. Ihr schlanker Körperbau ändert sich in kälteren Klimazonen durch eine zusätzliche Fettschicht.

Rasseprofil

Lebenserwartung:	12–13 Jahre
Gewicht:	2,5–4,5 kg
Durchschnittliche Wurfgröße:	3–6

Charakter: Verspielt und zärtlich. Gute Familienkatze – mag Gesellschaft. Leicht zu züchten.

Farben: Alle Farben und Muster, einschließlich Pointed, Sepia und Mink.

BEKANNTE GESUNDHEITSPROBLEME

Gesundheitsprobleme sind selten, doch folgende Krankheiten treten typischerweise auf:

Spastische Lähmungen bei Devon Rex Jungen im Alter von etwa drei Monaten. Sie sind nervös, schreckhaft, haben Schwierigkeiten aufzustehen, einen eigenartigen Gang und werden leicht müde. Mit dem unter die Brust geklemmten Kopf haben sie Probleme beim Fressen und husten oft oder erbrechen. Das Leiden ist selten und wird wahrscheinlich vererbt.

Zahnfleischentzündung und Wurzelhautentzündung treten recht häufig auf.

Kahlheit und Fehlen der Schnurrhaare kommt gelegentlich vor.

Scottish Fold

DIE SCOTTISH FOLD IST EIN BEISPIEL FÜR SPONTANE Mutation. 1961 bemerkte ein Schäfer in Schottland, dass eine der heimischen Bauernkatzen merkwürdige Ohren hatte, die nach vorne geklappt waren. Als diese einige Junge mit gefalteten Ohren warf, kaufte der Schäfer eines und begann mit der Zucht, wobei er es mit einer Britisch Kurzhaar kreuzte. Bei einer Katzenausstellung wurde eine Genforscherin aufmerksam und nahm ein Junges mit gefalteten Ohren aus der aktuellen Generation mit, um die Mutation zu untersuchen. Dabei kam heraus, dass das gefaltete Ohr auf ein dominantes Gen zurückzuführen ist; das heißt, alle Scottish Folds müssen einen Elternteil mit diesem Gen haben.

▼ *Die Scottish Fold ist eine typisch gefärbte Kurzhaarkatze mit einem mittelgroßen Körper, abgerundetem Kopf und deutlich gefalteten Ohren. Tabbies wie die hier gezeigte waren schon immer sehr beliebt.*

Schon sehr bald wurden einige Scottish Folds für wissenschaftliche Forschungen in die USA geschickt. Sie erregten dort großes Aufsehen und 1973 wurde die Scottish Fold zur Registrierung in den USA zugelassen; 1978 erhielt sie vollen Wettbewerbsstatus. Heute ist sie eine der zehn beliebtesten Katzenrassen in den USA. In Großbritannien ist sie aber nicht als Rassekatze zugelassen, da man glaubt, dass die gefalteten Ohren zu Taubheit und anderen Problemen führen.

Eine eulenhafte Erscheinung

Die Scottish Fold hat ein rundes Gesicht mit großen runden Augen und Ohren, die dicht anliegend am Kopf nach vorne gefaltet sind, sodass der abgerundete Schädel deutlich zu sehen ist. Sie wirkt etwas traurig und eulenhaft, obwohl sie sonst der Britisch oder Amerikanisch Kurzhaar ähnelt. Die Augen trennt eine breite Nase. Diese ist kurz mit einer weichen Krümmung und

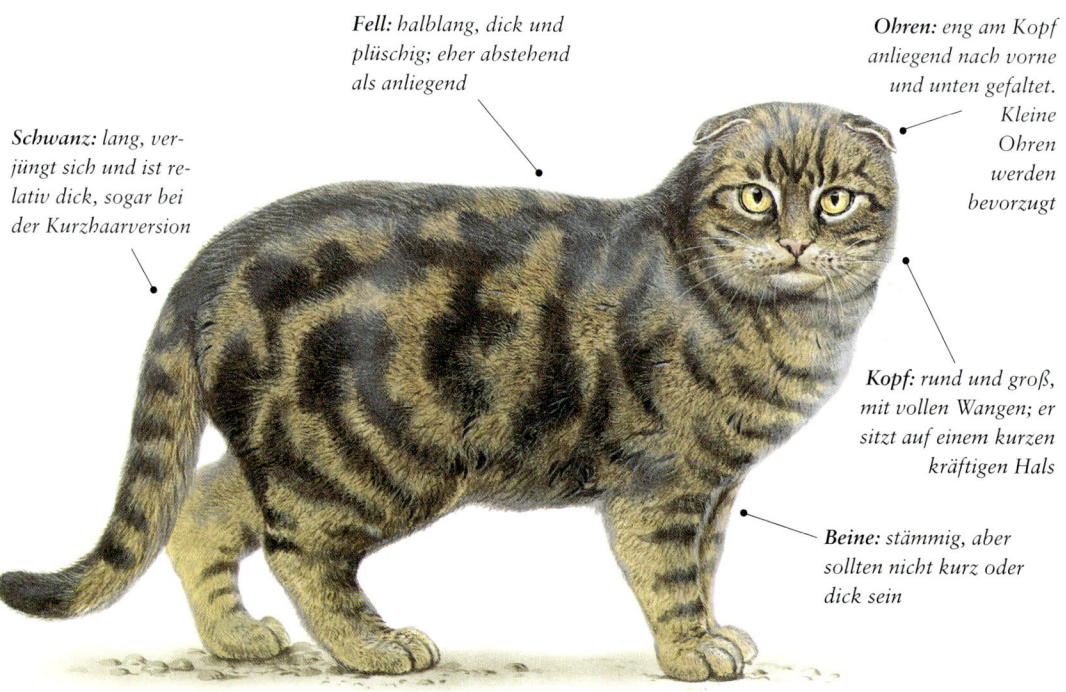

Fell: *halblang, dick und plüschig; eher abstehend als anliegend*

Ohren: *eng am Kopf anliegend nach vorne und unten gefaltet. Kleine Ohren werden bevorzugt*

Schwanz: *lang, verjüngt sich und ist relativ dick, sogar bei der Kurzhaarversion*

Kopf: *rund und groß, mit vollen Wangen; er sitzt auf einem kurzen kräftigen Hals*

Beine: *stämmig, aber sollten nicht kurz oder dick sein*

Rasseprofil

Lebenserwartung:	14–15 Jahre
Gewicht:	3–6 kg
Durchschnittliche Wurfgröße:	3–4

Charakter: Sanft und anspruchslos, braucht aber Gesellschaft in einer Familie. Mag Kinder. Äußert sich mit leiser Stimme. Einfache Fellpflege. Passt sich auch kaltem Klima an und geht gern auf Jagd.

Farben: Alle Farben, die es bei Britisch und Amerikanisch Kurzhaar gibt, außer Chocolate und Lilac; alle Muster außer Siam und Himalaya.

BEKANNTE GESUNDHEITSPROBLEME

Im Allgemeinen gute Widerstandskraft. Das für die gefalteten Ohren verantwortliche Gen kann Auslöser für Missbildungen sein, für Zucht ungeeignet.

Anomale Faltung des Ohrs Manche Ohren sind so fest gefaltet, dass man kaum den Eingang zum Gehörgang findet. Andere Exemplare haben können große Schlappohren haben. Bei beiden ist die Belüftung der Ohren schlecht.

Dicke Knochen in den Gliedmaßen Zu schwere und zu dicke Knochen im Schwanz und in den Beinen stellen zwar keine lebensbedrohliche Krankheit dar, es ist aber unangenehm und führt bei amerikanischen Ausstellungen zur Disqualifikation.

Taubheit Früher wurde angenommen, dass Taubheit bei Scottish Fold generell üblich wäre. Heute weiß man, dass sie auf das für die Farbe zuständige Gen zurückzuführen ist. Sie tritt nur bei weißen Folds auf.

● *Wir möchten uns eine Scottish Fold anschaffen, haben aber gehört, dass diese Rasse unter Ohrmilben leidet. Stimmt das?*

Die Scottish Fold ist aufgrund der Struktur des Ohres anfällig für eine Reihe von Ohrproblemen, darunter auch Milben. Da das Ohr nach vorne gefaltet ist, kann der Eingang zum Gehörgang fast verschlossen sein, was dazu führt, dass das Ohr nicht richtig belüftet wird. Feuchte Ohren bekommen leichter eine Infektion, daher müssen Sie die Ohrenhygiene besonders sorgfältig betreiben. Rassen mit kurzen breiten Ohren, wie die Kurzhaar, haben damit weniger Schwierigkeiten. Wenn Sie sich darauf einstellen, die Katzenohren sauber zu halten, wird Ihre Scottish Fold kaum mehr Ohrenprobleme haben als andere Rassen.

● *Unsere Scottish Fold ist jetzt ein Jahr alt und wir möchten mit ihr züchten. Ich habe gehört, dass man sie nicht mit einer anderen Scottish Fold verpaaren soll. Welche anderen Möglichkeiten gibt es?*

Wenn man zwei Scottish Fold mit gefalteten Ohren verpaart, besteht die Gefahr von Schwanz- und Gelenkmissbildungen. Entweder Sie verpaaren sie mit einer Britisch oder Amerikanisch Kurzhaar oder mit einer Fold mit normalen Ohren, deren Mutter gefaltete Ohren hat. Da das Gen für die Faltohren dominant ist, hat durchschnittlich die Hälfte des Wurfs gefaltete Ohren. Die anderen können eventuell bei zukünftigen Züchtungen verwendet werden. Schließen Sie sich dem örtlichen Rassekatzenverband an, um mit anderen Züchtern von Scottish Folds in Verbindung zu kommen.

manchmal einem kurzen stop. Die kleinen, gefalteten Ohren haben abgerundete Spitzen und liegen wie eine Kappe auf dem Kopf. Der mittel bis lange Schwanz ist beweglich und verjüngt sich.

Das Fell der Fold ist kurz, weich und dicht, und in den meisten Mustern und Farben vertreten, die bei Britisch und Amerikanisch Kurzhaarkatzen anerkannt sind. Langhaarige Scottish-Fold-Junge gab es zwar immer wieder, aber da das Gen für die Langhaarigkeit rezessiv ist, ist diese Varietät seltener.

Bei der Geburt sehen alle Jungen gleich aus, aber nach etwa vier Wochen falten sich die Ohren der Folds nach vorne und nach unten. Inzwischen haben sich verschiedene Faltarten entwickelt; zuerst war sie immer einfach, heutige Ausstellungskatzen haben sogar eine bis zu dreifache Faltung. Britisch und Amerikanisch Kurzhaar werden immer wieder eingekreuzt, um Missbildungen des Skeletts zu verhindern.

Scottish Folds sind sanfte, anspruchslose Katzen. Sie leben gern in Familien, sind aber auch hervorragende Jäger. Kaltes, raues Wetter macht ihnen nichts aus – sie haben die Widerstandskraft von Bauernkatzen gegen Krankheiten. Folds lieben Gesellschaft und sollten nicht lange allein gelassen werden. Sie setzen sich gern auf die Hinterpfoten und stupsen ihren Besitzer mit der Pfote an, um auf sich aufmerksam zu machen. Sie schlafen oft auf dem Rücken mit den Beinen in der Luft.

American Curl

DIE AMERICAN CURL IST EINE NEUE KATZENRASSE, die zuerst 1981 in Südkalifornien entdeckt und gezüchtet wurde. Sie ist das Ergebnis einer natürlichen Genmutation, die zuerst bei einer schwarzen langhaarigen, streunenden Hauskatze namens „Shulamith" beobachtet wurde, deren Ohren in einer besonderen Weise zurückgerollt waren. Als man sie zur Zucht verwendete, hatte auch die Hälfte ihrer Jungen nach hinten gebogene Ohren. Interessanterweise gab es unter diesen ersten Jungen auch Colourpoint Junge mit nach hinten gebogenen Ohren.

Im Oktober 1983 wurde „Shulamith" mit zwei Jungen erstmalig auf einer Katzenausstellung in Südkalifornien in der Öffentlichkeit gezeigt. Das Echo war so groß, dass die Rasse bereits nach wenigen Jahren offiziell in Amerika registriert wurde. Da die Form der Ohren in einigen Ländern als Missbildung gilt, ist sie aber nicht weltweit anerkannt und bisher auch noch vergleichsweise selten zu finden.

Die besonderen Ohren der American Curl sind ihr markantestes Merkmal. Aufgrund einer genetischen Änderung sind die Ohrknorpel halbmondförmig nach hinten gerichtet. Das Gen für dieses Merkmal ist verdeckt dominant, das heißt, dass eine Katze, die ein Gen für gerade Ohren und eines für gebogene Ohren besitzt,

▲ *Diese zweifarbige Tabby American Curl ist eine Langhaar-Version. Sie hat ein feines, seidiges Fell, ist aber sonst mit der kurzhaarigen American Curl identisch.*

immer nach hinten gebogene Ohren ausbildet. Die großen Ohren haben einen breiten Ansatz und sind wenigstens 90° nach hinten gebogen, Der feste Knorpel nimmt ein Drittel des Ohres ein. Züchter sprechen von Biegungen ersten, zweiten oder dritten Grades. Ausstellungskatzen weisen fast immer Biegungen dritten Grades auf.

Rasseprofil

Lebenserwartung:	13–15 Jahre
Gewicht:	3–5 kg
Durchschnittliche Wurfgröße:	3–5

Charakter: Eine ruhige, meist schweigsame, doch aktive, neugierige, zärtliche und lernfähige Katze. Lebt gern in der Familie und ist als Wohnungskatze geeignet, hat aber gern Freilauf. Es gibt Langhaar- und Kurzhaar-Versionen. Bei beiden ist die Fellpflege einfach, da sie nur wenig Unterwolle besitzen.

Farben: Einfarbig, Schildpatt, Smoke, Shaded, Tipped, Tabby, Silver Tabby, Zweifarbig, Tabby Zweifarbig, Pointed und Lynx.

BEKANNTE GESUNDHEITSPROBLEME
Es gibt keine speziellen Gesundheitsprobleme bis auf jene, die mit der Abweichung des Knorpels am Ohrläppchen oder der Ohrmuschel zu tun haben.

Ungleichmäßigkeit auffälliger Unterschied in der Biegung der beiden Ohren. Für die Katze ist dies im Allgemeinen kein Problem.

Kalkablagerungen und Hautkrankheiten können sich an den extrem geknickten Knorpeln bilden.

Sonnenbrand und Hautkrebs betrifft besonders weiße Katzen, da UV-Strahlen die empfindliche innere Ohrmuschel umgeklappter Ohren erreichen.

● Können sich American Curls leicht an den Ohren verletzen?

Wenn an den Ohren gezogen wird oder jemand sie nach vorne biegt, kann der Knorpel verletzt werden; das ist schmerzhaft für die Katze und kann sie für Ausstellungen ruinieren.

● Der Züchter bestand darauf, unser American-Curl-Junges bis zur 16. Woche zu behalten. Weshalb?

Die Ohren fangen bereits nach einigen Tagen an, sich nach hinten zu biegen, doch die volle Biegung erreichen sie erst, wenn das Junge etwa 16 Wochen alt ist. Züchter behalten sie gern bis dahin um zu sehen, ob es zukünftige Champions werden könnten. Achten Sie auf eine gute Sozialisierung der Jungen und die Durchführung erforderlicher Impfungen (siehe S.18-19).

● Unsere American Curl ist jetzt neun Monate alt und rollig. Wir hätten gern Junge von ihr. Können wir sie mit einem American-Curl-Kater verpaaren?

American Curls können problemlos verpaart werden, da viele Generationen Curls gezüchtet wurden, ohne dass ein Letalfaktor aufgetreten wäre.

● Hat die American Curl reinrassige Nachkommen? Nach der Verpaarung zweier Curls wurden Jungen mit geraden Ohren geboren. Sind das Mischlinge?

Wahrscheinlich nicht. Das Curl-Gen ist dominant, also hat jede Katze mit diesem Gen gebogene Ohren. Bei der Paarung zweier gemischterbiger Curls (Katzen, die sowohl ein Gen für gerade als auch für gebogene Ohren haben) werden etwa zwei Drittel des Wurfes nach hinten gebogene und der Rest gerade Ohren haben. Beide Eltern gelten dann noch als American Curl. Wenn beide Eltern reinerbig für gebogene Ohren sind oder nur ein Elternteil gemischterbig ist, haben alle Jungen nach hinten gebogene Ohren.

▶ *Eine schwarze kurzhaarige American Curl ist eine Standard-Kurzhaarkatze, mit einem auffälligen Unterschied. Sie ist sowohl eine ausgezeichnete Familien- als auch Ausstellungskatze.*

Die American Curl ist eine mittelgroße Katze mit einem „semiforeign" (halborientalischen) Körper und abgemilderter Keilform des Kopfes. Die Schnauze ist rund ohne Einbuchtung. Die walnussförmigen Augen haben oben einen ovalen und unten einen runden Lidrand. Sie sind groß, klar und hell und können jede Farbe haben, außer bei Pointed Curls, die alle blaue Augen besitzen. Das kurzhaarige Fell ist weich mit kaum ausgebildeter Unterwolle, die flach am Körper anliegt. Der Schwanz ist an der Wurzel breit und verjüngt sich. Er ist etwa so lang wie der Körper. Curls sind aufmerksam und neugierig, friedlich und anpassungsfähig. Sie sind zärtlich und belastbar in Bezug auf neue Lebensumstände. Sie sind nicht sehr anspruchsvoll oder anhänglich, aber verspielt und können einfaches Apportieren lernen. Sie sind als Wohnungskatzen geeignet und mögen das Familienleben. Sie können damit rechnen, Sie regelmäßig in Ihrem Bett zu finden oder in Ihrer Badewanne. Außer Haus bewegen sie sich selbstsicher und jagen gern.

Ohren: groß und nach hinten gebogen. Trotz ihres Aussehens können sie wie normale Katzenohren gedreht werden.

Körper: lang und von mittlerem Gewicht, mit einem glatten Fell, das kurz oder lang sein kann

Schwanz: lang im Verhältnis zum Körper und sich zum Ende verjüngend

Manx

Kopf: *groß und rund mit großen Ohren*

Schwanz: *fehlt. Wo der Schwanz normalerweise beginnen würde, ist eine kleine Vertiefung*

Körper: *kompakt, mit kurzen Vorderbeinen und einem kurzen Rücken*

Hinterbeine: *länger als die vorderen, was zu hoppelndem Gang führt*

DIE ISLE OF MAN IN DER IRISCHEN SEE IST DIE Heimat dieser außergewöhnlichen schwanzlosen Katze. Eine Legende erklärt diese Missbildung damit, dass der Schwanz in der Tür eingeklemmt wurde, als die Manx auf Noahs Arche drängelte. Das Fehlen des Schwanzes beruht auf einer genetischen Mutation, wie sie im Tierreich immer wieder vorkommt. Im Verlauf normaler Zucht bildet sich dieses Merkmal allmählich zurück. Bei dem isolierten Bestand einer Insel, ist die Wahrscheinlichkeit viel größer, dass ein solches Gen weitergegeben wird. Eine ähnliche Rasse, die Japanese Bobtail, entstand genauso.

Rumpy, Stumpy, Longie oder Riser

Die genetische Veränderung zeigt sich nicht bei allen Manx gleichermaßen, und so gibt es vier anerkannte Varietäten mit Schwanzstummeln unterschiedlicher Länge. Die einzige bei Ausstellungen zugelassene Form ist die „Rumpy", die schwanzlose Manx, die nur eine kleine Vertiefung am Rumpf hat, wo der Schwanz norma-

▲ *Alles an der Manx ist rund: das Gesicht, die Wangen, die Augen, der Rumpf und die Körperform. Das Hinterteil steht in die Höhe, wenn die Katze mit gleichmäßig verteiltem Gewicht steht.*

lerweise sitzen würde. Das andere Extrem ist die „Longie", die einen verkürzten, aber sonst fast normalen Schwanz hat. Dazwischen gibt es die „Rumpy Riser", bei der der Schwanz nur ein verkümmerter Knopf ist, und die „Stumpy"', die einen deutlichen Stummel am Ende hat.
Der fehlende Schwanz und die im Verhältnis zu den Vorderläufen längeren Hinterbeine führen zu jenem eigenartig hoppelnden Gang, der typisch für die Manx ist. Dies hat aber keine negative Auswirkung auf die Beweglichkeit oder Geschicklichkeit der Katze – Manx sind ausgezeichnete Jäger. Durch Zuchtwahl entstand ein sehr rundes Gesicht und ein als „haariger Basketball mit Beinen" beschriebener Körper. Manxkatzen gibt es in vielen Farben und Mustern, aber nicht alle werden in allen Ländern bei

F & A

● *Ich habe eine Manx, mit der ich züchten möchte. Ich habe gehört, dass das nicht einfach ist. Könnten Sie mir Ratschläge geben?*

Wenn sie eine „Rumpy" ist und Sie sie mit einer anderen „Rumpy" paaren, ist die Wahrscheinlichkeit groß, dass ein Viertel der Jungen bereits im Mutterleib oder bei der Geburt stirbt. Dies ist auf erbliche Missbildungen infolge des Manx-Syndroms zurückzuführen. Wenn sie oder der Zuchtkater eine andere Varietät ist, ist das Risiko geringer. Der Züchter, der den Zuchtkater stellt, sollte darin erfahren sein. Junge mit Erbschäden werden selten älter als drei Monate, oft schläfert man sie ein, um sie nicht leiden zu lassen. Behalten Sie die Jungen mindestens bis zum vierten Monat, um sicher zu gehen, dass sie gesund sind, bevor Sie sie weggeben.

● *Auf der Suche nach einer jungen Manx wurde uns ein Tier mit einem kurzen Schwanz angeboten. Ist dort eine andere Rasse eingekreuzt worden?*

Nicht unbedingt, obwohl bei Manxkatzen manchmal andere Rassen eingekreuzt werden, um die Gefahr tödlicher Wirbelsäulendeformationen auszuschließen. Ihr Junges könnte eine „Longie" sein; bei dieser Art führt die genetische Mutation zu einem Schwanzstummel. Wenn sie den zärtlichen, ruhigen Charakter der Manx hat und Sie nicht Wert auf eine schwanzlose Katze legen, gibt es keinen Grund, sie nicht zu nehmen.

▼ *Die Manx ist wegen ihres unverwechselbaren Äußeren, ihres eigenartigen Ganges und ihres ruhigen Temperaments beliebt. Katzen bei Ausstellungen sind immer 'Rumpies', aber auch die anderen drei Manxformen, die nicht völlig schwanzlos sind, sind angenehme Haustiere.*

Rasseprofil

Lebenserwartung:	13–15 Jahre
Gewicht:	4–5,5 kg
Durchschnittliche Wurfgröße:	4

Charakter: zärtlich, ruhig, intelligent. wenig aktiv, aber sie sind gerne draußen und gute Jäger.

Farben: Alle Kurzhaarfarben, Einfarbig, Schildpatt, Smoke, Tipped, Tabby, Pointed, Zweifarbig.

BEKANNTE GESUNDHEITSPROBLEME

Manx-Syndrom Durch das Gen, das den verkürzten Schwanz verursacht, kann Spina bifida (eine erbliche Missbildung des Rückgrats) auftreten, die tödliche Funktionsstörungen von Darm und Blase hervorruft. Dies führt normalerweise vor oder kurz nach der Geburt zum Tod.

Ausstellungen anerkannt. Das doppelte Fell hat eine flaumige Unterwolle und glänzende, raue Deckhaare. Es wird mit einem Kamm oder einer mittelharten Bürste gepflegt.

Manxkatzen sind intelligent und zärtlich. Sie werden nicht sehr groß und wachsen langsam. Man sollte sie sehr sorgfältig züchten, besonders wenn es sich um zwei „Rumpies" handelt, denn das für den fehlenden Schwanz verantwortliche Gen führt oft zu erblichen Rückgratproblemen, die in den Würfen und bei Jungen bis zu drei Monaten zu einer hohen Sterblichkeit führen.

Eine langhaarige Manx

Bei einer Einkreuzung wurde unbeabsichtigt das rezessive Gen für langes Haar vererbt. Während der 1960-er Jahre versuchten Züchter in Nordamerika, eine langhaarige Manx zu etablieren. Da es in Wales eine eigene Varietät von schwanzlosen Katzen geben soll, wurde sie Cymric genannt. Ihre Eigenschaften entsprechen denen der Manx: der freundliche Charakter, das für den verkürzten Schwanz zuständige Gen und der eigenartige Gang. Dazu hat sie ein halblanges doppeltes Fell und Ohren und Wangen mit Haarbüscheln. Anders als in den USA wird sie in Großbritannien noch nicht anerkannt.

Japanese Bobtail

JAPANESE BOBTAIL IST EINE ALTE RASSE, DIE vermutlich aus China oder Korea nach Japan importiert wurde. Schriftliche Aufzeichnungen und Gemälde belegen, dass es Katzen dort seit wenigstens eintausend Jahren gibt; schwieriger ist es, das Auftreten der ersten Rassen mit kurzem Schwanz nachzuweisen. Sie stammt ursprünglich wohl von kurzhaarigen Hauskatzen ab, die zu einer schwanzlosen Version mutierten wie die Manx; dieses Gen wurde dann in der isolierten japanischen Inselwelt weitergegeben. In der japanischen Mythologie gilt ein Katzenschwanz mit klarem Schnitt am Ende zudem als Zeichen des Teufels; vielleicht wurden auch aus diesem Grund kurze Schwänze bevorzugt.

1602 wurde Japans blühende Seidenindustrie von einer Rattenplage heimgesucht. Daraufhin ließ man alle Katzen im Land frei, um die Nagerpopulation zu dezimieren. Die Katzen lebten wild auf Bauernhöfen oder in den Straßen der Städte und paarten sich wahllos. Die planmäßige Zucht von Rassen wurde damit hinfällig, aber dafür unterblieb jeglicher Handel mit Katzen.

Die Entdeckung der Bobtail

Japan führte mehrere hundert Jahre ein isoliertes Dasein, und so wurde die Bobtail erst nach dem Zweiten Weltkrieg von Katzenliebhabern aus aller Welt entdeckt. Amerikanische Besatzungstruppen organisierten die ersten Katzenausstellungen in Japan, aber alle einheimischen Katzen wurden zunächst zugunsten der importierten Rassen ignoriert, sogar von den Japanern selbst. 1963 sahen amerikanische Preisrichter, die eine Ausstellung in Japan besuchten, eine Japanese Bobtail und waren beeindruckt. Fünf Jahre später schickte eine amerikanische Züchterin einige Exemplare in die USA und als sie selbst schließlich zurückkehrte, nahm sie 38 Japanese Bobtails mit.

Die Rasse ist inzwischen bei den amerikanischen Ausstellungen eingeführt, doch in Europa noch nicht anerkannt.

Rasseprofil

Lebenserwartung:	14–16 Jahre
Gewicht:	2,5–4,5 kg
Durchschnittliche Wurfgröße:	3–5

Charakter: Aktiv, neugierig und freundlich, zu Menschen wie zu anderen Katzen. Ein ideales Familientier, das allerdings bei Langeweile viel kaputt machen kann, braucht viel Beschäftigung und sollte nicht ständig allein im Haus bleiben. Paarweise als Wohnungskatze geeignet. Pflegeleichtes Fell, auch bei langhaariger Varietät.

Farben: Alle Farben werden akzeptiert bis auf Pointed (Siam) und Agouti (Abessinier).

BEKANNTE GESUNDHEITSPROBLEME

Es gibt keine speziellen Gesundheitsprobleme bei der Japanese Bobtail.

Katze mit eingedrehter Quaste

Das eindeutige Merkmal ist der acht bis zehn Zentimeter lange Schwanz, der meist aufgerollt ist und eine Quaste bildet. Er kann auch ausgestreckt werden und die Katze hält ihn oft senkrecht, wenn sie wachsam ist oder Beachtung sucht. Die Zucht und Ausstellung von Bobtails bietet vergleichsweise viele Freiheiten. Ein Knick im Schwanz und andere Merkmale, die normalerweise als Fehler betrachtet würden, sind zulässig, so lange der Schwanz deutlich vorhanden, locker und nicht länger als acht Zentimeter ist. Von Kreuzungen mit der Manx wird dringend abgeraten, um die beiden Rassen deutlich voneinander zu trennen und die von der Manx bekannten erblichen Folgeschäden zu verhindern.

Durch Zuchtwahl wurde die Größe dieser Katze stetig verringert, da moderne Züchter feinere Züge bevorzugen. Heute ist die Bobtail mittelgroß, schlank, aber muskulös und hat ein halblanges, seidiges Fell mit minimaler Unterwolle. Typisch für die Art der „foreign" Kurzhaar ist der Kopf mit Points und die hohen Wangenknochen in Verbindung mit großen, schräg gestellten Augen und einer langen Nase, die der Katze ihr charakteristisches „japanisches" Gesicht geben. Die Augen sind golden, blau oder verschiedenfarbig. Bobtails kommen in allen Rassefarben vor, außer in Pointed (Siam) und Aguti (Abessinier), die bekannteste Varietät ist die Mi-Ke, das heißt „drei Felle", mit spärlichen, aber kräftigen Schildpatt-Zeichnungen auf einem rein weißen Untergrund. Die Mi-Ke gilt in Japan als Glücksbringerin, besonders wenn sie verschiedenfarbige Augen hat. Es gibt sie auch in Rot-Weiß und Schwarz-Weiß.

Durch ein rezessives Gen gibt es auch eine langhaarige Bobtail-Art, aber sie ist noch selten. Bobtails schwimmen gern und man kann ihnen das Apportieren beibringen. Sie haben oft die nette Angewohnheit die Vorderpfote wie zum Gruß zu heben. Mit ihrem freundlichen, neugierigen Wesen sind sie ideale Familienkatzen.

▼ *Die alte Glückskatze Japans ist heute in den USA sehr beliebt. Diese Katze hat ein Mi-Ke („drei Felle") Fell. Die meisten Bobtails sind kurzhaarig, es gibt aber auch eine langhaarige Varietät. Beide sind pflegeleicht.*

● *Wir mögen Japanese Bobtail und möchten uns ein Weibchen anschaffen, um mit ihr zu züchten. Was müssen wir beachten?*

Sie sollten keine Katze zur Zucht verwenden, die jünger als zehn oder 12 Monate ist, und dann auch nur, wenn Sie sich in den letzten Phasen der Trächtigkeit, bei der Geburt und in den ersten sieben Lebenswochen der Jungen ausreichend um sie kümmern können. Ihr Tierarzt kann Ihnen erste Ratschläge geben, wenn Sie mit der Katze zur Impfung kommen. Suchen Sie rechtzeitig einen passenden Kater. Wenn Ihre Katze rollig wird, werden Sie sie für ein oder zwei Tage zum Zuchtkater bringen müssen. Bobtails bringen immer rassereine Junge zur Welt, da ein rezessives Gen für die Veränderung des Schwanzes verantwortlich ist.

● *Meine Japanese Bobtail schwimmt gern im Pool, aber ich habe Angst, dass ihr die Chemikalien schaden könnten. Soll ich sie lieber fernhalten?*

Der Swimming-Pool braucht einen sicheren Ein- und Ausstieg. Die Chemikalien können Sie anschließend unter der Dusche aus ihrem Fell spülen. Sie darf aber keine geröteten Augen vom Chlor bekommen.

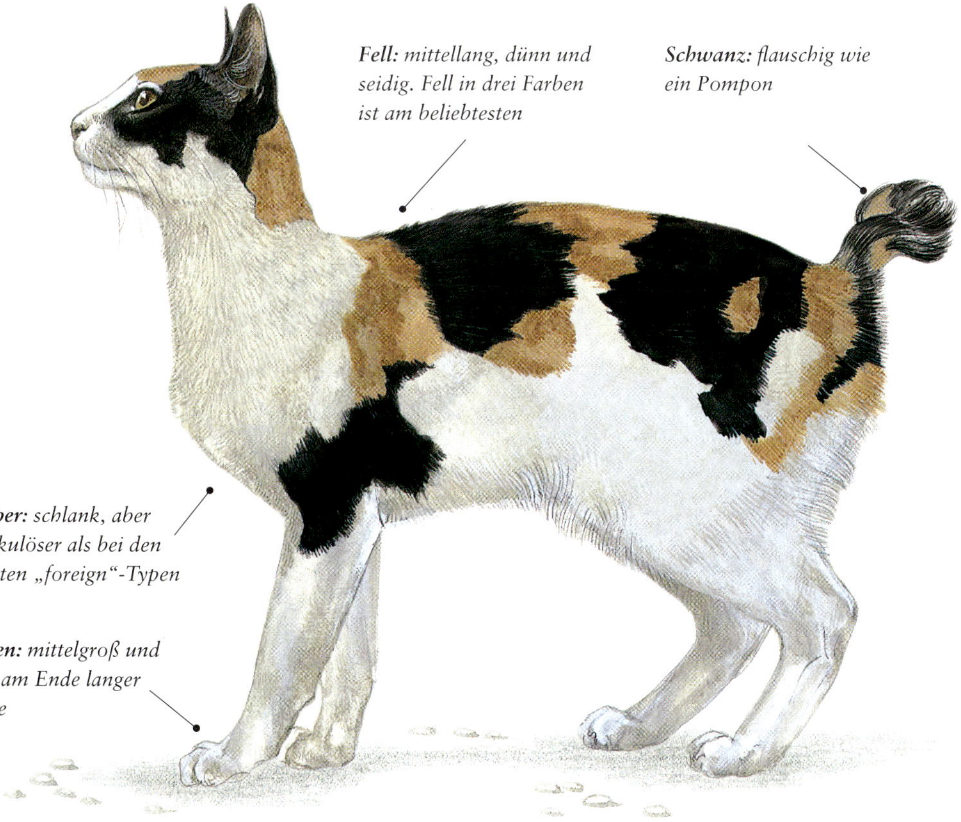

Fell: mittellang, dünn und seidig. Fell in drei Farben ist am beliebtesten

Schwanz: flauschig wie ein Pompon

Körper: schlank, aber muskulöser als bei den meisten „foreign"-Typen

Pfoten: mittelgroß und oval am Ende langer Beine

Orientalisch Kurzhaar

AM BESTEN KANN MAN EINE ORIENTALISCH Kurzhaar mit einer Siamkatze vergleichen. Beide haben eine einheitliche Fellfärbung, den gleichen schlanken, geschmeidigen Körperbau, eine keilförmige Kopfform und schräg stehende Augen sowie die gleiche gesellige Wesensart. Mit Ausnahme der Farben sind sogar die Rassestandards für beide gleich. Siam sind hell mit farbigen Points; Orientalisch Kurzhaar können eine von 50 verschiedenen Farben besitzen.

Um die Farbe gibt es heftige Auseinandersetzungen, was Katzenbesitzer, die sich nicht für Ausstellungen interessieren, erstaunen wird. Es gibt erhebliche Unterschiede in der natürlichen Farbgebung von Siamkatzen und es war nur die ein-

Rasseprofil

Lebenserwartung:	16–18 Jahre
Gewicht:	4–6 kg
Durchschnittliche Wurfgröße:	6–8

Charakter: Neugierig, zärtlich, anspruchsvoll, aber ansonsten einfach für den Besitzer. Eine gute Anfängerkatze: liebt das Familienleben, ist verspielt und gesellig. Als Wohnungskatze geeignet; draußen ist sie eine leidenschaftliche Jägerin. Paarweise Haltung ist besser, wenn Sie tagsüber außer Haus sind. Gesprächig, aber leiser als die Siamkatzen. Einfache Fellpflege. Wächst rasch heran, leicht zu züchten, aktive Junge.

Farben: vielfältig: Schwarz, Braun, Cinnamon, Rot, Blau, Lilac, Fawn, Creme, Karamel, Apricot, Weiß; Schildpatt in Schwarz, Chocolate, Cinnamon, Blau, Lilac, Fawn und Karamel; Smoke, Shaded, Tipped und Tabby Einfarbig und Schildpatt-Farben außer Weiß; Silber Tabby.

BEKANNTE GESUNDHEITSPROBLEME

Kardiomyopathie (Herzkrankheit) ist gelegentlich bei Orientalisch Kurzhaar ein Problem.

Zahnfleischentzündung tritt bei dieser Rasse auf. Zahnhygiene ist sehr wichtig.

◀ *Die Lilac Orientalisch Kurzhaar war eine der ersten Variationen der Havanna und ist noch immer sehr beliebt. Sie war früher als Foreign Lilac bekannt.*

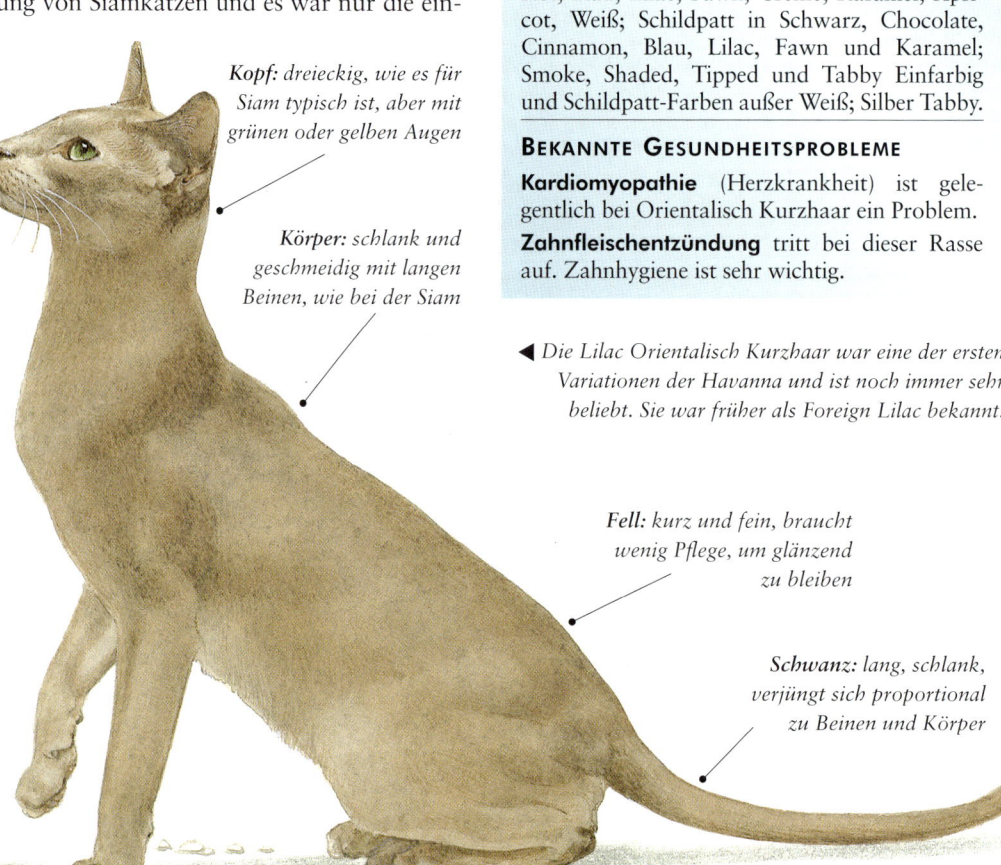

Kopf: dreieckig, wie es für Siam typisch ist, aber mit grünen oder gelben Augen

Körper: schlank und geschmeidig mit langen Beinen, wie bei der Siam

Fell: kurz und fein, braucht wenig Pflege, um glänzend zu bleiben

Schwanz: lang, schlank, verjüngt sich proportional zu Beinen und Körper

zigartige Varietät mit Points, die diese Katzen zu Lieblingen unter den Rassekatzen werden ließ. In Thailand sind mehr als die Hälfte der Hauskatzen einfarbig; nur etwa 20 Prozent der Siamkatzen besitzen dort die charakteristische helle Farbe mit Points.

Der englische Siamkatzen-Club entschied in den späten 1920-er Jahren, dass nur Katzen mit Points und blauen Augen als Siam ins Zuchtbuch eingetragen werden können. In der Folge gab es viele zurückgewiesene Varietäten, die auf Ausstellungen als „foreign" bezeichnet wurden und als minderwertig galten.

Erst Ende der 1950-er Jahre wurde eine einfarbig chocolate gefärbte Katze vom Siam-Typ mit grünen Augen ausgezeichnet, die den Namen Havana Brown bekam. In Großbritannien hieß sie zwischenzeitlich Chestnut Brown Foreign. In den USA ist die Havanna Brown auch heute noch eine eigene Rasse.

Auch die beliebten Foreign-Lilac- und Foreign-White-Kurzhaar wurden als einzelne Rassen geführt, dann wurden sie unter der Bezeichnung Orientalisch Kurzhaar vereint. Blaue Orientalisch Kurzhaar werden häufig mit Korats (siehe S. 152-153) verwechselt und Orientalisch Kurzhaar der Varietät Spotted Tabby mit Egyptian Maus (siehe S. 178-179), von ihrem Gesicht und der Körperform her sehen sie aber eindeutig den Siamkatzen ähnlich.

Anspruchsvoll, aber nicht empfindlich

Die Orientalisch Kurzhaar ist sehr aktiv, lebhaft und anhänglich. Sie wird immer versuchen, sich aufzudrängen oder einzumischen, egal ob Sie ein Buch lesen oder im Garten Ball spielen. Sie braucht viel Spielzeug und Gesellschaft, sonst langweilt sie sich leicht. Solange sie beschäftigt ist, kann man sie gut in der Wohnung halten.

Ihr zierlicher Körperbau lässt nicht vermuten, dass die Orientalisch Kurzhaar eine recht hohe Lebenserwartung hat. Sie ist gut zur Zucht geeignet und wächst schnell heran, genau wie die Siamkatzen; nur sind sie etwas weniger laut. Vor dem Alter von neun Monaten sollte man sie aber nicht verpaaren. Der typische Wurf einer Orientalisch Kurzhaar ist mit sechs bis acht Jungen sehr groß. Wenn sie etwa drei bis vier Wochen alt sind, sind sie schon fast so aktiv wie ihre Eltern.

▲ *Eine Tabby Oriental Shorthair ist eine bemerkenswerte Farbvarietät mit großen mandelförmigen Augen, die durch gezielte Zucht erreicht wurde.*

● *Unsere weiße Orientale kaut und schluckt Woll- und Baumwollstückchen von Kleidungsstücken, die wir herumliegen lassen. Kann ihr das schaden?*

Ja – schlimmstenfalls kann es zu Darmverschluss führen. Man kennt dieses Verhalten von allen Siams. Lesen Sie die Ratschläge auf S. 44-45 und 66-67 nach, um ihr die Unart abzugewöhnen.

● *Unsere Orientalisch Kurzhaar ist sieben Monate alt. Als sie zum ersten Mal rollig war, machte sie so viel Lärm, dass die Nachbarn sich beschwerten. Wir möchten mit ihr züchten, wenn sie ein Jahr alt ist. Müssen wir uns vorher jedesmal damit abfinden?*

Ihre Katze wird wahrscheinlich in den nächsten zwei Monaten jede Woche rollig werden. Da Sie mit ihr züchten wollen, gibt es nur zwei Möglichkeiten: Entweder sie darf sich jetzt schon paaren, obwohl es noch ein wenig früh ist, oder Sie fragen ihren Tierarzt nach einem Mittel, das die Rolligkeit verhindert, bis Sie mit ihr züchten möchten. Hormongaben sind nicht frei von Nebenwirkungen und der Ablauf des normalen Zyklus kann sich nach einer Hormonbehandlung ändern.

● *Meine Blue Orientalisch Kurzhaar wurde mit einem Smoke Kurzhaar verpaart und hat nun zwei Junge geworfen, die eindeutig Blue Point Siam sind. Wie soll ich Sie im Zuchtbuch eintragen lassen?*

Es gibt von Land zu Land und sogar auf Verbandsebene unterschiedliche Handhabungen. Man kann sie als Siam einordnen, aber auch als „Orientalisch Kurzhaar Varietät". Einige werden sie überhaupt nicht eintragen. Fragen Sie bei Ihrem örtlichen Verband nach.

Siam

DIE SIAMKATZE, DER LEGENDÄRE WÄCHTER DER königlichen Tempel in Thailand, ist leicht zu erkennen an der dunklen Gesichtsmaske und den sich von ihrem hellen Fell abhebenden, lebhaften blauen Augen. Die Rasse wurde um 1870 erstmals bei einer Ausstellung in London gezeigt. Ihre unverwechselbare Erscheinung, die keinerlei Ähnlichkeit mit irgendeiner anderen damals bekannten Rasse aufwies, und ihr exotischer Ursprung sicherten ihr die ungeteilte Bewunderung wohlhabender Katzenliebhaber. Ein mystischer Nimbus umgab die Siam auch, weil sie in ihrer Heimat am königlichen Hof gehalten wurde. Ein von dort importiertes Paar wurde in Großbritannien wie kostbarer Schmuck ausgestellt.

In die USA kamen die Siamkatzen 1890 und hatten auch dort trotz der hohen Preise sehr rasch Erfolg. Dort können heute nur die Perser und die Maine Coon mit ihnen konkurrieren.

Markante Farbgebung

Die schlanke, attraktive Siamkatze hat ein kurzes typischerweise helles, fast weißes Fell, das mit einer breiten Palette schattierter Points (um Gesicht, an den Ohren, Pfoten und am Schwanz) kontrastiert. Flanken und Rücken sind eventuell ebenfalls schattiert. Da sich diese Schattierungen mit zunehmendem Alter über das Fell verteilen, werden die meisten Siamkatzen als junge, ausgewachsene Katzen auf Ausstellungen gezeigt.

Die meisten ursprünglichen Siam, die aus Thailand exportiert wurden, gehörten zur Farbvarietät, die heute Seal Point genannt wird, mit Points in dunklem Schwarzbraun, die den größtmög-

▼ *Schildpatt Point (links) und Red Point (rechts) sind verhältnismäßig neue Varietäten. In den meisten europäischen Ländern werden sie als Siam geführt, während sie in den USA als Colourpoint Kurzhaar gelten.*

Dunkle Varietäten der Siam haben eine deutliche Gesichtsmaske, aus der sich die leuchtenden Augen abheben

Maske: bei hellen Varietäten weniger intensiv

▲ *Siam-Junge werden mit weißem Fell geboren und bekommen ihre Farbe beim Heranwachsen. Da die Rasse sehr anhänglich und extrovertiert ist, benötigen die Jungen viel Aufmerksamkeit und Unterhaltung, damit sie nicht nervös werden.*

Schwanz: lang, verjüngt sich und ist recht dünn im Verhältnis zum langen, geschmeidigen Körper

Beine: schlank, die Hinterbeine etwas länger als die Vorderbeine

● *Meine Seal-Point-Siam hat sechs Junge von einem Seal-Point-Kater bekommen. Zu meinem Leidwesen sind alle rein weiß. War ein anderer Kater beteiligt?*

Nein. Alle Siam-Jungen werden weiß geboren. Die Points färben sich erst etwa nach einer Woche ausgehend vom Rand der Ohren und der Ballen. Auch ihre Augen, die jetzt noch hell sind, werden mit etwa acht Wochen leuchtend blau.

● *Ich habe ein weibliches Blue-Point-Junges und möchte sie mit einem Red-Point paaren. Ab wann ist das sinnvoll und welche Farbe bekommen die Jungen?*

Sie sollten Ihre Katze nicht verpaaren, bis sie zehn oder 12 Monate und voll entwickelt ist, auch wenn sie früher geschlechtsreif wird. Die Genetik der Siam ist kompliziert, die Farben vererben sich nicht alle rein weiter. Ihre weiblichen Jungen werden Schildpatt Points sein (Schildpatt ist an das weibliche Geschlecht gebunden). Die Kater werden ganze Farben an den Points tragen und vielleicht seal, blau, lilac oder chocolate sein, je nachdem, welche Farbgene die beiden Eltern haben, die nicht in ihrem Fell sichtbar sind.

◀ *Diese Seal Point hat den auffällig dreieckigen Kopf mit großen, nach außen gestellten Ohren, die typisch für amerikanische Siamkatzen sind. Der hellwache, intelligente Ausdruck spiegelt ihre Neugier und einen ungebremsten Tatendrang wider.*

Rasseprofil

Lebenserwartung:	14–17 Jahre
Gewicht:	2,5–4,5 kg
Durchschnittliche Wurfgröße:	5–7

Charakter: Sehr zärtlich, braucht Gesellschaft. Ideale Anfänger- und Familienkatze. Sehr laut, aber auch sehr lernfähig. Kinderfreundlich und normalerweise leicht zu züchten. Als Wohnungskatze geeignet, mag als erfolgreiche Jägerin jedoch auch Freilauf.

Farben: Seal, Chocolate, Blue und Lilac Point sind die ursprünglichen Farben; Rot, Schildpatt, Cream, Cinnamon, Fawn und Caramel Point; Schildpatt und Tabby Varietäten; nicht alle werden allgemein akzeptiert.

BEKANNTE GESUNDHEITSPROBLEME

Schielen ist erblich bei den Siam. Sie scheinen aber nur selten unter Sehschwäche zu leiden. Wirksame Operationen oder eine andere Behandlung ist nicht bekannt; betroffene Katzen sollten nicht in der Zucht eingesetzt werden.

Knick im Schwanz ist eine Fehlstellung im Schwanzwirbel bis zu 90°, scheint bei Siam häufiger vorzukommen als bei anderen Rassen. Sie findet sich oft an der Schwanzspitze, kann jedoch überall am Schwanz vorkommen. Sie ist harmlos, gilt aber bei Ausstellungen als Fehler.

Wolle fressen findet man bei Siamkatzen öfter als bei anderen Rassen. Alles aus Stoff wird angefressen. Man nimmt an, dass dieses Verhalten stressabhängig ist (siehe S. 66-67).

Mucopolysaccharidose (MPS) ist eine seltene Entwicklungsstörung bei Siamkatzen, die zu Zwergenwuchs, Knochen- und Gelenkkrankheiten, Gesichts- und Zungenmissbildungen und einer Trübung der Hornhaut führt. Die Symptome zeigen sich ab einem Alter von zwei bis vier Monaten und betroffene Katzen sterben meist, bevor sie drei Jahre alt sind. In einigen Fällen wurde erfolgreich Knochenmark transplantiert.

Herzkrankheit ist bei Siamkatzen erblich, betroffen sind die Herzklappen oder der Herzmuskel. Einige Katzen zeigen erst im höheren Alter Symptome, doch andere benötigen ärztliche Behandlung. Betroffene Katzen sollten nicht in der Zucht eingesetzt werden.

lichen Kontrast zu Fell und Augen bilden. Andere Farben tauchten gelegentlich auf, doch die Seal Point war am bekanntesten und es gab heftigen Widerstand dagegen, andere Varietäten als echte Siam anzuerkennen; 1896 wurde eine Blue-Point-Siam bei einer britischen Ausstellung disqualifiziert, weil sie eine falsche Farbe hatte. Blue Points und zwei weitere Farben – Chocolate Point (eine abgeschwächte Form von Seal) und Lilac Point (eine lavendelblaue Aufhellung von Blue) – wurden schließlich anerkannt; diese vier Farben sind noch immer die einzigen in Amerika akzeptierten Varietäten. In den vergangenen 50 Jahren wurde eine größere Anzahl Varietäten entwickelt, die meist in Europa anerkannt, aber in den USA offiziell als Colourpoint Kurzhaar eingeordnet werden, um die Unterscheidung zu den Siam zu gewährleisten. In jüngster Zeit wurden auch einfarbige Siam gezüchtet; die eindeutig zum Siam-Typ gehören, aber keine Points tragen. Sie sind als Orientalisch Kurzhaar bekannt (siehe S. 164-165).

Die Schattenseiten der Popularität

Die ersten Siamkatzen litten oft unter gesundheitlichen Schwierigkeiten wie Magen- und Atemproblemen. Ihre große Beliebtheit und Nachfrage führte zur wahllosen Zucht und dem weit verbreiteten Import von Katzen zweifelhaften Ursprungs, sodass in den 1950-er Jahren viele kranke Exemplare die Ausstellungen bevölkerten. Das Schielen ihrer schräg gestellten, glänzend blauen Augen konnte mittels Zucht beseitigt werden; es trat in den 1940-er bis 1950-er Jahren nach wahlloser Fortpflanzung aber wieder auf. Die Schwanzspitze ist manchmal geknickt, auch das ist ein Fehler bei einer Ausstellungskatze. Moderne Einflüsse zeigten ihre Wirkung und extreme Merkmale wurden bei der Zucht bevorzugt. Die heutige Siam hat seitdem eine übertrieben eckige Linie, insbesondere am Kopf. Die Vorliebe für eine längere, sich verjüngende Körperform wurde in den USA propagiert und nun entstehen immer mehr neue Linien.

Im Gegensatz zu anderen Katzen können Siam lernen, an der Leine zu gehen, zu apportieren und ähnliche Kunststücke auszuführen. Diese für eine Katze ungewöhnliche Eigenschaft wird von einer extrovertierten Persönlichkeit begleitet. Siam orientieren sich

stark am Menschen und sind nicht gern allein. Sie brauchen, selbst wenn sie Spielzeug und einen Garten haben, tagsüber Gesellschaft und entwickeln, wenn sie sich langweilen, eine destruktive Neigung.

Andere Katzen tolerieren sie nur ungern und trotz ihrer zarten Erscheinung schüchtern sie Nachbarkatzen ein, wenn diese in ihr Gebiet eindringen. Meistens sind sie auch sehr laut: Weibchen sind dafür bekannt, dass sie in der Rolligkeit unerträglich jaulende Geräusche von sich geben. Siam wachsen rascher heran als andere Rassen und werden auch früher geschlechtsreif. Sie scheinen fruchtbarer zu sein als die meisten Rassen und haben große Würfe.

◀ *Diese jungen Siamkatzen sind drahtige Energiebündel. Die ausgewachsenen Katzen können recht klein sein, mit einem Gewicht von nur 2,5 kg. Sie sind auch als Wohnungskatze geeignet, obwohl sie jede Gelegenheit zum Freilauf ausnutzen.*

Burma

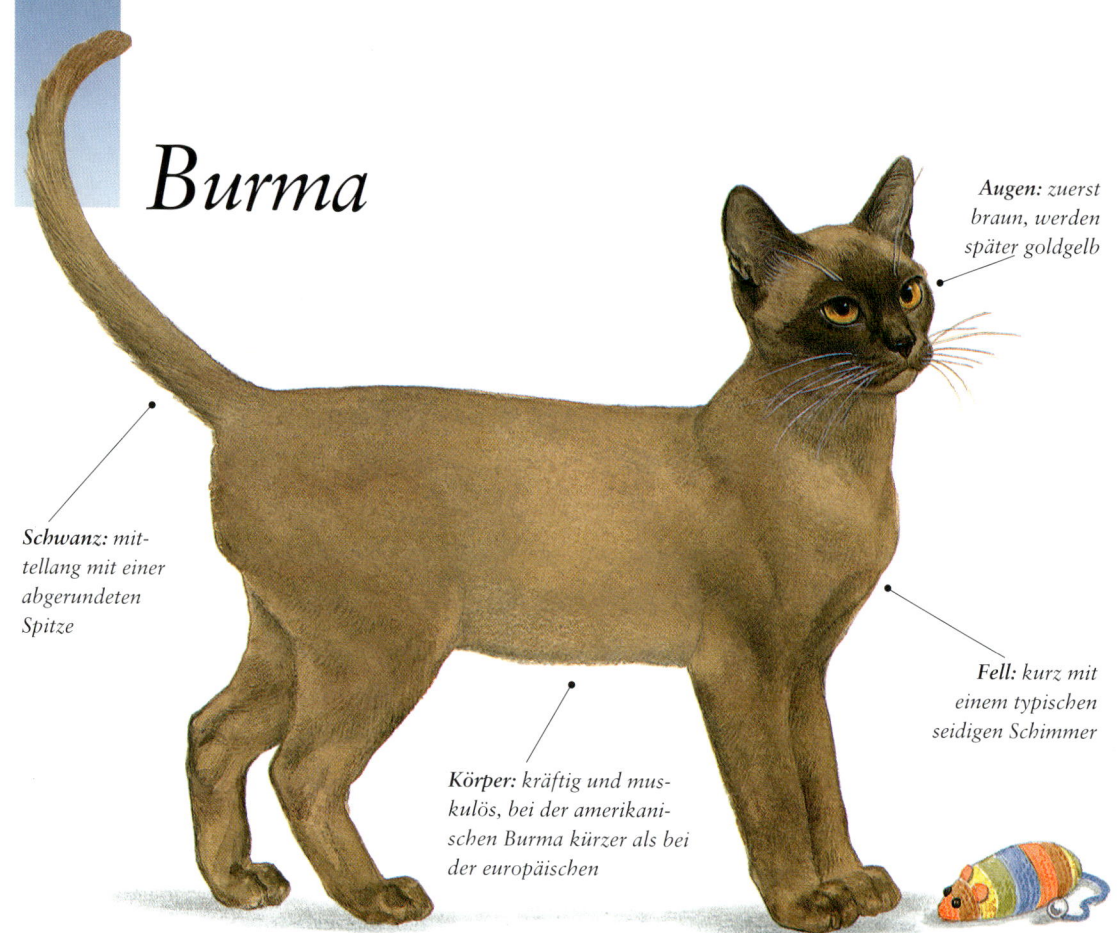

Augen: zuerst braun, werden später goldgelb

Schwanz: mittellang mit einer abgerundeten Spitze

Fell: kurz mit einem typischen seidigen Schimmer

Körper: kräftig und muskulös, bei der amerikanischen Burma kürzer als bei der europäischen

DIESE POPULÄRE RASSE HATTE ZU BEGINN IHRER Entwicklung einige Hindernisse zu überwinden. 1930 wurde ein dunkelbraunes Siammischlingsweibchen aus Burma an einen Züchter in den USA gebracht. Aus der Paarung mit einem Siamkater gingen einige dunkelbraune männliche Junge hervor, die dann wieder mit ihrer Mutter verpaart wurden, um die dunkle Farbe zu sichern. Da es mit dem kleinen Genbestand ständig Probleme gab, wurde die Anerkennung der Burma von 1947 bis 1956 aufgehoben. Die charakteristischen dunklen Points auf den Gliedmaßen und die laute Art ihrer Siam-Vorfahren hat sie im Laufe ihrer Entwicklung verloren – aber dafür mehr Fellfarben ausgebildet.

Burma sind hellwach, intelligent, neugierig und sehr hübsch. Nur Tiere, die in den ersten Lebenswochen falsch behandelt wurden verhalten sich scheu, sonst sind die meisten Burma quicklebendig, eher liebevoll als draufgängerisch, sehr verspielt und sie lassen sich gut trainieren.

▲ *Die amerikanische Burma sieht weniger orientalisch aus als ihre europäischen Nachfahren. Sie besitzt fast die Schönheit der Siam ohne deren Tendenz zur Nervosität.*

Eine weniger überzüchtete Siamkatze

Burma haben charakteristische, lang gestreckte, keilförmige Köpfe, aber nicht so extrem wie bei den Siamkatzen. Der Kopf ist bei den amerikanischen Burma runder als bei den europäischen, bei denen nur der Oberkopf andeutungsweise gerundet ist. Die eleganten Tiere haben einen erstaunlich kurzen und schweren Körperbau, und auch hier gibt es einen Unterschied zwischen Amerika und Europa: Die europäische Rasse hat eine längere Nase und einen längeren Körper. Das feine, glatte, glänzende Fell ist ein Markenzeichen der Burma und zugleich Zeichen guter Gesundheit. Die braune Farbe der ersten Burma bezeichnete man als Sand. Blau, Champagne und Platinum wurden später anerkannt und

● *Ich pflege das Fell meines jungen Burmaweibchens wirklich gründlich, aber es sieht nie so typisch glänzend aus, wie es sein sollte. Liegt es an der Ernährung ?*

In Bezug auf die beste Ernährung richten Sie sich bitte nach den Ratschlägen Ihres Tierarztes, aber vielleicht hilft Ihnen der folgende Tipp für die Fellpflege: Reiben Sie sie nach dem Kämmen mit einem weichen Ledertuch ab. So ein Tuch wird oft auf Ausstellungen verwendet, um das Fell in bestem Zustand zu präsentieren.

● *Unsere Burmakatze, Braunie, frisst mit Vorliebe Wolle. Können wir irgendetwas dagegen tun?*

Burma haben die Angewohnheit an jedem Stoff zu fressen, der irgendwo im Haus herumliegt. Man vermutet, dass dieses Verhalten stressbedingt ist, aber wenn ihr grundsätzlich nichts fehlt – sie genug Gesellschaft, Spielzeug und Auslauf hat – kann es auch einen anderen Grund haben. Stellen Sie überall im Haus Schüsseln mit Trockenfutter auf, damit sie etwas zu knabbern hat. Vielleicht kann man das Problem damit verringern.

● *Sind Burma-Weibchen bei der Rolligkeit genauso laut wie Siam und ebenso früh geschlechtsreif?*

Burma-Weibchen beginnen mit sieben Monaten zu locken; das ist etwas früher als der Katzendurchschnitt. Man hört sie wohl auch, wenn sie rollig sind, aber sie machen kein so großes Spektakel wie Siam-Weibchen.

Rasseprofil

Lebenserwartung:	15 oder mehr Jahre
Gewicht:	4 kg
Durchschnittliche Wurfgröße:	5

Charakter: Anhängliche Familienkatze. Ideal für Anfänger. Stimmkräftig, aber nicht so wie Siam. Kann kleine Kunststücke lernen, z. B. Apportieren. Als Wohnungskatze geeignet, mag aber auch Auslauf im Freien, gute Jägerin. Sollte nicht den ganzen Tag allein gelassen werden.

Farben: Sand (Braun), Blau, Champagne (Chocolate), Platinum (Lilac oder Frost), Rot, Creme und verschiedene Nuancen von Schildpatt.

BEKANNTE GESUNDHEITSPROBLEME

Gesundheitsprobleme sind selten, aber es gibt einige rassetypische Krankheiten.

Knick im Schwanz, gelegentlich bis zu 90° Fehlstellung eines Schwanzwirbels, häufig an der Schwanzspitze, kann jedoch überall am Schwanz vorkommen. Dies ist schmerzlos, gilt bei Ausstellungen jedoch als Fehler.

Verformter Schädel ist erblich, oft tödlich, trat in den 1970-er Jahren zum ersten Mal auf.

Flachbrüstigkeit bei Jungen drückt Lungenflügel und Herz zusammen und verursacht Atembeschwerden und Herzversagen. Kann erblich sein, wird zwischen 2.-6. Lebenswoche bemerkt.

▲ *Eine blaue Burma-Mutter versteckt ihr neugeborenes Junges unter ihrem Kinn. Burmas sind wunderbare Familientiere, da sie sehr zärtlich sind. Die Besitzer loben sie wegen ihrer natürlichen Eleganz.*

weitere Farben setzen sich allmählich durch. Früher wurden andersfarbige Burma als Mandalays bezeichnet, um sie von den eigentlichen Burma zu unterscheiden. Immer sind die unteren Partien heller als der Rücken; die Ohren und das Gesicht sind auch oft dunkler. Ihrer großen runden Augen sind meist tiefgoldfarben, aber auch hellgrün bis bernsteinfarben schattiert.

Tiffanie: eine langhaarige Burma

Eine andere Varietät der Burma ist die langhaarige Tiffanie. Die Kreuzung erfolgt entweder mit einer Chinchilla oder mit einer einfarbigen Langhaar. Tiffanies haben alle Eigenschaften der Burma und ihre großen klaren Augen sind ebenso goldgelb. Das Fell ist lang und fein strukturiert, fast seidig; es benötigt viel Pflege. Diese noch neue Rasse wird bislang nicht leicht zu finden sein. Tiffanies sind meist braun, aber es gibt sie auch in Schwarz, Blau, Chocolate, Lilac, Rot, Caramel, Apricot und jeder Art von Schildpatt.

Tonkinese

DIE TONKINESE IST EINE DIREKTE BURMA-SIAM-Kreuzung mit einem ausgewogenen Genverhältnis. Die Jungen tragen Züge beider Eltern, aber in einer besonderen Variante. Die allgemein als „Tonk" bekannte Katze wurde zum ersten Mal in den 1950-er Jahren in Kanada gezüchtet und in den USA weiterentwickelt. Heute gibt es die Tonkinese überall auf der Welt und sie wird von den meisten Zuchtverbänden anerkannt.

Eine neue Rasse wird entdeckt

Wong Mau, das dunkelbraune Siammischlingsweibchen ist nicht nur Urmutter der Burma-, sondern auch der Tonkinese-Linie. In dem Wurf waren neben Burma-Jungen auch mehrere hellere Jungtiere, die zunächst nicht weiter beachtet wurden, weil sich die Züchter auf die Burmakatzen konzentrierten.

Als sowohl Burma als auch Siamkatzen mit wachsender Popularität überzüchtet waren, verfolgten mehrere Züchter die Entwicklung einer Linie, die die Vorzüge beider Rassen hatte, so wie sie die Natur zunächst geschaffen hatte. Das Ergebnis wurde zunächst Golden Siam und später Tonkinese genannt, um zu betonen, dass es sich um eine eigene Rasse, nicht nur um eine Siam-Abart handelt.

Als die Tonkinesen auf Katzenausstellungen vorgestellt wurden, waren sie sofort ein Riesenerfolg in der Öffentlichkeit. Einige Züchter von Burma- und Siamkatzen neideten ihr zwar die große Beachtung, die ihr zuteil wurde und verfassten eine Reihe von negativen Berichten, aber das konnte den Siegeszug der Tonkinesen nicht mehr aufhalten.

▶ *Tonkinesenjunge werden mit hellem Fell geboren und es dauert bis zu zwei Jahre, bis sie voll ausgefärbt sind. Bei diesen Natural (braunen) Tonkinesen, sind die Siam-Points deutlicher ausgeprägt.*

● *Ich möchte gerne, dass meine einjährige Tonkinese Junge bekommt. Soll ich sie mit einem Tonkinese-Kater oder mit einem Burma- oder Siamkater verpaaren?*

Die Tonkinese ist als Mischlingskatze sehr interessant zu züchten. Obwohl die Ergebnisse nach einer Anzahl von Würfen vorhersehbar sind, enthält nahezu jeder Wurf unterschiedliche Junge. Wenn Sie sie mit einer anderen Tonkinese verpaaren, sollten im Wurf auf jedes Burma- oder Siam-Junge zwei Tonkinesen kommen. Wenn Sie sie mit einem Burma- oder Siamkater verpaaren, wird die Hälfte der Jungen Tonkinesen sein, die andere wird der Rasse des Vaters angehören.

● *Mir wurde ein Tonkinese-Junges angeboten, aber ich habe gehört, dass diese Katzen große Streuner sind. Wir wohnen nahe einer belebten Straße. Soll ich eine Tonkinese ganz in der Wohnung halten?*

Eine so unternehmungslustige Katze sollte man nicht nur im Haus halten, wenn sie nicht den nötigen Platz für ausreichende Spielmöglichkeiten haben und ihr viel Gesellschaft leisten können. Schaffen Sie lieber eine andere Rasse an, wenn das Umfeld nicht zu ihr passt.

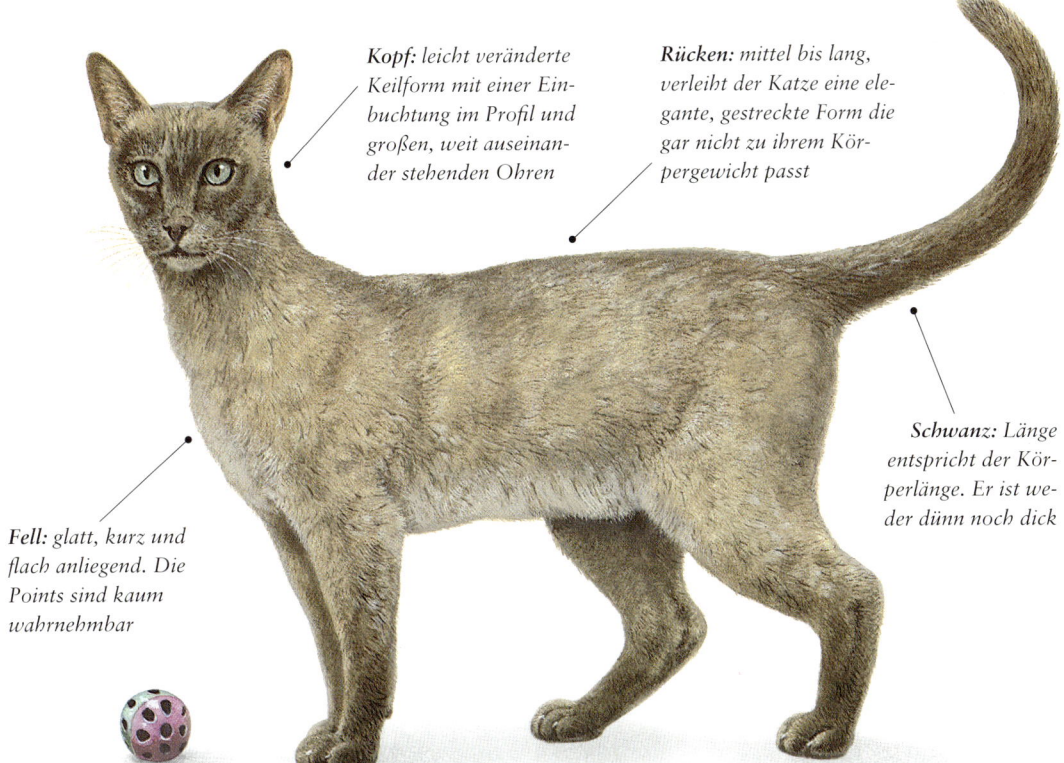

Kopf: leicht veränderte Keilform mit einer Einbuchtung im Profil und großen, weit auseinander stehenden Ohren

Rücken: mittel bis lang, verleiht der Katze eine elegante, gestreckte Form die gar nicht zu ihrem Körpergewicht passt

Schwanz: Länge entspricht der Körperlänge. Er ist weder dünn noch dick

Fell: glatt, kurz und flach anliegend. Die Points sind kaum wahrnehmbar

▲ Tonkinese sind Mischlingskatzen, die die beiden Extreme der hellen, kantigen Siamkatze mit Points und der dunkleren, runderen und schweren Burma ausgleichen.

Ein Fell wie ein Nerzmantel

Die hübsche Tonkinese hat ein kurzes, seidiges Fell und auffällige, aquamarinblaue Augen. Die Points der Siamkatzen fügen sich harmonisch ein. Die Fellfarben werden oft als „Mink (Nerz)" bezeichnet, was auch die Struktur des Fells gut beschreibt. Die bekannteste Varietät ist die Natural oder Braune Tonkinese, die von einer Seal Point Siamkatze und einer braunen Burma abstammt. Die amerikanischen Champagne und Platinum Mink Varietäten sind in Europa als Chocolate und Lilac bekannt. Alle Farben der Siam und Burma können gezüchtet werden,es kommt dann aber zu einer Farbabschwächung. Als ideale Familienkatzen sind sie genauso anhänglich wie die Siam, aber nicht so laut und fordernd. Sie sind ebenfalls intelligent, verspielt, athletisch und neugierig. Sie brauchen viel Auslauf und sollten nicht lang allein gelassen werden. Das Fell braucht nur sehr wenig Pflege.

Rasseprofil

Lebenserwartung:	12–15 Jahre
Gewicht:	3–5,5 kg
Durchschnittliche Wurfgröße:	5–6

Charakter: Gesellig, zärtlich, neugierig und aktiv. Eine gute Katze für Anfänger. Für Familien mit Kindern geeignet. Liebt das Leben draußen. Nicht so laut wie Siamkatzen. Sehr lernfähig.

Farben: Mink, Braun (Natural), Blau, Champagne (Chocolate), Platinum (Lilac); auch alle anderen Burma- und Siam-Farben.

BEKANNTE GESUNDHEITSPROBLEME

Bei den Tonkinesen treten die gesundheitlichen Probleme von Burma und Siam gemeinsam auf.

Schielen: erblich bedingt, nicht behandelbar, hat aber auch keine Auswirkung auf die Sehkraft. Betroffene Katzen nicht zur Zucht verwenden.

Knick im Schwanz: Schwanzwirbelfehlstellung bis zu 90°, schmerzlos, gilt aber als Zuchtfehler.

Ein verformter Schädel: erbliche Missbildung der Burma-Seite. Er ist normalerweise tödlich.

Bei flachbrüstigen Jungen drückt der Brustkorb auf Herz und Lunge, verursacht Atembeschwerden und Herzversagen.

Abessinier

▲ *Eine rehbraune Abessinier mit typischen Gesichtszügen: runder, keilförmiger Kopf und eine abgestumpfte Schnauze. Kater können ein leichtes Doppelkinn haben.*

DER URSPRUNG EINER DER ÄLTESTEN RASSEN, DER Abessinier, ist noch immer ungeklärt. Es wird behauptet, dass sie aus dem Niltal stammt und schon von den alten Ägyptern verehrt wurde. Eine weitere Meinung besagt, dass die Abessinier in den späten 1860-er Jahren von britischen Soldaten in Nordafrika entdeckt und nach Europa gebracht wurde. Wieder Andere sind der Ansicht, dass die Abessinier einfach eine schwarz gebänderte britische Tabby Katze ist. Die Rasse wurde 1882 in England anerkannt und ist heute auf der ganzen Welt verbreitet – besonders in Nordamerika, wo sie kurz nach 1900 eingeführt wurde. In Amerika rettete man die Rasse über den Zweiten Weltkrieg, während in Großbritannien die Zahl der Abessinier rapide abnahm.

Eine eindrucksvolle Erscheinung

Ihr beeindruckendes Aussehen ist auf das markante Muster ihres Fells zurückzuführen. Sie kommt in einer ganzen Reihe von Farben vor, am häufigsten ist jedoch Goldbraun mit einer schwarzen Bänderung (Ticking). In den USA wird diese Varietät als „rötlich" und anderswo als „normal" bezeichnet. Das Ticking ist die Folge einer einzelnen, lange zurückliegenden natürlichen Genmutation, die bei anderen Rassen nicht auftritt. Bei Austellungen werden nicht immer alle Farben akzeptiert. Wenn Sie beabsichtigen, die Katze zu präsentieren, sollten Sie sich vor einem Kauf informieren, welche Farben vom jeweiligen Verband anerkannt werden.

Abessinier sind mittelgroße Katzen mit geschmeidigem, muskulösem Körper, schlanken Beinen und kleinen ovalen Füßen. Ihr Fell sollte kurz, flach anliegend und gebändert sein. Der Kopf ist weniger keilförmig als bei der Siam, mit leicht abgerundeten Konturen. In den USA wird eine etwas kürzere Keilform bevorzugt als üblicherweise in Europa. Die Ohren sind spitz, aufgerichtet, weitständig und tragen oft die bei Ausstellungskatzen begehrten Haarbüschel. Die Augen sind ebenfalls weitständig und meist bernsteinfarben, haselnussbraun oder grün.

Eine ideale Familienkatze

Die Abessinier-Katze ist nicht nur sehr attraktiv, sondern auch als anschmiegsame Familienkatze beliebt, die gern mit Menschen zusammen ist und sanft im Umgang mit Kindern. Sie ist hoch intelligent, verspielt und lernt bereitwillig Kunststücke. Obwohl sie sehr gesprächig ist, hat sie eine leisere Stimme als andere exotische Katzen; selbst wenn sie rollig ist, jault sie nicht so rau, wie es Siamkatzen tun. Die Abessinier genießt jedoch auch ihre Unabhängigkeit und lebt nicht gern mit vielen anderen Katzen zusammen. Sie braucht sehr viel Platz um sich entfalten zu können, und ist daher auf dem Land besser aufgehoben als in der Stadt. Wenn sie Gelegenheit dazu bekommt, jagt sie leidenschaftlich gern und wird zahllose Trophäen mit nach Hause bringen.

Somali – die langhaarige Variante

Eng verwandt mit der Abessinier ist die Somali, die sich nur durch das längere Fell unterscheidet und zu Beginn der Zucht entstand, als der Gen-Pool noch größer war. Zunächst wurden langhaarige Jungtiere nicht als echte Abessinier gewertet. Heute haben sich beide etabliert und die Somali, obwohl sie immer noch nicht so verbreitet ist, wird als eigene Rasse anerkannt.

● *Meine 18 Monate alte Abessinierkatze beschädigt Möbel, während ich fort bin. Meine Wohnung ist ihm 3. Stockwerk und sie kann kaum hinaus. Was soll ich tun?*

Ihre Katze langweilt sich offensichtlich, wenn Sie fort sind. Machen Sie ihre Umgebung interessanter und geben Sie ihr Spielzeug und Klettermöglichkeiten. Bringen Sie ihr bei, zum Schärfen ihrer Krallen den Kratzbaum anstatt der Möbel zu verwenden. Vielleicht kennen Sie jemanden, der untertags vorbeikommen und mit ihr spielen könnte. Auch eine zweite Katze zur Gesellschaft anzuschaffen, wäre sinnvoll; aber wählen Sie eine Rasse, die als Wohnungskatze geeignet ist.

● *Letzte Woche war meine Abessinier auf einer Katzenausstellung. Sie landete auf dem dritten Platz, aber der Preisrichter sagte, dass sie bei der Prüfung nervös war. Seitdem ist sie unruhig und weniger zärtlich. Wird sie sich an Ausstellungen gewöhnen?*

Vielleicht, aber Abessiniern macht es keine Freude, eingeengt zu sein und Reisen mögen sie auch nicht. Einige Katzen sind scheinbar gern auf Ausstellungen, aber sie sind schon als Kätzchen daran gewöhnt worden. Wenn es Ihnen nichts ausmacht, sollten Sie es besser lassen.

▼ *Eine „normale" oder rötliche Abessinier mit dem rassetypischen Körperbau. Sie ist muskulös und eine ausgezeichnete Jägerin.*

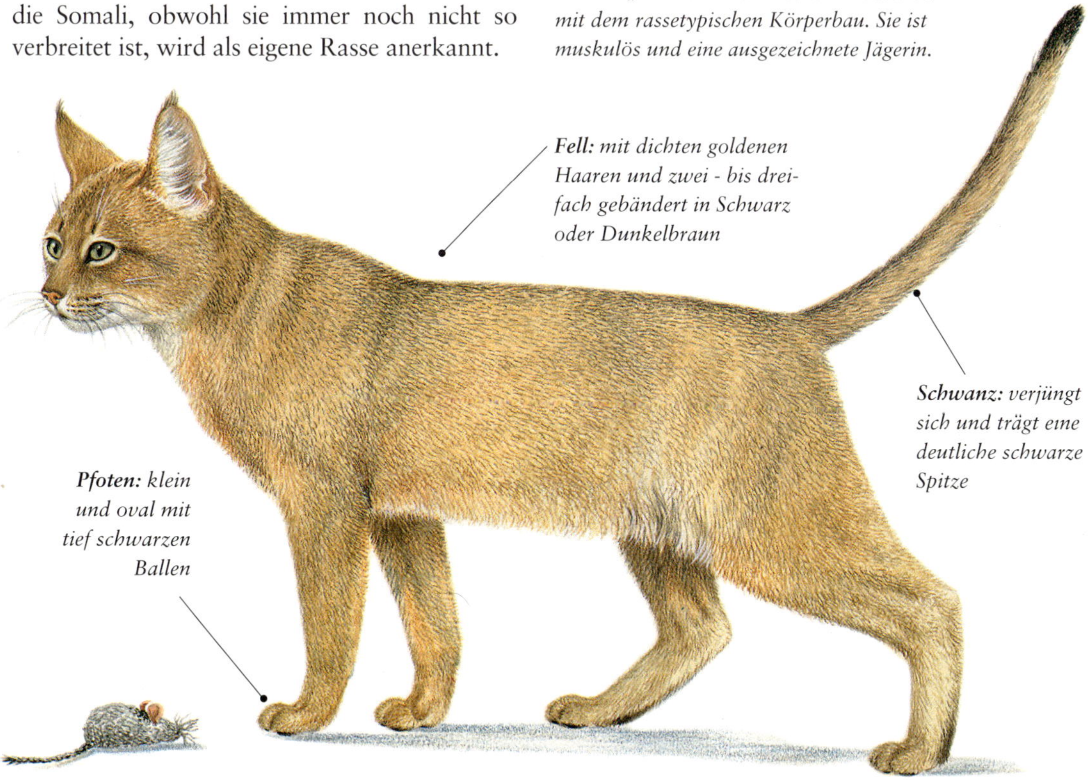

Fell: mit dichten goldenen Haaren und zwei - bis dreifach gebändert in Schwarz oder Dunkelbraun

Schwanz: verjüngt sich und trägt eine deutliche schwarze Spitze

Pfoten: klein und oval mit tief schwarzen Ballen

Ocicat

EIN AMERIKANISCHER ZÜCHTER VERPAARTE IN DEN
1960-er Jahren ein Abessinier-Siam-Mischlings-
weibchen mit einem Chocolate-Point-Siamkater
und bekam eine Abessinier-Point Siam-Kreu-
zung. Eines dieser Nachkommen, wieder mit einer Siam verpaart, hatte einen Wurf mit
Abessinier-Point Siam-Katzen. Ein männliches
Junges hatte ungewöhnliche goldene Punkte, die
aber keine große Beachtung fanden. Wegen des
gepunkteten Fells wurde der kleine Kater mit
einem Ozelot verglichen und darauf hin Ocicat
genannt. Zwei Jahre später wurde ein Preisrichter bei einer amerikanischen Ausstellung auf
die Ocicat aufmerksam und kurz darauf wurde
die Rasse zur Registrierung zugelassen. Seit sie
1987 bei Wettbewerben akzeptiert wurde, stieg
sie in der Gunst der Katzenliebhaber und die
Zuchtbucheinträge für Ocicats nahmen zu.

▲ *Die Ocicat verbindet das exotische Aussehen und die
athletische Anmut einer Wildkatze mit der Zuwendung
zum Menschen als echtes Familientier.*

Eine Raubkatze im Wohnzimmer

Durch ihr „wildes" Aussehen, das glatte, gepunktete Fell und ihre beträchtliche Größe fühlt
man sich beim Anblick einer Ocicat in den
Dschungel versetzt. Es gab ursprünglich nur
zwei Farben bei den Ocicats, aber Kreuzungen
mit Amerikanisch Kurzhaarkatzen haben die
Farbenpalette inzwischen erweitert, inklusive aller Tabbies und Silber Tabbies.
Die Ocicat ist groß und hat einen Körperbau, der
zwischen dem der kurzen, robusten Kurzhaar
und der längeren, aber muskulösen Abessinier
liegt. Sie ist kraftvoller als ihre Siam-Vorfahren
und die Männchen sind deutlich größer als die

Weibchen. Der kurze, keilförmige Kopf hat eine breite Schnauze und eine ausgeprägte Zeichnung im Gesicht, mit einem charakteristisch gefleckten M auf der Stirn und einem „Lidstrich" um die leicht schräg stehenden goldenen Augen. Die Ohren stehen stark vom Kopf ab. Das kurze, feine Fell hat klar abgegrenzte Flecken, die nur im Fellwechsel weniger deutlich erkennbar sind. Ocicats sind im Gegensatz zu ihrem „wilden" Äußeren sanft, liebevoll und zeigen viel Zuwendung. Sie leben gern in Familien und brauchen Gesellschaft (Mensch, Katze oder sogar Hund). Neugierig erkunden sie ihre Umgebung. Sie lieben hohe Plätze: Wenn Sie nicht möchten, dass sie auf Ihre Regale, Vorhänge und Schränke klettern, sollte es entweder draußen viele Bäume geben oder drinnen ein stabiles und großes Klettergerüst. Ocicats sind sehr unterhaltsam und lernen leicht Kunststücke wie das Apportieren.

F & A

● *Unser Ocicat-Junges ist schon jetzt sehr groß. Wächst es aus einem normalen Tragekorb hinaus?*

Ja. Kaufen Sie eine extra große Katzentragetasche, sonst müssen Sie sie bald austauschen.

● *Wird unser Tawny Ocicat-Weibchen reinrassige Junge haben, wenn sie mit einem Ocicat-Kater verpaart wird?*

Ja. Sie selbst trägt Gene wenigstens für Siamkatze und Abessinier in sich, aber wenn Sie sie mit einer anderen Ocicat verpaaren, wird sie lauter Ocicat-Junge werfen.

● *Wir haben einen stürmischen Border Collie und hätten gern noch eine Katze. Passt eine Ocicat?*

Eine Ocicat wäre dafür ideal, besonders wenn Sie ein junges Tier bekommen. Sie ist größer und weniger temperamentvoll als eine Siam, und sie liebt Gesellschaft so sehr, dass ihr auch ein ungestümer Hund willkommen ist.

▼ *Die Ocicat entstand zufällig bei einer Kreuzung von Abessinier und Siam. Sie ist schwer, hat einen athletischen Bau und braucht viel Aktivität und Platz.*

Rasseprofil

Lebenserwartung:	11–13 Jahre
Gewicht:	3–7 kg
Durchschnittliche Wurfgröße:	4–5

Charakter: Zärtlich und treu, liebt Familienleben, freundlich zu Fremden und Hunden, nicht gern allein, braucht sehr viel Platz, Training und Unterhaltung. Kann leichte Kunststücke lernen.

Farben: Chocolate, Zimtfarben, Rehbraun, Blau, Lavendel sowohl Einfarbig als auch mit Silber; Einfarbig Silber; Tawny (gefleckt oder „normal").

BEKANNTE GESUNDHEITSPROBLEME

Es gibt keine besonderen Gesundheitsprobleme, die der Ocicat zuzuordnen sind.

Gesichtszeichnung: gibt der Ocicat ihre typische „Wildkatzen"-Erscheinung

Fell: kurz und weich, mit einem deutlichen Kontrast zwischen den Flecken und der Untergrundfarbe

Schwanz: lang und verjüngt sich, mit dunkleren Bändern, als am Körper und einer sehr dunklen Spitze

Egyptian Mau

EGYPTIAN MAU (WÖRTLICH: ÄGYPTISCHE KATZE) ist eine sehr alte Rasse. Bilder dieser auffällig gepunkteten Katze finden sich auf Grabmalereien in den Pyramiden und vielen anderen antiken ägyptischen Schriftrollen und Gemälden, bereits ab 1400 v. Chr.. Die Rasse ist afrikanischen Wildkatzen so ähnlich, dass viele Experten überzeugt davon sind, in der Mau einen direkten Abkömmling davon vor sich zu haben. Einige glauben sogar, dass sie die frühesten Hauskatzen der Welt sind und von den Ägyptern eingesetzt wurden, um Nagetiere daran zu hindern, ihre Getreidevorräte zu vernichten. Gepunktete Katzen gibt es auch heute noch in Kairo. Einige Exemplare kamen wohl mit phönizischen Kaufleuten nach Europa und waren vermutlich die Vorläufer der europäischen Kurzhaarrassen.

▼ *Die Egyptian Mau ist hübsch und abenteuerlustig und als Haustier gut für Familien geeignet. Die Zeichnungen sind auf dem silbernen Fell deutlich zu sehen.*

In den 1950-er Jahren brachte eine im Exil lebende russische Prinzessin drei Egyptian Mau mit in die USA – dabei entgingen sie nur knapp einer Katastrophe, als sie keine Passage mehr auf einem Schiff bekamen, das im Atlantik sank. Alle Egyptian Mau in den USA stammen von diesen Tieren ab. 1977 wurden sie zu amerikanischen Ausstellungen zugelassen, aber die Zuchtbucheinträge sind noch verhältnismäßig selten. Obwohl in Europa schon seit 1900 auf Ausstellungen präsentiert, sind sie in Großbritannien immer noch nicht zu Wettbewerben zugelassen. Die exotische Schönheit ihres gepunkteten Fells macht die Egyptian Mau zu bevorzugten Opfern von Katzendieben. Achten Sie darauf, dass Ihre Katze immer eine Erkennungsmarke trägt, am besten mit einem Mikrochip, wenn Sie sie nach draußen lassen.

Kopf: *leichte Keilform mit etwas längeren Ohren*

Flecken am Rücken: *bilden einen Streifen längs des Rückgrats*

Beine: *mittellang mit Streifen und gut entwickelten Muskeln*

Körper: *nicht so schlank wie bei den meisten „foreign" Katzen*

Rasseprofil

Lebenserwartung:	14–15 Jahre
Gewicht:	2,5–5 kg
Durchschnittliche Wurfgröße:	4

Charakter: Aufmerksam, intelligent, sehr zärtlich sowohl mit der Katzen- als auch mit der Menschenfamilie. Kinderlieb, scheu vor Fremden. Gesprächig, aber leise. Für Wohnungen geeignet, braucht aber viel Auslauf zum Springen, Klettern und Jagen. Bevorzugt Gesellschaft und sollte paarweise gehalten werden. Bei regelmäßiger Fellpflege pflegeleicht.

Farben: Silber mit blass silbriger Unterwolle und dunkelgrauen Flecken; Bronze mit kupferfarbener Unterwolle, elfenbeinfarbenem Unterbauch und dunkelbraun gefleckt. Smoke (Zinn) mit einem blass silbrigen Fell mit schwarzen Spitzen, silberner Unterwolle und schwarzen Flecken; Schwarz (keine Flecken zu sehen). Die Jungen werden mit geflecktem Fell geboren.

BEKANNTE GESUNDHEITSPROBLEME

Es gibt keine für die Egyptian Mau typischen Gesundheitsprobleme.

● *Wir leben auf dem Land, aber man riet uns, unsere junge Egyptian Mau im Haus zu halten, um ihr Fell zu schonen. Stimmt das?*

Natürlich könnten und sollten Sie sie hinauslassen – vorausgesetzt, dass sie alt genug ist um geimpft zu werden, und dass Sie nicht zu nahe an belebten Straßen oder Autobahnen wohnen. Züchter und Ausstellungsbesucher halten ihre Egyptian Maus meist im Haus, doch wenn Sie keine Ausstellungen mitmachen wollen gibt es keinen Grund, weshalb Sie sie nicht kennzeichnen sollten und dann hinauslassen.

● *Ich habe gehört, daß die Egyptian Mau eine extrovertierte Katze ist, doch die Exemplare, die ich gesehen habe, wirkten schüchtern oder ängstlich. Ist dies ein typisches Merkmal der Rasse?*

Der erstaunte Gesichtsausdruck ist typisch. Er wird durch die Zeichnung im Gesicht, darunter eine die wie ein Stirnrunzeln wirkt, noch verstärkt. Egyptian Maus zeigen sich nicht von ihrer besten Seite, wenn sie von Fremden begutachtet werden. Dem kann man vorbeugen, wenn man sich mit den Jungen von der zweiten bis dritten Woche an sehr viel beschäftigt. Achten Sie darauf, dass die Jungen möglichst frühzeitig viele Menschen in einer entspannten Atmosphäre treffen.

Kurz, seidig und gefleckt

Das Fell einer Egyptian Mau ist kurz und seidig. Die Verteilung der Punkte auf ihrem Körper ist zufällig. Anders als die regelmäßigen Muster die Tabby Katzen meist zeigen, variieren sie in Größe und Muster. Sie bilden einen auffälligen Kontrast zum helleren Untergrund des Fells, der nur in vier Farben vorkommt. Die Varietät in Bronze, einem warmen Kupferton mit hellen Seiten und dunkelbraunen Flecken, hat die größte Ähnlichkeit mit den Katzendarstellungen auf altägyptischen Kunstwerken. Schwarze Exemplare sind nicht zu Ausstellungen zugelassen. Die Nasenhaut sollte bei der Silver- und Bronze-Varietät ziegelrot sein. Die Stirn weist ein Linienmuster zwischen den Ohren auf, das sich am Hals fortsetzt und auf dem Rücken ovale Flecken bildet. Am unteren Rücken schließen sich die Punkte zu einer Linie entlang des Rückgrats zusammen, die über den gestreiften Schwanz verläuft und in einer dunklen Spitze endet.

Die Egyptian Mau gilt als einzige natürlich getupfte Katze, im Gegensatz zu den anderen getupften Katzen, wie der Spotted Tabby-Varietät und der Orientalisch Kurzhaar, die durch Zuchtwahl entstand. Letztere wird oft mit der Mau verwechselt, doch es gibt einige deutliche Unterschiede: Die Egyptian Mau ist zwar eindeutig dem „foreign"-Typ zuzuordnen (siehe S. 144-145), aber ihre Züge sind nicht so extrem. Sie hat einen mittelgroßen, muskulösen Körperbau, kürzere Beine und einen Kopf, der weder rund noch keilförmig ist. Durch die längeren Hinterbeine scheint die Katze immer auf Zehenspitzen zu stehen. Die Egyptian Mau gilt als die schnellste Hauskatze, die bis zu 58 km/h erreicht und bis zu 2 m hoch springen kann. Ihr getupftes Fell ähnelt einem Gepard.

Ihre athletischen Fähigkeiten sind vermutlich auf die direkte Abstammung von Afrikanischen Wildkatzen zurückzuführen und natürlich bei der Jagd äußerst dienlich. Nach 40 Jahren sorgfältiger Zucht ist jedoch nur noch wenig vom Temperament der Wildkatzen übrig geblieben. Obwohl die Eyptian Mau sich von Fremden lieber fern hält, ist sie ihrer Menschenfamilie treu ergeben, liebevoll, kinderlieb und freundlich zu anderen Katzen. Sie hat eine ruhige melodische Stimme.

LANGHAAR-KATZEN

Blaue Perser

DAS LANGHAARIGE FELL VON KATZEN ist entweder als Folge einer spontanen Mutation oder durch Anpassung an ein kälteres Klima aus dem kurzen Fell, das bei allen Wildkatzen natürlich vorkommt, entstanden. Da das Gen für langes Haar immer nur rezessiv, also verborgen weitergegeben wird, tragen kurzhaarige Katzen höchstens ein Gen für langes Haar. Wenn zwei Katzen mit jeweils einem rezessiven Langhaargen sich paaren, kann das Langhaar-Gen bei ihren jungen Kurzhaarkatzen reinerbig vorhanden sein und das Merkmal zum Vorschein kommen.

Die klassische Langhaarkatze ist die Perserkatze, die in vielen europäischen Ländern auch einfach als Langhaar (Longhair) bekannt ist. Typisch ist ihr sehr langes, seidiges Haarkleid, das aus bis zu 12 cm langen Deckhaaren und der dichten, feinen, fast ebenso langen Unterwolle besteht. Es gibt auch Halblanghaarkatzen, die sich nicht nur durch ein kürzeres Fell sondern auch durch andere Körpermerkmale deutlich von Persern unterscheiden. Dazu gehören z.B. die Norwegische Waldkatze und die Maine Coon, die im Vergleich zu Perserkatzen ein viel zottigeres und schwereres Fell sowie eine andere Gesichtsform haben.

Ragdoll (oben)   *Norwegische Waldkatze (rechts)*

Perser

DIE PERSERKATZE IST, FAST OHNE AUSNAHME, DIE beliebteste Rassekatze der Welt. Auf jede andere Rassekatze in den USA kommen drei ins Zuchtbuch eingetragene Perser. Sie haben wohl auch die längste Geschichte, weil sie schon über 100 Jahre auf Ausstellungen gezeigt werden.

Perserkatzen stammen vermutlich aus den Gebirgen Kleinasiens. Um 1620 importierten Adelige sowohl Perser- als auch Angorakatzen, die wegen ihres langen seidigen Fells bewundert wurden (das entgegen einer früheren Annahme auf einer spontanen Mutation beruht und nicht auf einer Klimaanpassung) nach Frankreich und Italien. Bis zur einer britischen Veröffentlichung im Jahr 1889 bestand kein offizieller Unter-schied zwischen den beiden Rassen. Die Perser waren in Großbritannien bald als französische Katzen bekannt und hatten zahlreiche Anhänger. Etwa zur gleichen Zeit wurden die Perser in den Vereinigten Staaten eingeführt und waren dort bald beliebter als die heimische Langhaarrasse, die Maine Coon (siehe S. 194-197). In den USA werden sie heute als Perser bezeichnet, in Großbritannien ist ihr offizieller Name Langhaar (Longhairs). International hat sich aber der Name "Perser" inzwischen überall eingebürgert.

▼ *Blaue Perser verdrängten die traditionellen weißen und beherrschten mehr als 50 Jahre die Ausstellungen . Königin Victoria besaß zwei von ihnen.*

Kopf: groß und rund mit kleinen Ohren und einer kurzen breiten Nase

Schwanz: kurz, aber wie das Fell sehr füllig,

Körper: massiv und kraftvoll, kurzer Hals, breite Brust und kurze, stämmige Beine

Pfoten: groß und rund, eventuell mit Haarbüscheln

▲ Alle Perser sind große, robuste Langhaarkatzen. Es gibt sie in vielen Farben aber es bestehen kaum Unterschiede im Körperbau. Diese beiden Katzen sind Tabby Perser (oben eine rote Tabby, unten eine blaue Tabby), die recht selten sind, da Tabby-Varietäten bei Langhaarkatzen nur schwer zu züchten sind.

Rasseprofil

Lebenserwartung:	13–15 Jahre
Gewicht:	4,5–7 kg
Durchschnittliche Wurfgröße:	3–4

Charakter: Ruhig und zärtlich. Gute Wohnungskatze, aber auch gern draußen, pflegeintensives Fell.

Farben: Schwarz, Weiß, Chocolate, Blau, Rot, Creme, Lilac, Schildpatt, Chocolate Schildpatt, Blue Cream, Lilac Cream (alle einfarbig), Silver Tabby, alle Farben; auch in Smoke, Shaded, Tipped, Tabby und Zweifarbig.

BEKANNTE GESUNDHEITSPROBLEME

Mattwerden des Fells tritt auf, wenn die Fellpflege vernachlässigt wird, besonders um die Schwanzwurzel und am Unterleib. Haare, die sich gelöst haben, verfilzen mit neuen Haaren zu unlösbaren Knoten und werden beim Putzen mit Speichel noch miteinander verklebt.

Augenausfluß ist bei flachgesichtigen Persern häufig, hervorgerufen durch eine teilweise oder komplette Verstopfung der Tränenkanäle. Tränen laufen aus dem inneren Augenwinkel hinterlassen dauerhafte Flecken auf dem Fell. Behutsames Reinigen und Baden der Augen hilft (siehe Augenprobleme, S. 98–101).

Progressiver Netzhautschwund ist ein fortschreitendes Verkümmern der Netzhaut des Auges, das zu völliger Blindheit führen kann. Man nimmt an, dass es vererbt wird. Es gibt keine Behandlung.

Taubheit tritt bei allen Rassen auf, die gleichzeitig das dominante Gen für weißes Fell haben, besonders wenn die Augen blau sind. Es gibt keine Behandlungsmöglichkeit.

Polyzistische Nierenkrankheit ist bei Persern erblich und kann bei einer gründlichen Untersuchung festgestellt werden.

Hodenhochstand tritt häufig bei Persern auf. Das Leiden ist erblich und betroffene Kater sollten kastriert werden, bevor sie die volle Geschlechtsreife erreichen (siehe Kater, S. 74-75).

Außer über den Namen herrscht international auch Uneinigkeit über die Farben und die Varietäten, die als Perser oder Longhair anerkannt werden. In Großbritannien wird jede Farbe inzwischen als eigenständige Rasse betrachtet; nationale Verbände in den USA erkennen fast 50 Farbvarietäten der Perser an. Die schöne Tipped Chinchilla gilt zum Beispiel in Großbritannien als eigene Rasse, in den USA als Farbvarietät einer schattierten Perser. Ausnahmen bilden die zwei einfarbigen in Großbritannien Chocolate und Lilac, in den USA als Himalaya oder Kashmir klassifizierten Rassen. Die weißen Perser waren früher in der Mehrheit, doch heute ist die überwiegende Farbe Schwarz.

Eine sinnliche Katze

Nur wenige Katzen sind so eindrucksvoll wie eine gesunde, gut gepflegte, junge, ausgewachsene Perserkatze. Entscheidend ist dabei die aufwendige Pflege, um das üppige seidige Fell – das hervorstechendste Merkmal der Rasse – in gutem Zustand zu erhalten. Das Fell, das lang, fein und fließend ist, erfordert intensives tägliches Bürsten und Kämmen, wenn es nicht völlig verfilzen soll. Der Fellwechsel findet im Laufe des Jahres statt, und viele Besitzer lassen das Fell lieber scheren, wenn sie nicht auf Ausstellungen gehen. Der kurze Schwanz ist sehr buschig.

Perser sind große Katzen, robust und ausgewogen, mit im Verhältnis zu ihren kurzen, kompakten Körpern massiven Köpfen. Die Augen sind weitständig und groß, rund, voll und stehen im abgeflachten Persergesicht etwas vor. Abgesehen von den weißen Persern, die blaue oder verschiedenfarbige Augen haben, haben die meisten einfarbigen Perser kupfer- oder tieforangefarbene Augen. Silbrige Perser, wie die Silver Chinchillas haben meist grüne Augen.

Mit ihrem sanften, friedlichen Gemüt sind die Perser ideale Wohnungskatzen. Sie mögen Menschen und fühlen sich in ihrer Gesellschaft wohl. Dies bezieht sich auch auf andere Katzen: Perser werden Neuankömmlinge im Haushalt in aller Ruhe akzeptieren. Sie sind weder laut noch ungestüm. Draußen sind sie auch geschickte Jäger. Wie alle Langhaarkatzen wachsen Perser nur langsam und sollten erst ab dem Alter von zwei Jahren zur Zucht verwendet werden.

▲ *Eine Silver Chinchilla-Perserkatze mit Jungen. Perser werden mit einem kurzen Fell geboren, das erst später wächst. Mit etwa 18 Monaten hat es die volle Länge.*

Perser Peke Face

Dabei handelt es sich um echte Perserkatzen, die mit einem extrem abgeflachten Gesicht gezüchtet wurden, sodass es dem eines Pekinesen ähnelt. Die Nase sitzt gerade unterhalb eines Einschnitts im Gesicht zwischen den Augen, was leicht zu Problemen mit verstopften Tränenkanälen führt. Diese Perser werden nur in den USA und Kanada als eigene Rasse auf Ausstellungen anerkannt, überall sonst entsprechen sie den für Perser geltenden Standards. Perser Peke Face werden nur in Rot und Rot Tabby gezüchtet.

● *Ich möchte eine weiße Perser kaufen, aber keine, die taub ist. Wie kann ich das vermeiden?*

Taubheit ist bei weißen Persern erblich. Sie tritt am häufigsten bei weißen mit blauen Augen auf, sodass die Gefahr wesentlich geringer ist, wenn Sie eine weiße mit orangefarbenen Augen wählen. Sie könnten auch eine weiße mit zwei verschiedenen Augen nehmen, einem orangefarbenen und einem blauen; diese Katze wäre wahrscheinlich nur auf der Seite des blauen Auges taub.

● *Auf Ausstellungen sehe ich oft Perserkatzen, denen Tränen über das Gesicht laufen und die braune Flecken auf den Wangen haben. Was hat das zu bedeuten?*

Etwas klarer Augenausfluss ist normal bei Katzen, besonders bei flachgesichtigen Rassen wie den Persern. Solange sie keine Infektion haben, und das Fell um die Augen nicht matt wird, hat das nichts zu sagen. Bei normalen Perser-Hauskatzen ist es seltener, da sie eine größere Nase oder Schnauze haben und weniger zu verstopften Tränenkanälen neigen.

● *Ich habe gehört, dass Perser schwache Kiefer haben können. Woran liegt das?*

Bei der Zucht der extrem abgeflachten Gesichter ist der Unterkiefer immer enger geworden. Dies bedeutet, dass das Kinn weniger vorsteht und die Vorderseite des Unterkiefers enger sein kann als der Oberkiefer. Das hat dann einen schlecht greifenden, schwachen Kiefer zur Folge. Züchter versuchen das zu korrigieren.

Türkisch Angora

DIE ANGORA IST EINE DER ÄLTESTEN RASSEN IN Europa und stammt aus Ankara in der Türkei. Im 16. Jahrhundert wurde sie in Frankreich eingeführt und kurz darauf in England. Zusammen mit der Perserkatze (siehe S. 182- 185) gilt sie als mögliche erste Trägerin des Gens für lange Haare bei den in Europa heimischen Hauskatzen. Zu jener Zeit waren die beiden Rassen bis auf die Farbe fast identisch; Türkisch Angoras gab es in vielen Farben, während alle Perserkatzen blau waren. Beide waren wegen ihres langen, seidigen Fells gleichermaßen begehrt, aber am Ende des 19. Jahrhunderts stellte die Perserkatze die Angora in den Schatten. Wie bei anderen Langhaarkatzen jener Zeit, außer den Persern, nahm ihre Zahl stetig ab, bis es sie schließlich fast nur noch in ihrem Heimatland gab, wo in einem Zoo eine Zucht unterhalten wurde. Erst nach dem Zweiten Weltkrieg wurden einige Katzen in die USA und nach Europa exportiert und die Zucht wiederbelebt.

Welche Angora?

Die Türkische Angora in den USA ist nicht die gleiche Rasse wie die europäische Angora. Die heutige amerikanische Angora entspricht noch weitgehend ihren türkischen Ursprüngen; in Europa wurden andere Rassen eingekreuzt, um

▼ Die Türkisch Angora hat einen vergleichsweise kleinen, lang gestreckten Körper. Sie wird nur mittelgroß und wirkt schlank und geschmeidig . Das volle Fell entwickelt sich nur langsam und wird während der Sommermonate abgeworfen.

Schwanz: verjüngt sich aus einer breiten Basis und ist voll und buschig

Kopf: breit und zeigt eine leichte Keilform. Die großen Ohren sind spitz und mit Haarbüscheln besetzt

Hinterbeine: kräftig und länger als die vorderen; verursachen den leicht gebogenen Rücken

▲ *Ursprünglich gab es Türkisch Angoras nur in Weiß. Heute können sie fast jede Farbe haben. Diese rot-weiße Varietät ist besonders attraktiv.*

Rasseprofil

Lebenserwartung:	12 Jahre und mehr
Gewicht:	2,5–4 kg
Durchschnittliche Wurfgröße:	4–5

Charakter: Liebevoll, verspielt, aktiv, für Familien geeignet, kinderlieb, braucht Gesellschaft und viel Unterhaltung.

Farben: Einfarbig Schwarz, Rot, Blau, Creme, Schildpatt, Blaucreme und Weiß; Smoke und Shaded (außer Weiß); Tabby, Silver Tabby und Zweifarbig.

BEKANNTE GESUNDHEITSPROBLEME

Knick im Schwanz, Fehlstellung eines Schwanzwirbels, manchmal bis zu 90°, oft an der Spitze, kann jedoch überall am Schwanz vorkommen.

Taubheit kommt häufig bei blauäugigen und Katzen mit verschiedenfarbigen Augen vor. Sie ist genetisch bedingt; betroffene Katzen sollten nicht zur Zucht eingesetzt werden.

ein breites Farbspektrum zu erreichen. Alle Angoras sind berühmt für ihr elegantes, seidiges weißes Fell und einige Züchter beharren darauf, dass nur diese Katzen echte Angoras sind. Heute werden fast alle Farbvarietäten, die es bei Langhaarkatzen gibt, auf Ausstellungen akzeptiert.

Da das Fell eher einfach als doppelt ist, wird es leicht matt. Es glänzt mit einem seidigen Schimmer, liegt aber am ganzen Körper flach an, außer am Schwanz und am Hals, am Kinn und an den Hinterbeinen, wo es sich manchmal kräuselt. Ein solch volles Fell kann zwei Jahre oder mehr brauchen, um sich zu entwickeln. Im Sommer fällt es aus, sodass die Katze wie eine Kurzhaar mit einem buschigen Schwanz aussieht. Es ist nicht kräftig genug, um versponnen zu werden; die Wolle kommt normalerweise vom Fell der Angoraziegen und -kaninchen.

Verspielt und elegant

Angoras sind anmutig und sehr geschmeidig, aber auch athletisch in ihren Bewegungen. Sie sind elegant, intelligent, liebevoll und verspielt. Obwohl sie nicht so laut ist wie die Siamkatze, ist sie ebenso aktiv und extrovertiert. Sie braucht Gesellschaft und hat den Ruf, sich gerne zu präsentieren. Sie ist lernfähig und beherrscht Kunststücke, zum Beispiel das Apportieren.

● *Braucht meine Türkisch Angora im Sommer, wenn sie den größten Teil ihres Fells verloren hat, genauso oft tägliche Fellpflege?*

Nein – vorausgesetzt, Sie pflegen das Fell täglich durch Streicheln mit der Hand; wöchentliches Kämmen sollte absolut ausreichen, bis das Winterfell wieder wächst.

● *Wir haben einen 5 Wochen alten weißen Kater mit verschiedenfarbigen Augen aus einem Wurf ausgewählt, und der Züchter wies uns darauf hin, dass er taub sein könnte. Kann man das feststellen?*

Es gibt einige Tests, die Sie selbst durchführen können. Trennen Sie das Junge vom Wurf und machen Sie ein lautes Geräusch, wenn es nicht hersieht. Aus seiner Reaktion sollte deutlich werden, ob es hören kann oder nicht. Solang Sie nicht mit ihr züchten wollen, ist Taubheit kein schlimmes Gebrechen; wichtiger ist, das sie sehen kann.

● *Meine rot schattierte Angorakatze, Fatima, ist ein Jahr alt, und ihr Fell wächst sehr schön. Doch nach dem Fellwechsel im Sommer sieht ihr Gesicht auf einmal ganz blass aus. Ist das normal?*

Ja. Das schattierte Fell hat einen leichten Stich ins Silbrige und das erscheint heller, wenn das schwere Winterfell ausgegangen ist. Katzen mit hellem Fell bekommen leicht Sonnenbrand, der zu Hautkrebs führen kann; sie sollte nicht zu lange in der Sonne sein.

Balinese

Schwanz: lang und hat eine starke oder mittelmäßige Fiederung

Kopf: hat die Augen und Maske der Siamkatzen, doch ist er weniger dreieckig

Beine: lang, schlank und elegant mit kleinen Füßen

Fell: fein, seidig und liegt eng am Körper an. Es ist vorne kürzer und hinten länger

TROTZ IHRES NAMENS STAMMT DIESE KATZE nicht von der tropischen Insel Bali in Indonesien, sondern wurde in den USA bewusst gezüchtet. Ihr anmutiges Äußeres und ihre Ausgewogenheit war Anlass dafür, den Namen Balinese vorzuschlagen, zu Ehren der eleganten balinesischen Tempeltänzerinnen. So wurde außerdem betont, dass diese Rasse, obwohl sie den Siamkatzen sehr nahe steht, eigenständig ist. Tatsächlich ist die Balinese schlicht eine langhaarige Siamkatze, aber nichts geht ja über einen eigenen Namen. Die Rasse ist das Ergebnis einer spontanen Mutation, die sich in den 1940-er Jahren bei Siamkatzen in den USA vollzog, worauf einige Züchter beschlossen, sie als neue Rasse weiterzuentwickeln. Die langhaarigen Katzen brachten rassereine Junge mit rezessiven Erbanlagen zur Welt. In den 1960-er Jahren verfolgte man ihre Entwicklung aufmerksam, aber erst 1970 wurden sie vom einflussreichen Katzenverband American Cat Fanciers' Association als neue

▲ *Balinesen sind elegante Katzen mit halblangem Fell, die Siamkatzen ähneln und deren Färbung, Eleganz und Temperament haben. Sie sind genetisch eng mit Siamkatzen verwandt. Es sind liebevolle Haustiere, die sehr viel geistige und körperliche Anregung brauchen.*

Rasse anerkannt. Die Anfangsschwierigkeiten haben sie inzwischen überwunden und erfreuen sich auf der ganzen Welt großer Beliebtheit.

Fast eine Langhaarkatze
Obwohl ihre Zucht als Langhaarkatze begann, ist die Balinese als Katze mit halblangem Fell besser beschrieben. Das liegt daran, dass in der selektiven Zucht häufig Siamkatzen verwendet wurden. Das Fell ist nicht dick und doppelt wie bei den Persern, sondern liegt flach und eng am Körper an; die langen Haare beschränken sich auf das Hinterteil der Katze: unterhalb des Bauchs und am Schwanz. Aus der Entfernung kann eine Balinese wie eine Siam mit einem di-

● *Mein Balinese hasst die Fell-pflege. Wie oft muss das sein?*

Zum Glück haben Balinesen nicht die Unterwolle vieler Langhaarkatzen, deshalb brauchen sie keine so intensive Fellpflege. Versuchen Sie es zweimal pro Woche mit einer weichen Bürste. Wenn er immer noch Schwierigkeiten macht, reiben Sie ihn mit einem weichen Lederlappen ab oder streichen Sie mit der Hand vom Kopf zum Schwanz.

● *Wie lange sollten wir warten, bis wir mit unserer Bluepoint Balinese, zu züchten beginnen? Sie ist sieben Monate alt und wird bald rollig.*

Warten Sie am besten, bis sie ein Jahr alt ist. Bis dahin haben Sie zwei Alternativen: Entweder Sie behalten sie im Haus, fern von anderen Katzen, oder Sie fragen Ihren Tierarzt nach einem empfängnisverhütenden Mittel (siehe Katzenweibchen, Seite 76-77).

● *Ich habe eben eine Seal Schildpatt Tabby Point Balinese gesehen. Sie sieht einer Orientalisch Kurzhaar nicht besonders ähnlich. Wie kann das sein?*

Das gibt es tatsächlich, in amerikanischen Zuchtbüchern wird eine solche Katze als Javanese eingeordnet. Die Schildpatt-Tabby Kombination ist neu und noch sehr umstritten. Die ungleichmäßige Schattierung und die Points sind verwirrend, aber u.a. sind die glänzend blauen Augen und der elegante Körperbau typisch.

Rasseprofil

Lebenserwartung:	12–15 Jahre
Gewicht:	2,5–5 kg
Durchschnittliche Wurfgröße:	3–4

Charakter: Zärtlich, aktiv und laut. Familientier, kinderlieb. Kann in einer Wohnung gehalten werden, bevorzugt jedoch viel Bewegungsspielraum. Langweilt sich allein, lernfähig, man kann ihr Apportier-Kunststücke beibringen.

Farben: USA: Seal, Chocolate, Blau und Lilac Point. Anderswo: Alle Farben der Siamkatzen.

BEKANNTE GESUNDHEITSPROBLEME

Es gibt nur wenige besondere Gesundheitsprobleme der Balinesen, dazu gehören:

Schielen kann eines oder beide Augen betreffen, beeinträchtigt die Sicht jedoch scheinbar nicht. Keine wirksame Operation oder Behandlungsmethode, gilt bei Ausstellungen als Fehler. Erblicher defekt, daher die entsprechenden Katzen nicht zur Zucht verwenden.

Knick im Schwanz, Fehlstellung eines Schwanzwirbels, manchmal bis zu 90°, kommt häufig bei den Balinesen vor (wie bei den Siamkatzen). Sie tritt häufig an der Schwanzspitze auf, kann jedoch überall am Schwanz vorkommen. Dies bereitet der Katze keine Probleme, ist jedoch bei einer Katzenausstellung nicht akzeptabel.

ckeren Schwanz aussehen. Der Körper ist ähnlich geschmeidig und lang, mit schlanken langen Beinen und kleinen Füßen. Sie hat aber nicht den extrem dreieckigen Kopf heutiger Siam. Der Standard, nach dem die Balinese gezüchtet wird, entspricht mehr der Siam-Form in den 1950-er und 1960-er Jahren, als die Balinese entwickelt wurde. Die Seiten des keilförmigen Kopfes ergeben ein gerades Profil und der Hals ist lang und elegant. Aus der dunklen, das ganze Gesicht bedeckenden Maske stechen die siam-typischen saphirblauen Augen hervor. Die Maske ist über eine schmale Linie mit den großen spitzen Ohren verbunden, die der Linie des Keils folgen und Haarbüschel tragen. Der Schwanz ist lang, verjüngt sich und ist fiedrig.

Wie bei den Siam ist auch hier die Farbe ein Streitpunkt unter den Züchtern. In den USA werden nur die vier ursprünglichen Siamfarben – Seal, Blau, Chocolate und Lilac Point – für die Balinese anerkannt. Die neueren Farbvarietäten,

die man von den Orientalisch Kurzhaar kennt (siehe S. 164-165) gibt es auch, doch werden diese gesondert als Javanesen eingeordnet. In Europa, Australien und Asien wird bei den Balinesen wie bei den Siamkatzen ein breiteres Farbspektrum anerkannt.

Laut und extrovertiert

Die Balinese ist eine eindeutig extrovertierte Katze: aktiv, neugierig, gesprächig und anspruchsvoll, ausgestattet mit der typischen lauten Stimme der Siamkatzen. Freundlich und zärtlich sucht sie Familienanschluss. Sie ist kinderlieb und braucht viel Platz zum Spielen und Bewegen. Lassen Sie sie nicht zu lange allein, sonst wird sie aus Langeweile Ihre Möbel ruinieren. Katzen vom Siamtyp sind auch sehr früh geschlechtsreif, stellen Sie sich darauf ein: Balinesen-Weibchen können mit dem Locken beginnen, wenn Sie gerade erst sechs Monate alt sind.

Birma, Heilige Birma

NACH EINER LEGENDE HAT DIESE WUNDERSCHÖNE Katze mit halblangem Fell ihre Heimat in den Tempeln Birmas. Als Rasse wurde die Birma zu Beginn des 20. Jahrhunderts in Frankreich zum ersten Mal gezüchtet; in Großbritannien, wo sie in den 1960-er Jahren als Rasse anerkannt wurde, und in USA brauchte sie wesentlich länger, um Fuß zu fassen. Die ursprünglichen Seal und Blue Point Katzen wurden mit Siam- und Perserkatzen gekreuzt, sodass es inzwischen mehr als 20 zu Ausstellungen zugelassene Farbvarietäten gibt. Viele von ihnen sind Entwicklungen aus den 1980-er und 1990-er Jahren, einer besonders kreativen Phase der Birmazucht. Birmas sind auf Ausstellungen in der ganzen Welt populär und der Wettstreit ist in vollem Gang.

Schön, aber nicht verwöhnt

Birmakatzen sind äußerst charmant. Sie sind stolz, intelligent und mögen die Nähe von Menschen. Ihre Jungen sind besonders schelmisch und bleiben es auch noch als ausgewachsene Tiere. Gleichzeitig sind sie sanft, empfindsam und konfliktscheu. In jedem Alter kommen sie gut mit anderen Katzen und mit Hunden aus. Da sie sehr gesellig sind, gewöhnen sie sich rasch an ein neues Heim, aber sie mögen es überhaupt nicht, allein zu Hause gelassen zu werden.

Der Körper der Birmakatze ist lang und kompakt mit stämmigen Beinen und kräftigen kurzen Pfoten. Kater können ein Gewicht von bis zu 8 kg erreichen. Der Kopf ist kräftig, breit und abgerundet, mit vollen Wangen und einem gut entwickelten Kinn. Bei ausgewachsenen Katzen bedeckt die typische Maske das Gesicht von der Nase bis zur Stirn einschließlich des Ansatz-

▼ *Eine klassische Seal Point Birma hat ein üppiges, seidiges, halblanges Fell und eine dunkle Gesichtsmaske, von der sich die blauen Augen gut abheben. Die Katze ist groß mit muskulösem Körperbau.*

kräftiger Kopf: passend zur Physiognomie des Körpers

Halskrause: findet sich bei ausgewachsenen Tieren

Schwanz: ist buschig und passt in der Farbe zu den Points

Weiße Pfoten: heben sich deutlich von der dunklen Farbe der Points an den Beinen ab

Rasseprofil

Lebenserwartung:	12–14 Jahre
Gewicht:	4,5–8 kg
Durchschnittliche Wurfgröße:	3–5

Charakter: Sehr gesellig und anhänglich, elegante Wohnungskatze, gesprächig, aber normalerweise nicht laut, anpassungsfähig, auch mit anderen Haustieren, aufwendige Fellpflege nötig, braucht nicht viel Aktivität und Bewegung.

Farben: Seal, Chocolate, Rot, Blau, Cream, Lilac; alle Farben in Einfarbig, Schildpatt und Tabby Point.

BEKANNTE GESUNDHEITSPROBLEME

Schielen, das ein Auge oder beide betrifft, gilt als Reaktion, um das schlechte Sehen mit beiden Augen zu kompensieren, doch die Katze scheint dadurch nur selten eine Sehschwäche zu haben. Katzen, die darunter leiden, sollten nicht zur Zucht eingesetzt werden.

Dermoidzyste, ein Entwicklungsfehler des Augengewebes, erscheint als Erhebung auf der Augenoberfläche, normalerweise im äußeren Augenwinkel. Sie besteht aus fibrösem Gewebe, aus dem oft Haare herauswachsen, und kann sehr unangenehm für die Katze sein. Das Problem kann meist operativ behoben werden.

Eine Vorwölbung des Brustbeins, eine Folge von anomalen Knorpelfortsätzen, kann an beiden Enden des Brustbeins auftreten. Man hält diese Missbildung für erblich.

Ein Nabelbruch, ein Hervortreten von Unterleibsfett durch die Muskelschicht, an der Stelle, an der die Nabelschnur beim Katzenjungen angewachsen war; wird für erblich gehalten, kann aber auch während der Trächtigkeit oder der Geburt passieren; er kann gravierend oder nicht so schwerwiegend sein.

▲ *Die rote Point-Farbvarietät ist noch recht neu. Der größte Teil des Körpers ist hell, im Gesicht und am Schwanz wird die Farbe deutlicher. Rote Points können Tabby-Zeichnungen und gesprenkelte Nasen haben.*

● **Ich möchte eine Birmakatze anschaffen. ist sie lernfähig?**

Birmakatzen sind sehr intelligent, aber wie alle Katzen sind sie eigen und unabhängig. Wenn Sie früh mit dem Training beginnen , und zwischen dem Besitzer und der Katze eine enge Bindung besteht, können Sie mit etwas Geduld Ihrer Birmakatze ein paar einfache Kunststücke beibringen.

● **Wie erreiche ich, dass das Fell meines jungen Birmakaters mit zunehmendem Alter nicht matt wird?**

Das Fell wird mit der Zeit dick und kann, wenn es nicht gepflegt wird, matt werden, vor allem während des Fellwechsels. Regelmäßiges Kämmen, um Verfilzungen zu verhindern, und Bürsten, um lose Haare zu entfernen sind unerlässlich. Beginnen Sie mit der Fellpflege im täglichen Rhythmus und verwenden Sie eine weiche Babybürste. Wenn das Fell länger und dicker wird, führen Sie auch den Gebrauch eines Kamms ein. Belohnen Sie ihren Kater anschließend. Wenn die Fellpflege zu einem Kampf des Stärkeren wird, könnten Sie leicht der Verlierer sein.

● **Haben Birmakatzen immer blaue Augen oder ist das nur der Rassestandard?**

Alle Birmas haben blaue Augen, aber sie unterscheiden sich beträchtlich in der Farbintensität. Bei Ausstellungen ist eine saphirblaue Farbe am meisten begehrt.

punktes der Schnurrhaare. Linien hellerer Haare verbinden die Maske mit den mittelgroßen Ohren, die von mäßig weitem Abstand sind. Das lange Fell ist seidig und am Bauch leicht lockig mit üppiger Halskrause. Die fast runden Augen sind immer blau – je intensiver desto besser. Der mittellange, buschige Schwanz ist gut proportioniert. Weiße Pfoten sind für die Rasse typisch. Die Seal Point Birma, die früheste Varietät, gilt immer noch als typischster Vertreter der Rasse. Die recht neue Tabby Point Birmakatze hat senkrechte Linien auf der Stirn („Stirnrunzeln"), gestreifte Beine und einen geringelten Schwanz.

Ragdoll

Kopf: groß, aus der Gesichtsmaske stechen die tiefblauen Augen hervor

Schwanz: buschig und lang im Verhältnis zum Körper

Körper: lang und breit, mit einer breiten Brust und einem muskulösen Hinterteil

Pfoten: groß und rund mit Haarbüscheln

DIE RAGDOLL IST DER SANFTE RIESE UNTER DEN Katzen. Sie ist die größte Hauskatze der Welt und als Rasse noch vergleichsweise neu. Die ersten Schritte zu ihrer Zucht in den 1960-er Jahren in Kalifornien waren etwas mysteriös. Eine Seal Birma mit weißen Pfoten paarte sich mit einem Langhaarweibchen – möglicherweise einer nicht reinrassigen Perserkatze –, die einen Wurf übergroße Junge mit halblangem Fell bekam. Kreuzungen der ersten beiden Generationen dieser Jungen führten zu den ersten reinrassigen Ragdolls. Den Namen erhielten sie wegen ihrer Angewohnheit, sich in den Armen von Menschen wie eine schlaffe Puppe fallen zu lassen. Es kursiert die Geschichte, dass dies auf das Verhalten einer trächtigen Katze zurückzuführen sei, die bei einem Unfall verletzt wurde, worauf kurz danach die Wehen einsetzten. Die Ragdoll war lange sehr beliebt in den USA. Wie die Maine Coon ist sie jetzt auch in Europa, Asien und Australien erfolgreich.

▲ *Diese zweifarbige Ragdoll wirkt wie ein Teddybär mit seidigem Fell und ist erstaunlich attraktiv; sie ist eine ideale Wohnungskatze und als solche sehr beliebt.*

Eine größere Birma
Auf den ersten Blick ähnelt die Ragdoll im Aussehen einer Birmakatze (siehe S. 190-191). Sie ist langhaarig, getupft und kann weiße Pfoten haben. Ragdolls sind jedoch massiger als eine Birma und ihr Fell ist eigentlich halblang, da es um den Kopf kürzer und zum Schwanz hin länger ist. Die weiche, seidige Struktur lässt es weniger leicht verfilzen, als dies beim Fell vieler anderer Langhaarkatzen der Fall ist; es erfordert nur relativ wenig Pflege.
Im Gegensatz zu anderen Rassen mit Points haben die Ragdolls ein verhältnismäßig dunkles Fell. Die für Ausstellungen geforderten Muster sind Pointed, Mitted oder Zweifarbig, aber es werden auch noch neue Farben entwickelt. Seal und Blue Point Ragdolls sind am häufigsten.

Rasseprofil

Lebenserwartung:	11–13 Jahre
Gewicht:	4,5–10 kg
Durchschnittliche Wurfgröße:	3–4

Charakter: Gemütlich, sanft, kinderlieb. Geeignet, auf engem Raum zu leben; keinen Hang zur Jagd. Braucht wenig Bewegung; wird nur langsam erwachsen.

Farben: Pointed, Mitted und Zweifarbig in Seal, Chocolate, Blau und Lilac, (weitere Farben werden im Lauf der Züchtung folgen.).

BEKANNTE GESUNDHEITSPROBLEME

Keine speziellen Gesundheitsprobleme bekannt, aber da die Katze groß, schwer und nicht sehr aktiv ist, kann sie leicht Übergewicht bekommen. Sie darf nicht zuviel gefüttert werden.

● *Stimmt es, dass Ragdolls keinen Schmerz empfinden?*

Nein, ganz bestimmt nicht. Sie sind genauso schmerzempfindlich wie andere Katzen, klagen jedoch vielleicht weniger.

● *Wir leben in einer Wohnung in einer lebhaften Stadtgegend und suchen nach einer Katze, die sich in der Wohnung halten lässt. Ein Freund hat uns erzählt, dass eine Ragdoll geeignet wäre. Sind sie denn nicht zu groß?*

Trotz ihrer Größe sind Ragdolls sehr ruhig und ideale Wohnungskatzen. Doch sie lieben Gesellschaft und wenn Sie viel außer Haus sind, sollten sie in Betracht ziehen, zwei Ragdolls anzuschaffen.

● *Würde sich eine Ragdoll mit einem Hund vertragen? Wir haben einen Zwergschnauzer und hätten gern noch eine Katze dazu.*

Das friedliche Temperament der Ragdoll macht sie zum idealen Kameraden für einen Hund, falls sie zusammen aufgewachsen sind. Ihr Schnauzer wird das kleine Kätzchen für ein oder zwei Wochen beunruhigen, aber mit der richtigen Art und Weise (siehe S. 48–49) sollten die beiden bald lernen, miteinander zu leben.

● *Weshalb ist die Lebenserwartung einer Ragdoll so gering im Vergleich zu anderen Katzen?*

Es gibt wahrscheinlich zwei Gründe. Zum einen sind sie sehr groß und das belastet ihre Organe besonders. Zum zweiten sind sie nicht sehr aktiv, deshalb haben sie einen Hang zu Übergewicht. Beide Faktoren können ihr Leben verkürzen.

Katzen mit dunklen Points sollten farblich klar abgegrenzte Masken und Extremitäten haben, wie die Siam. Katzen mit weißen Pfoten, die am meisten Ähnlichkeit mit Birma-Katzen haben, sollten ähnliche Points zusätzlich an den weißen Fellbüscheln ihrer Pfoten haben. Zweifarbige Katzen haben ein umgekehrtes V in Weiß auf dem Gesicht, das an der Stirn beginnt und sich über die Nase, den Ansatz der Schnurrhaare und das Kinn erstreckt. Es sollte sich jedoch nicht über die Augen ausdehnen.

Alles an einer Ragdoll-Katze ist groß. Der mittelgroße bis große Kopf ist zwischen den Ohren flach. Die vollen Wangen verjüngen sich zur runden, gut entwickelten Schnauze und dem festen Kinn mit einem gleichmäßigen Biss. Die Nase sollte einen leichten Bogen haben und von mittlerer Länge sein. Die Ohren sind mittelgroß mit abgerundeten Spitzen. Die großen, ovalen Augen der Ragdoll sind immer blau, je intensiver desto besser. Der Körper ist groß, muskulös und wirkt sehr käftig. Die Beine haben starke Knochen; die Hinterbeine sind etwas länger als die Vorderbeine. Das Fell liegt flach am Körper an und stellt sich auf, wenn die Katze sich bewegt. Eine langhaarige Mähne umrahmt den kräftigen Hals und das Gesicht. Der Schwanz ist lang und buschig. Ragdolls werden weiß geboren und entwickeln in den ersten Lebenswochen Points. Farbe und Muster des Fells sind erst zwischen dem zweiten und dritten Lebensjahr voll entwickelt.

Eine Wohnungskatze

Ragdolls sind friedlich und gut als Wohnungskatzen geeignet, sogar in kleinen Wohnungen. Sie brauchen nicht viel Auslauf und scheinen sich nicht gern zu jagen. Das geringe Bewegungsbedürfnis könnte dazu verleiten, Ragdolls für träge zu halten. In Wirklichkeit sind sie hellwach und intelligent, und sprechen gut auf Training an, zum Beispiel kann man sie leicht vom Nutzen eines Kratzbaums überzeugen. Sie lieben das Familienleben und sind kinderlieb. Die Ragdoll ist vielleicht die einzige Rasse, die es mag, wenn sie einfach hoch genommen und wie ein großer Teddybär – so kommt sie Kindern auch vor – herumgetragen wird. Passen Sie auf, dass sie es nicht zu bunt mit ihr treiben, Ragdolls haben zarte Stimmen und protestieren nicht heftig.

Maine Coon

DIESE ROBUSTE, LANGHAARIGE KATZE HAT IHREN Namen nach dem USA-Bundesstaat Maine und dem dort heimischen Waschbären, dem sie mit ihrer ausgeprägten Färbung und ihrem langen buschigen Schwanz ähnelt. Wie bei den meisten Rassen gibt es auch bei der Maine Coon verschiedene Spekulationen über ihren Ursprung. Eine besagt, dass sie aus der Paarung von Waschbären mit wild lebenden Katzen entstanden sei – doch dies ist biologisch unmöglich. Einer anderen Legende zufolge sind die ersten Maine Coons von Marie Antoinette, der glücklosen Königin Frankreichs, während der Revolution, nach Amerika geschickt worden. Eine dritte

▲ *Amerikas beliebteste Hauskatze, die Maine Coon, ist außergewöhnlich schön, widerstandsfähig und hat ein unbeschwertes, freundliches Temperament. Sie braucht aber viel Platz und Auslauf im Freien.*

Meinung geht davon aus, dass die Rasse einfach eine langhaarige Abart der Amerikanisch Kurzhaar ist. Am wahrscheinlichsten ist die Theorie, dass die Maine Coon von frühen Angora- oder Norwegischen Waldkatzen abstammt, die von Seeleuten mitgebracht wurden und sich mit heimischen Kurzhaarkatzen paarten. Diese Katzen gab es sicher nicht nur in Maine, aber dort wurden sie zum ersten Mal als Rasse bezeichnet.

Ungeachtet ihrer Herkunft haben sich die Maine Coon seit mehr als einem Jahrhundert in den USA behauptet; bereits 1895 gewannen sie bei nationalen Ausstellungen. Nach Aufkommen der Perser wurde sie etwas zurückgedrängt, blieb jedoch als Bauernkatze populär. In den vergangenen 20 Jahren haben sie rasch wieder aufgeholt. Heute sind sie die führende Rasse in den USA und stehen in Großbritannien an zweiter Stelle, obwohl sie dort noch nicht zu Ausstellungen zugelassen sind.

Groß und schön

Maine Coon-Katzen sind sehr groß und auffallend hübsch. Kater werden bis zu 9 kg schwer, Kätzinnen sind normalerweise kleiner. Ihre „wilde" Erscheinung beruht auf ihrer Größe und ihrem langen, rauen, fließenden Fell mit einer

▼ *Maine Coons sind große Katzen mit einem dicken, zottigen Fell. Diese Braun Tabby Farbvarietät gilt als klassisch, sie wird auch als getigert bezeichnet. Die breite Farbpalette der Rasse ist einer von vielen Gründen für ihre wieder gewonnene Beliebtheit.*

F & A

● *Ich möchte mir eine Maine Coon kaufen, aber sind die zottigen Haare nicht schwierig zu pflegen?*

Nein, es geht ganz leicht. Die Haare sind lang und seidig und lassen sich leicht bürsten. Die meisten Maine Coon mögen es, gebürstet zu werden.

● *Ich habe eine 10 Wochen alte Maine Coon. Ist der Zeitplan für die Geschlechtsreife und die Kastration anders, weil sie langsam wachsen?*

Auch wenn die Maine Coon ihre volle Größe erst mit drei oder vier Jahren erreicht, wird die Geschlechtsreife nicht später als bei anderen Rassen eintreten. Eine Kätzin wird zwischen dem 12. und 15. Lebensmonat zum ersten Mal verpaart, die Kastration kann bei beiden Geschlechtern schon mit fünf Monaten erfolgen.

● *Mein vierjähriger Maine Coon-Kater wiegt 11 kg. Ist er zu schwer?*

Er ist am oberen Ende der Gewichtstabelle, und wenn er ein durchschnittlich großer, kastrierter Kater ist, denke ich, es würde ihm gut tun, etwas abzunehmen. Fragen Sie beim nächsten Termin Ihren Tierarzt.

Kopf: *groß und verhältnismäßig quadratisch mit kräftigen Kiefern*

Schwanz: *lang und buschig, mit ringförmigen Mustern*

Nacken: *dick und kraftvoll, aber nicht kurz*

Beine: *lang und kräftig, mit großen runden Pfoten*

Rasseprofil

Lebenserwartung:	12-15 Jahre
Gewicht:	Kater: 6-9 kg, Kätzin: 4-5,5 kg
Durchschnittliche Wurfgröße:	1-4

Charakter: Eine zärtliche, verspielte, aber unabhängige, lernfähige Katze, die gern in einer Familie lebt. Sehr groß und robust. Braucht sehr viel Platz und Freiheit, nicht als Wohnungskatze geeignet. Pflegeleichtes Fell.

Farben: Einfarbig Schwarz, Blau, Creme, Rot, Schildpatt, Blau Schildpatt, Weiß; Smoke- und Shaded Farben (außer Weiß); Braun, Rot, Blau, Creme, Schildpatt, Blau Schildpatt Tabby; Silver Tabby, Zweifarbig.

BEKANNTE GESUNDHEITSPROBLEME

Hüftgelenksdysplasie angeborene Deformierung des Hüftgelenks. Der Gelenkkopf des Oberschenkelknochens ist verformt und die Gelenkpfanne am Becken ist zu flach. Beidseitiges Vorkommen ist möglich. In schweren Fällen lahmt die Katze schon, sobald sie ausgewachsen ist. Dann muss operiert werden, um den betroffenen Bereich des Knochens zu entfernen.

Kardiomyopathie wird durch Herzmuskelschwäche hervorgerufen, die sich auf eine leichte Fehlfunktion der Herzklappen beschränkt und sich beim Abhören der Herztöne feststellen lässt; in schweren Fällen ist Herzversagen die Folge. Im frühen Stadium kann eine Behandlung mit harntreibenden und herzstärkenden Mitteln helfen, schwere Fälle können aber tödlich verlaufen.

Halskrause. Genau genommen sind Maine Coon halblanghaarig: Nur am Rücken ist das Fell lang, vorne ist es beträchtlich kürzer. Da das dicke Fell kaum Nässe durchlässt, schützt es die Katze vor kalten Wintern und ist doch weich und leicht kämmbar, was nicht heißen soll, dass man es nicht auch regelmäßig pflegen muss. Anders als das Fell der Perser ist das der Maine Coon unverkennbar das einer im Freien lebenden Katze.

Zu Beginn der Zuchtprogramme in den USA wurde die Maine Coon oft zum Kreuzen mit Persern verwendet, um diesen mehr Kraft zu geben. Damals gab es mehr Ähnlichkeiten zwischen den beiden Rassen; heute ist die Maine Coon in jeder Hinsicht anders proportioniert als die Perser: Sie hat einen längeren Körper und längere Beine sowie einen sehr langen, buschigen Schwanz. Sie ist eine große, farbenprächtige, kräftige Katze. Am stärksten ähnelt sie der Norwegischen Waldkatze (siehe S. 198-199). Von prämierten Tieren abstammende Maine Coon haben längere, größere und leichtere Knochen als Tiere, die von einer Generation Bauernkatzen abstammen. Bei wiederbelebten Rasselinien gibt es die Tendenz zu dünnem Fell und geringer Knochendichte.

Maine Coon gibt es in den meisten Farben außer im Siam-Muster, Lilac und Chocolate. Klassisch ist die Varietät in Braun Tabby. Es ist diese Färbung und der typisch geringelte Schwanz, ähnlich dem eines Waschbären, denen die Rasse ihren Namen verdankt. Heute gibt es das Fell in vielen einfarbigen Varianten wie Tabby, Schildpatt-Calico) ebenso wie in zweifarbigen. Die Augen können golden, grün, kupferfarben oder blau sein, auch verschiedenfarbige treten auf.

Eine ausgeglichene Persönlichkeit

Maine Coon sind ausgewogene Charaktere, die ungebunden aber auch hingebungsvoll dem Menschen zugewandt sein können. Sie lieben Gesellschaft, doch sitzen sie lieber auf dem Stuhl neben Ihnen als auf Ihrem Schoß. Sie sind neugierig und folgen Ihnen überall hin. Sie verlangen nur selten nach Aufmerksamkeit mit einem einzigartigen, leisen Piepsen, das viele Leute sehr hübsch finden.

Maine Coon beherrschen einfache Apportieraufgaben und können lernen, an der Leine zu gehen. Sie werden normalerweise sehr alt und bleiben unbeschwert und verspielt. Ihre selbstsichere Persönlichkeit macht sie umgänglich mit anderen Katzen ebenso wie mit Hunden und Kindern. Das ruhige Temperament und ihre körperliche Robustheit macht sie bei Männern beliebter als jede andere Katzenart.

Der Wurf umfasst vier Junge pro Jahr mit unterschiedlichen Fellfarben und -mustern. Aufgrund ihrer Größe entwickeln sie sich langsamer als die meisten Katzen, das Wachstum kann bis zu ihrem vierten Lebensjahr andauern.

▶ *Die Schildpatt Tabby Maine Coon sind das Ergebnis sorgfältiger Zucht. Das charakteristische Rot im helleren Fell tendiert ins Rotbraun und sollte bei einer rassereinen Maine Coon betont werden. Die Fellfarbe kann innerhalb eines einzigen Wurfes variieren.*

Norwegische Waldkatze
Sibirische Waldkatze

NACH DER NORDISCHEN MYTHOLOGIE LEBTE VOR mehreren hundert Jahren eine langhaarige Katze mit buschigem Schwanz in den Wäldern Skandinaviens. Obwohl es diese Katzen wirklich gab und sie wegen ihrer guten Jagdeigenschaften von norwegischen Bauern über viele Jahre geschätzt wurden, traten sie zuerst in den 1930-er Jahren bei Ausstellungen auf. Eine organisierte Zucht begann erst in den 1970-er Jahren und in Großbritannien und den USA Anfang der 1980-er Jahre. Heute ist sie außerhalb Norwegens immer noch selten.

Die Norwegische Waldkatze hat große Ähnlichkeit mit der Maine Coon (siehe S. 194-197). Beide sind große, robuste, langhaarige, gut gegen Nässe geschützte Katzen, die sich in einem kalten, rauen Klima entwickelt haben. Doch gibt es einige Unterschiede im Gesicht und im Körperbau. Die Hinterbeine der Norwegischen Waldkatze sind etwas länger als die Vorderbeine, was ihre außergewöhnliche Kletterbegabung erklärt. Das Fell ist doppelt. Eine ausgewachsene Katze hat eine Halskrause und langes Fell am oberen Teil der Hinterbeine. Das Fell ist pflegeleicht. Der Fellwechsel findet im Sommer statt.

Diese Rasse hat ein ausgewogenes Verhältnis von Kraft und Eleganz. Der Kopf ist massiv und dreieckig mit einem geraden Profil. Die großen Augen sollten nicht zu rund sein und die großen stehenden Ohren tragen Haarbüschel. Der Körper ist lang und kräftig. Die Pfoten sind mit

◀ *Die Norwegische Waldkatze hat ihr ursprüngliches, an einen Luchs erinnerndes Aussehen bewahrt. Sie ist zwar sehr groß und gern im Freien aber auch ein liebenswertes, freundliches Haustier.*

Haarbüscheln besetzt. Ein langer, buschiger Schwanz reicht ausgestreckt bis zum Hals der Katze. Die breite Farbpalette hat sich über viele Generationen als Bauernkatze entwickelt. Norwegische Waldkatzen sind sanfte Haustiere und häufig zurückhaltend gegen Fremde; gegenüber anderen Katzen verteidigen sie ihr Revier. Sie jagen gerne und man sagt ihnen auch nach, dass sie geschickt fischen können.

Sibirische Waldkatze

Die Sibirische Waldkatze, die sich in einem noch raueren Klima entwickelte, hat einen zusätzlichen Schutz gegen das Wetter: ein leicht öliges Deckfell, das sie besser gegen Nässe schützt. Vermutlich waren die Vorfahren dieser Rasse mindestens eintausend Jahre im nördlichen Russland, doch wurde sie in ihrer Heimat erst in den 1980-er Jahren bekannt. In Nordamerika trafen die ersten Exemplare 1990 ein.
Obwohl diese Rasse der Maine Coon und der Norwegischen Waldkatze stark ähnelt, weist sie noch viele ursprüngliche Merkmale auf; häufig hat sie ein Tabby Fell – wahrscheinlich aufgrund der Paarung mit Wildkatzen. Die traditionelle Farbe ist Golden Tabby, aber das könnte sich durch Zucht noch ändern. In Nordamerika hat der bevorzugte Typ rundere Augen als in Europa und Russland. Wie bei Wildkatzen sind auch bei der Sibirischen Waldkatze die Hinterbeine etwas länger als die Vorderbeine, dadurch wirkt sie athletischer.

● *Unsere Norwegische Waldkatze Odin schläft lieber draußen als im Haus. Ist das normal oder fühlt sie sich zu Hause nicht wohl?*

Norwegische Waldkatzen sind zähe, wetterfeste Tiere, denen auch raue Bedingungen nichts anhaben. Mit seinem langen Fell zieht Odin wahrscheinlich einen Schuppen draußen Ihrem geheizten Haus vor. Vorausgesetzt, er hat es trocken und zugfrei, brauchen Sie sich nicht zu sorgen. Ich bin sicher, er kommt schnell und sucht Schutz, wenn es ihm zu ungemütlich wird.

● *Wir suchen eine Sibirische Waldkatze, aber sie sind scheinbar nur sehr schwer zu finden. Auch Informationen und Kontaktadressen fehlen uns. Können Sie uns beraten?*

Ihr Tierarzt kann Ihnen wahrscheinlich die Adresse des nächsten Katzenzuchtverbandes geben; dort weiß man vielleicht Züchteradressen in Ihrer Nähe. Die Sibirische Waldkatze ist eine sehr neue Rasse, die noch nicht sehr verbreitet ist. Falls Sie Zugang zum Internet haben, versuchen Sie es dort. Es ist eine nützliche Informationsquelle für alle Katzenrassen.

▼ *Die Sibirische Waldkatze sieht von allen langhaarigen „natürlichen" Rassen am wildesten aus. Die Kätzinnen sind etwas kleiner und haben einen leichteren Knochenbau als die Kater.*

Augen: runder als bei der Norwegischen Waldkatze

Schwanz: buschig, aber nicht besonders lang, mit einer abgerundeten Spitze

Beine: hinten etwas länger als vorne, wie es bei Wildkatzen der Fall ist.

Fell: lang und doppelt, mit einer öligen wasserabweisenden Schicht auf dem Deckfell.

Glossar

Abszess Eine schmerzhafte, eiter-gefüllte Schwellung, meist in oder unter der Haut – die Folge eines Bisses oder Kratzers.

Agouti Bänderung einzelner Haare in schwarz, gelb und braun, benannt nach einem südmerikanischen Nagetier; auch als Ticking bezeichnet.

Akut Bezeichnung für den plötzlichen Ausbruch einer rasch verlaufenen Krankheit.

Anoestrus Die Periode der Inaktivität im Zyklus der weiblichen Katze. Vgl. OESTRUS.

Art Tiere mit gemeinsamen Merkmalen, die sich untereinander paaren können.

Autoimmunerkrankung Antikörperbildung, die sich gegen einen Teil des eigenen Körpers richtet.

Biopsie Eine Gewebeprobe, die für diagnostische Zwecke bei einem lebenden Tier entnommen wird.

Blau Fellfarbe von Hell- bis Schiefergrau.

Calico Schildpatt und weiß gemustertes Fell, das geschlechtsgebunden meist nur bei Kätzinnen auftritt.

Chronisch Bezeichnung für einen Krankheitsverlauf, der stufenweise beginnt und typischerweise von langer Dauer ist.

Chlamydiose Bindehautentzündung am Auge, die durch Bakterien hervorgerufen wird.

Colourpoint Typisches Siam-Fellmuster: helle Grundfarbe mit dunkleren Abzeichen, siehe POINTS.

Deckfell Siehe DECKHAARE.

Deckhaare Die langen, rauen Haare im Fell einer Katze.

Dominantes Gen Ein Gen, das immer durchschlägt, wenn es vorhanden ist. Vgl. REZESSIVES GEN.

Doppeltes Fell Fell aus DECKHAAREN und UNTERWOLLE.

Drittes Augenlid, Nickhaut. Ein Extrahäutchen im Augenwinkel der Katze. Ein Zeichen dafür, dass die Katze krank ist oder einen zu starken Flüssigkeitsverlust erlitten hat.

Duftmarkierung Duft aus verschiedenen Körpersekreten (z.B. durch Reiben oder Spritzen) zur Revierabgrenzung hinterlassen.

Dystokie Mechanisch oder organisch bedingte Störung oder Stillstand beim Geburtsablauf.

Dyspnoe Atembeschwerden infolge Verengung der Atemwege durch Schwellung oder Fremdkörper.

Einkreuzen Verwendung einer anderen Rasse, wenn Katzen mit STAMMBAUM durch ZUCHTWAHL entwickelt werden.

Ektoparasit Schmarotzer, die dauerhaft oder zeitweise äußerlich auf einem Wirt leben.

Endoparasit Schmarotzer, der im Inneren eines Wirtes lebt.

Endoskopie Durchführung kleiner operativer Eingriffe oder Gewebeprobeentnahme mittels visueller Kontrolle.

Entwöhnen Umstellung der Nahrung von Muttermilch auf feste Kost bei jungen Kätzchen.

Erbmasse Die Anzahl von Tieren einer ART oder RASSE, die für die Zucht zur Verfügung steht.

Exotisch Rasse, die aus der Kreuzung von Persern mit Britisch oder Amerikanisch Kurzhaar entstand.

Fellballen Bei der Fellpflege verschluckte Haare, die in Magen und Darm verfilzen und zu Erbrechen und Darmverschluss führen.

Fellkrause Das Nackenfell, das sich am Übergang von Hals- und Brustwirbel mehr oder weniger in Falten legt.

Fersenbein Knochenfortsatz am Fuß der Katze oberhalb des MITTELFUßKNOCHENS.

Flohkragen Ein konischer Kragen, der um den Hals der Katze gelegt wird um sie bei Juckreiz nach Flohstichen am Beißen und Kratzen hindern soll.

Foreign Eine geschmeidige Körperform mit feinem Knochenbau.

Frost In den USA eine Bezeichnung für die Fellfarbe LILAC.

Geschwür Wundes, entzündetes und zerstörtes Haut- oder Schleimhautgewebe und evtl. tiefer liegendes Gewebe.

Glaukom Zu starke Netzhautausbuchtung am Auge mit Gesichtsfeldausfall.

Grannenhaar Kurzes, stärkeres Haar im Fell mit einer etwas dickeren Spitze.

Grauer Star. Anhaltende Linsentrübung des Auges .

Grüner Star siehe GLAUKOM.

Handwurzelknochen Das Gegenstück zum menschlichen Handgelenk, zwischen Mittelhand- und Unterarmknochen.

Hitze Anderer Begriff für ROLLIGKEIT.

Hüftdysplasie Fehlentwicklung des Hüftgelenks mit zu starker Abflachung der Gelenkpfanne.

Hybrid Mischling. Eine Katze, deren Eltern zu zwei verschiedenen Rassen gehören.

Impfung Schutz gegen ansteckende Krankheiten durch eine Stimulierung des Immunsystems.

Karzinom Krebsgeschwulst

Kastration Die chirurgische Entfernung der Keimdrüsen (Hoden beim Kater, Eierstöcke bei der Kätzin).

Katarakt Siehe Grauer Star

Katzenminze Staudenpflanze (*Nepeta cataria*), deren Geruch viele, aber nicht alle Katzen anregt.

Konditionierung Gewöhnungsprozess an bestimmte Lebensumstände oder durch Dressur erworbenes Verhalten

Kratzbaum Im Zoohandel erhältliches Gerüst zum Klettern und Krallenschärfen für Wohnungskatzen.

Lavendel Anderes Wort für LILAC.

Lilac durch Vermischung mit Braun entstandene wärmere Blaufärbung.

Lynx (Luchs) Eine Fellfarbe der Siamkatzen mit TABBY POINTS.

Mackerel Tabby Enge, dunkle Streifen auf hellem Felluntergrund, siehe TABBY.

Markierungsspritzen Zurücklassen kleiner Urinmengen (oft an senkrechten Flächen), die der Reviermarkierung dienen.

Maske Die dunklen Stellen im Gesicht bei Siamkatzen mit POINTS.

Mink Nerzmuster, Ein Fellmuster aus POINTED und Sepia-Braun wie bei der Tonkinese.

Mischlingskatze Eine Katze mit Eltern verschiedener Rassen – entweder zweier RASSEN oder eine Mischung mehrerer Rassen.

Mutation Veränderung in der Erbsubstanz, die spontan ausgelöst und dann konsequent weitervererbt wird.

Nickhaut Siehe DRITTES AUGENLID.

Oestrus Der Zeitraum im weiblichen Zyklus, in dem die Katze fruchtbar ist.

Ohrmilbe Ein Parasit, der sich in den Ohren von Katzen findet; er gehört zur Familie der Spinnen.

Orientalisch siehe FOREIGN.

Parasit Ein Tier, dass von einem anderen Tier lebt und seine Nahrung von ihm bezieht, meist zum Schaden des Wirtstieres(siehe EKTO- und ENDOPARASIT).

Pfote Bezeichnet die jeweils 5 (vorne), bzw. 4 (hinten) Zehen, die die Laufläche (Katzen sind Zehengänger) bilden.

Pheromone Chemische Signalstoffe, die beim Empfänger ein bestimmte Verhalten auslösen. Man unterscheidet z. B. Sexuallockstoffe, Spur- und Alarmpheromone.

Pointed Ein Fellmuster, bei dem die POINTS andersfarbig (normalerweise dunkler) als der Rest des Fells sind.

Points Gesicht, Ohren, Pfoten und Schwanz heben sich Siamkatzen dunkel vom restlichen Fell ab.

Quarantäne Isolierzeit für Tiere, mit ansteckenden Krankheiten oder dem Verdacht darauf. Wird oft Tieren auferlegt, die aus dem Ausland eingeführt werden.

Rasse Gruppe von Lebewesen mit gleichen Erbanlagen, die sich in Aussehen, Eigenschaften und Umweltanpassungen ähneln. Durch ZUCHTWAHL entstehen neue Rassen und werden erhalten.

Rassestandards Die Beschreibung idealer Rassemerkmale; wird von Rassekatzen-Verbänden erstellt.

Reinrassig Bezeichnung für Katzen, deren Eltern derselben RASSE angehören und die selbst von unvermischter Abstammung sind.

Rezessives Gen Gegenteil: dominant.Gen, dessen Merkmale bei den Nachkommen nur erkennbar werden, wenn es beide Eltern tragen.

Rolligkeit Bezeichnet die Periode von sechs bis zehn Tagen im Zyklus der weiblichen Katze, in der sie sich paaren kann. Vgl. OESTRUS.

Sable Zobelfarben, In den USA eine dunkelbraune Fellfarbe, wie sie bei Burmakatzen vorkommt. In Europa als Burma-Braun bekannt.

Schildpatt Dreifarbige Fellzeichnug, bei der eine helle Grundfarbe von zwei anderen Farben (Rot und Schwarz) überlagert wird. Da diese Farben an ein X-Chromosom gebunden sind, können meist nur weibliche Tiere eine Kombination aus drei Farben tragen.

Seal Die dunkle Farbe an den POINTS bei Siamkatzen.

Silber Gesamteffekt, der entsteht, wenn die Fellhaare hell sind und eine dunkle Spitze haben.

Smoke Effekt, der entsteht, wenn Haare von den Wurzeln zur Spitze hin allmählich immer dunkler werden.

Sorrel Hellbraune Fellfarbe der Abessinier, die manchmal auch als Rot bezeichnet wird.

Sozialisierung Der Prozess, durch den ein Katzenjunges mit anderen Tieren und dem Menschen vertraut gemacht wird.

Stammbaum Schriftliche Aufzeichnung über die Herkunft.

Stoffwechselkrankheit Jede Anomalität in den chemischen Prozessen, die einen Körper normalerweise im Gleichgewicht hält.

Tabby Gestreiftes (MACKEREL), gepunktetes (Spotted), gestromtes (Blotched) oder geflecktes Fell. Siehe auch SCHILDPATT TABBY.

Tabby Point Eine Katze, deren Fell sowohl ein TABBY-Muster hat als auch die für Siamkatzen typischen POINTS.

Ticking Siehe Agouti.

Tipped Helles Haar mit dunkler Spitze.

Tollwut Bei Säugetieren eine tödliche Viruskrankheit des Zentralnervensystems, übertragen durch den Speichel eines infizierten Tieres meist durch einen Biss.

Trauma Körperliche oder psychische Gewalteinwirkung.

Trächtigkeit Bezeichnung für die Schwangerschaft bei Säugetieren.

Unterwolle Kürzere Unterhaare und GRANNENHAARE unter längeren DECKHAAREN bzw. dem DECKFELL. Siehe auch DOPPELTES FELL.

Varietät Anderer Ausdruck für RASSE

Wild lebend Verwilderte Hauskatze.

Zuchtbuch Die Aufzeichnung des Stammbaums einer Katze bei einem Katzenzuchtverband.

Zuchtkater, Deckkater. Nicht kastrierter reinrassiger Kater, der speziell für die Zucht gehalten wird.

Zuchtkatze Ausgewachsene, reinrassige weibliche und männliche Katzen, die nicht kastriert wurden und zur Zucht verwendet werden können.

Zuchtwahl Gezielt geplante Paarungen zwischen Katzen, um die jeweilige Rasse oder einen bestimmten Typ auszuprägen.

Zweifarbig Ein Fell mit Flecken in zwei Farben, von denen eine Weiß ist.

Zystitis Blasenentzündung.

AUTOREN

Caroline Bower : Katzen verstehen, Eine Katze aus dem Tierheim, Auswahl einer Jungkatze, Das Kätzchen wird stubenrein, Fellpflege, Wohnungshaltung oder Freilauf? und der gesamte Teil 2

John Bower : Tod eines Haustieres, Trächtigkeit und Geburt, Häufige Parasiten, Probleme mit den Ohren, Erste Hilfe bei Notfällen und der gesamte Teil 4 bis auf Birma, Heilige Birma

Sally Cheetham: Paarung, Aufzucht von Jungen, Birma

Adam Coulson : Beim Tierarzt, Anatomie der Katze, Blasenerkrankungen, Gewichtsstörungen, Übermäßiger Appetit undDurst, Lähmungen Verkehrsunfälle

Philip Hunt: Zahn- und Mundprobleme

Chris Morley : Infektionskrankheiten

Hilary O'Dair: Die Ernährung der Jungkatze, Die Gesundheit der Jungkatze, Ernährung ausgewachsener

Katzen, Vom Umgang mit auasgewachsenen Katzen, Die ältere Katze, Haut- und Fellprobleme (teilweise), Verdauungsprobleme (teilweise), Schnupfen, Atemprobleme, Schwächeanfälle, Anfälle und Krämpfe und Gleichgewichtsstörungen

Stephen O'Shea: Kampfverletzungen

Neil Slater: Verdauungsprobleme (teilweise)

Alix Turnbull: Die Katze transportieren, Betreuung im Urlaub, Der Kater und Die Kätzin

Kevin Watts: Haut- und Pellprobleme (teilweise), Verhärtungen und Schwellungen

Nigel Bray: Beratender Redakteur (USA)

Die Herausgeber danken **Carol Krzanowski** und der **Cat Fanciers' Association** für die informativen Unterlagen über Katzenzucht und Spitzenrassen.

FOTOS

ABKÜRZUNGEN

AOL	Andromeda Oxford Ltd	**C**	Cogis
BCL	Bruce Coleman Ltd	**IF**	Isabelle Français
JB	Jane Burton	**TSM**	The Stock Market, UK

1 JB; 2 TSM; 5 AOL; 7 JB/BCL; 8 Ulrike Schanz; 9 IF; 11 Wara/C; 12 Hans Reinhard/BCL; 13 JB/BCL; 14 JB; 15 AOL; 16 JB; 17 TSM; 18 John Daniels/Ardea London; 19 TSM; 20 AOL; 21 JB; 22 JB/BCL; 23 AOL; 24 Hans Reinhard/BCL; 25 Vidal/C; 26 JB/BCL; 27tl, 27tr JB; 27b AOL; 28 JB; 29 Hermeline/C; 30 Lanceau/C; 31 JB; 32-33, 33 Your Cat Magazine; 34 Lanceau/C; 35 Hermeline/C; 36 Spectrum Colour Library; 37 Hermeline/C; 39c R.T. Willbie/Animal Photography; 39b A. Bartel/TRIP; 41 Foto Natura/Frank Lane Picture Agency; 42 JB/BCL; 43t TSM; 43b JB; 45 JB/BCL; 47 Hermeline/C; 48 Hans Reinhard/BCL; 49 John Daniels/Ardea London; 50-51 TSM; 52 Paul Kaye/Sylvia Cordaiy Photo Library; 53 JB; 54 Varin/C; 55t Kim Taylor/BCL; 55l, 55r JB; 56 Lili/C; 57 Hans Reinhard/BCL; 58 JB/BCL; 59t TSM; 59c Your Cat Magazine; 60-61, 61 JB; 63 JB/BCL; 64 Monika Wegler; 65l Ulrike Schanz; 65r AOL; 66 Fagot/C; 67 IF; 69 Hans Reinhard/BCL; 71 TSM; 74, 75, 77, 79 JB/BCL; 80 JB; 81, 82-83 JB/BCL; 83 Labat/Lanceau/C; 84 JB; 85 JB/BCL; 86, 87, 89 JB; 90t Sherley's Ltd; 90r, 92 JB; 94 JB/BCL; 95 JB; 96 Dr. K.L. Thoday/Royal School of Veterinary Studies, Edinburgh; 97 Ulrike Schanz; 98t, 98b, 99, 101t JB; 101b JB/BCL; 102 JB; 103 TSM; 104 JB; 105 Monika Smith/Sylvia Cordaiy Photo Library; 106 JB/BCL; 108 JB; 109 The Veterinary Hospital, Estover, Plymouth; 110 Dr. K.L. Thoday/Royal School of Veterinary Studies, Edinburgh; 111 JB; 112 Français/C; 113 IF; 114 Kim Taylor/BCL; 115 TSM; 116 Sally Anne Thompson/Animal Photography; 117 Urolithiasis Laboratory, Inc.; 118l, 118r, 119t, 119b JB; 120 Foto Natural/Frank Lane Picture Agency; 122 JB; 124 Labat/Lanceau/C; 126 Sally Anne Thompson/Animal Photography; 127 TSM; 128 Dr. Mike Targett/Queen's Veterinary School, Cambridge; 129 JB; 130 Ulrike Schanz; 132l The Veterinary

Hospital, Estover, Plymouth; 132r, 134, 135, 136 JB; 139 Jean-Michel Labat/Ardea London; 140 IF; 141 Bernie/C; 143 Hans Reinhard/BCL; 145 Werner Layer/BCL; 147 IF; 149 Lanceau/C; 150 Werner Layer/BCL; 153 Adriano Bacchella/BCL; 154 John Daniels/Ardea London; 158 IF; 161 Lanceau/C; 165, 167 IF; 168 TSM; 169 Sally Anne Thompson/Animal Photography; 171 JB/BCL; 172 JB; 174 Adriano Bacchella/BCL; 176 Jean-Michel Labat/Ardea London; 181 Ulrike Schanz; 182 Hans Reinhard/BCL; 184-185 John Daniels/Ardea London; 187 IF; 191 BCL; 194, 197, 198 Adriano Bacchella/BCL. **Technische Ausstattung** durch Mark Mason Studios.

Zeichnungen
Tim Hayward 73b, 156, 173, 180b, 192; Richard Lewington 89; Ruth Lindsay 72, 98, 155, 159; Denys Ovenden 73tl, 175, 177, 178, 199; Peter Warner 73tr, 144-152, 160-170, 180t, 183-190, 195.

Die Herausgeber danken den Firmen Rosewood Pet Products und Money & Friend Pet Shop, Abingdon für ihre Unterstützung bei diesem Projekt.

Register